ВЕРТИГО

Клер Макгоуэн

Меня зовут Шон

АРКАДИЯ

Санкт-Петербург
2021

УДК 821.111
ББК 84(4Вел)
М15

Claire McGowan
THE OTHER WIFE

Перевел с английского
Павел Смирнов

Художник
Юлия Прописнова

Дизайнер обложки
Александр Андрейчук

В оформлении обложки использованы материалы с сайта
unsplash.com

Макгоуэн К.
М15 Меня зовут Шон : [роман] / Клер Макгоуэн; [пер. с англ. П. Смирнова]. — СПб. : Аркадия, 2021. — 416 с. — (Серия «Вертиго»).

ISBN 978-5-907338-12-8

Хорошо ли мы знаем своих соседей? Можем ли представить, что происходит за освещенными окнами и запертыми дверями? А ведь порой и собственный муж может оказаться настоящей загадкой… Что делать, когда вдруг выясняется, что под личиной заботливости и респектабельности скрывается настоящее чудовище — лжец до мозга костей? Как быть, если муж — хладнокровный тиран, медленно доводящий жену до сумасшествия?

УДК 821.111
ББК 84(4Вел)

ISBN 978-5-907338-12-8

***

Пламя распространялось быстро. Быстрее, чем она могла себе представить. Вот уже оранжевые языки принялись облизывать крышу большого дома. Изо всех окон и дверей клубами валит черный дым. Она бежит, поскальзываясь, оставляя следы на влажной от росы траве. Рядом бегут собаки, пушистые лающие облака. Они знают — что-то случилось, но не могут понять, насколько все плохо. Она и сама еще не вполне это понимает. Она чувствует запах — тяжелый, удушливый — и представляет себе, что творится внутри дома. Дым, жар, ужас. Выхода нет.

Она добегает до вершины холма, замечает вдали чуть поблескивающее море. Его темная поверхность серебрится в лунном свете. Она останавливается. Теперь видно, что выбраться из дома невозможно. В ее груди нарастает чувство. Это облегчение? Или, скорее, возбуждение, смешанное со страхом? Оно вспыхнуло, будто спичка. Нужно бежать к ближайшему дому, кричать, чтобы вызвали пожарных, выдавить из себя объяснение ночной прогулки с собаками — бессонница… Ужасное чувство вины от того, что оказалась в безопасности. И тогда все закончится. Но она стоит на месте в ожидании следующего мига, словно вкопанная. И видит то, что останется в ее памяти навсегда — бледное лицо в высоком окне. В окне комнаты Себби.

Ему удалось чуть приоткрыть раму, хотя он едва может дотянуться до щеколды, и она слышит его крик, который доносит дыхание пламени. Ей никогда не забыть этого. Перепуганный голос, выкрикивающий ее имя.

— *Помоги! Помоги!*

Не раздумывая, она бросается навстречу пламени.

ЧАСТЬ ПЕРВАЯ

Нора

Когда я впервые увидела ее, меня поразил ее печальный вид. Удивительно, если учесть мое собственное положение. С чего ей-то быть такой грустной? Если кому и стоило грустить, так это мне, въезжавшей в крошечный, кишащий пауками домишко, такой тесный, что собственную мебель пришлось отправить на склад. Не стало денег, не стало особняка. Не стало ничего.

Это случилось в еще теплый октябрьский день, когда я впервые приехала осмотреть дом. Агент, молодой человек по имени Гэвин, от которого разило лосьоном после бритья, предложил подвезти меня на своем небольшом «фиате». Он успел утомить меня, нахваливая дом. Когда в очередной раз зашла речь о спокойном и тихом месте, прекрасно подходящем для уединенной жизни, так и захотелось сказать ему, что я уже решила снять этот дом. Домик вместе с двумя другими стоял на узкой деревенской дороге в нескольких милях от шоссе M25. Ближайший город — Севеноукс, но до него было не близко. На несколько миль вокруг больше нет ничего, ни единого здания. Когда-то в этих домишках жила прислуга большой усадьбы, развалины которой виднелись за полями. Полузаброшенный дом, носивший название «Остролист», был пуст. «Плющ» собиралась снять я. Она жила в «Иве».

— У вас будут соседи, — бодро сообщил Гэвин. — Милая молодая пара. Они купили дом… э… где-то полгода назад.

Я ничего не ответила. Полагала, что еще не готова к встрече с ними. После всего произошедшего торопиться не стоило. Но, надо признать, мне стало любопытно, и я внимательно оглядела их дом, когда мы проезжали мимо. По тому, как выглядел сад, сразу было ясно, что они — горожане. Выбор растений совершенно неудачный: нежные цветы, которым не пережить первых заморозков, какая-то облепленная пирующими слизнями зелень в неуклюжих мешках-горшках.

Гэвин ехал по узкой сельской дороге слишком быстро, но я успела заметить движение в окне и обратить внимание на стоявшую в нем женщину, которая пыталась рассмотреть нас, прикрыв глаза от солнца. Взгляд ее был странным, каким-то голодным. Неестественно ярко-красные, словно пожарная машина, волосы и белое лицо.

— Это жена владельца, — сказал Гэвин. — Переехали из Лондона. Подальше от суеты, в общем. Всё здесь переделали — хитрая сигнализация, полы с подогревом.

В этот момент мне стало ее жаль. Возможно, дело было в том, что беглецы из города понятия не имели, что значит жить в деревне. День за днем, по-настоящему. Возможно, это было из-за ее тоскливого и печального, даже испуганного вида. А может, все дело было в том взгляде, которым она провожала меня, когда я вышла из «фиата» и направилась по узкой заросшей дорожке к «Плющу». Словно ей отчаянно хотелось поговорить хотя бы с кем-нибудь. Я подумала, не помахать ли ей рукой или еще как-то поприветствовать, но не решилась. Для этого еще будет время.

Внутри «Плюща» было сыро и темно, дом уже много лет не знал ремонта. Ванная была старомодно покрашена лаймово-зеленой краской, а в трещину в кухонном окне протянуло стебель ползучее растение. Это жилище во всех отношениях оказалось хуже того, где я провела последние десять лет. Но остаться там я не могла, поэтому нужно было решиться.

— Я беру этот дом, — сказала я и заметила промелькнувшую на лице Гэвина легкую тень радости и удивления, которые он попытался скрыть.

В тот день я с ней так и не поговорила, но уже тогда предполагала, что вскоре нам предстоит познакомиться довольно близко.

***

Спустя две недели я приехала сюда с фургоном вещей. Дни подготовки к переезду выдались беспокойными. Все упаковать, найти склад для хранения — это было недешево, но я и помыслить не могла о том, чтобы расстаться со всеми этими прекрасными вещами. Нужно было нанять грузчиков, купить коробки, все сложить, переадресовать почту, расторгнуть договоры на коммунальные услуги. На это ушло много сил, и я потратила последние деньги. Я все еще не могла примириться с тем, что теперь придется думать о каждом центе, а не просто, доставая карточку, запускать руку в денежную реку, когда-то казавшуюся неисчерпаемой.

Настал день, и я закрыла дверь дома — моего прекрасного дома — на замок и бросила ключ в щель для почты. И мне ужасно захотелось выбить эту отличную дверь и снова его забрать. Я представила себе, как сюда въезжают люди, как они обходят пустые комнаты с белыми стенами и деревянными полами, наполняя их шумом, цветом, жизнью. Скорее всего, такой большой дом продадут семье с детьми… При этой мысли сердце знакомо дрогнуло — две комнаты на верхнем этаже, условно считавшиеся запасными спальнями или кабинетами, так никогда и не стали детскими.

С этим ничего нельзя было поделать. Но мне всего сорок два — шанс еще есть. Этим и приходилось утешаться.

За всеми этими занятиями у меня не было времени думать о ней, о красноволосой женщине, которая станет моей соседкой. Только когда фургон вырулил на узкую улочку и с трудом двинулся по ней, время от времени застревая под нависшими ветвями, я вспомнила о той женщине. Скоро я с ней увижусь. Может быть, даже сегодня.

Сьюзи

Услышав шум подъезжающего фургона, я вскочила с дивана, на котором сидела, съежившись среди салфеток и полупустых чайных чашек. Едва ли кто-нибудь из знакомых смог бы меня сейчас узнать. Я то была подавлена отупляющим чувством отчаяния, то металась в ужасе по гостиной, не в силах усидеть на месте, обдумывая планы бегства. Как отсюда выбраться? Куда поехать? Всякий раз, когда звонил телефон или гудел мобильник, сердце вздрагивало. Я чувствовала, как оно бьется в моей груди, разгоняя по венам адреналин. Если бы кто-нибудь знал, в каком я сейчас состоянии, он бы сказал: *«Как ты могла такое допустить? Как ты могла быть такой дурой?»* Мне и самой случалось это говорить — раньше, пока я сама не оказалась в ситуации, из которой нет выхода.

Поэтому, едва заслышав фургон, я вскочила. В голове сразу стали роиться оправдания: *«Это неправда. Я не хотела. Мне очень жаль».* На шум, скребя когтями по каменному полу, с дурацким лаем к двери бросился Поппет. Машины сюда почти не заезжали. Молока мы не покупали, а большую часть почты Ник получал на рабочий адрес. Я решила, что он вернулся с работы пораньше, а я еще не одета и даже не начинала готовить ужин. Что он скажет? Или это что-то другое. *«Она?..»* Нет, это оказался мебельный фургон, и я вспомнила, как несколько недель назад мимо проезжал агент по недвижимости — показывал кому-то соседний дом. Мне и в голову не приходило, что кто-то в него въедет. Дюжий грузчик помог выйти из такси пассажирке — женщине лет сорока с небольшим в жилете и очень уместно смотревшихся в деревне высоких зеленых сапогах. Волосы у нее были длинные и темные, с проседью на макушке. Косметикой, как мне удалось рассмотреть даже отсюда, она пренебрегла, как и я. Наверное, она тоже решила, что здесь нас все равно никто не увидит.

До переезда я чувствовала себя просто измочаленной. И в глубине души радовалась возможности бросить работу и позабыть все, что было связано с Дэмьеном, — да и сам Лондон заодно. Первые несколько недель пролетели словно небольшой отпуск. Просыпаясь под сводами сельского дома под пение птиц за окном, я надевала резиновые сапоги, стеганую куртку и шарф-снуд, который мама Ника подарила мне на Рождество — вспомнив об этом, я подумала, что она о чем-то догадывалась. Может, о нашем предстоящем переезде знали все, кроме меня? Ожидая возвращения мужа, я усердно трудилась: занималась готовкой, уборкой или спорила с рабочими, перед которыми стояла задача превратить рассыпающуюся лачугу в современный загородный особняк с винным погребом, студией и музыкальной комнатой для гитар Ника, грифы которых давно покрылись пылью. Я могла со спокойной совестью говорить подругам, что занята. Просто богиня ремонта, прямо как Сара Бини из телевизора.

«Меня аж завидки берут», — отстучала мне сообщение Клодия, сидя на заднем сиденье такси. Когда я представила, как она мчится в какой-нибудь модный ресторан, где у нее примут стильное и совершенно непрактичное пальто и предложат приветственный напиток, меня охватили такие «завидки», что во рту появился привкус желчи. Но если признаться подругам, что ты несчастна, то придется признаться в этом и самой себе.

Теперь все изменилось. Каждое утро, когда Ник уезжает на работу и улыбка любящей жены исчезает с моих губ, я позволяю себе думать обо всем, что выпихиваю из головы, когда он дома. Я вытаскиваю из-под кровати джемпер. Я его так и не постирала — слава богу, что не постирала! Я смотрю в зеркало на себя, на свое лживое голое тело — *как можно быть такой дурой?!* — и натягиваю джемпер через голову. На секунду мне становится так сладко и больно, что я готова разорваться. Я снова окружена тобой. Чаще всего я молюсь, надеясь изменить прошлое, вернуть все, как было раньше, — безотчетно, не зная кому или чему. *«Пожалуйста, позволь мне обернуть время вспять. Дай мне еще один шанс».*

В то утро появление фургона вырвало меня из этого состояния, заставило честно взглянуть на себя со стороны, признать, какой жалкой я стала, какой запущенной. Я утерла сопли и слезы и вдруг осознала, что стою посреди комнаты в твоем старом джемпере. Даже душ не приняла. Меня охватил стыд — чувство, ставшее очень знакомым за последнее время. Что бы сказал Ник, увидев меня?

Что бы сказал ты, если уж на то пошло? Я решила, что нужно привести себя в порядок и познакомиться с новой соседкой.

Так я впервые встретила ее. Меня колотило от ужаса, хотя никто и ничто мне не угрожало. С тех пор, как тебя не стало, мне временами бывало так страшно! И сердце колотилось в груди, словно какая-то жуткая птица.

Элли

Давным-давно, когда Элли еще была подростком, мать поучала ее, как важно приготовиться к приходу мужа: привести себя в порядок, расчесать волосы, переодеться, прибраться на кухне или снять с сушилки белье и, встретив его с улыбкой, спросить, как прошел день.

А Элли смеялась, поскольку в глубине души верила, что никакого мужа у нее никогда не будет. Ее жизнь пройдет под гром аплодисментов, которыми будет одаривать ее заполнившая концертный зал публика. Она видела это наяву: девушка в красном шелковом платье раскланивается на сцене, осыпаемая розами. Ее длинные, аккуратно расчесанные волосы рекой струятся по плечам. Она никогда не выйдет замуж, а если и выйдет, то ее избранником станет какой-нибудь богатый поклонник, который будет ее боготворить, не допуская и мысли, чтобы она портила свои волшебные руки работой по дому.

И вот теперь, почти тридцать лет спустя, мать все же оказалась права. То, какой он увидит тебя, переступив через порог, действительно имеет значение. Встречаешь ли ты его радостной, свежей и улыбающейся или ноешь, отчитывая за то, что он не вынес мусор или не починил протекающий кран в ванной… Иногда она притворялась, будто ей все дается легко. Распустив волосы сверкающим занавесом, устраивалась в кресле с книгой и бокалом вина. Книгу, правда, она не читала, а бокал был не первым за день. Но он этого не знал. Главным было произвести впечатление. Чему-чему, а этому-то она с годами научилась.

«Где ты? Где же ты?»

Теперь уже не до игры. Она нервно поглядывала на зловеще тикающие часы. Уже девять. Обычно он так не задерживался. Наверное, зашел выпить с кем-нибудь из коллег. Врачи всегда много пили — неудивительно, ведь работа у них нервная. Она никогда не ворчала, даже если приготовленный ею ужин пересыхал в духовке. Просто извинялась с улыбкой и предлагала сделать омлет или заказать еду на дом.

Почему же он не прислал сообщение? Она стиснула телефон, оставляя на экране отпечатки потных пальцев. Ничего. А как важно увидеть почерневшее окошко сообщений или крошечные точки, означающие, что он пишет! Как важно знать, что с ним все в порядке и он скоро вернется. Она уже облазила все новостные сайты, выискивая там слова вроде «ДТП», «авария», «доставлен в больницу». Но если бы он узнал, как часто она так поступает, как легко впадает в панику, ей стало бы ужасно стыдно. Боже, да он же работает в больнице! Если бы что-то случилось, ей бы сразу же позвонили.

Костяшки сведенных на мобильнике пальцев побелели. Она осторожно положила телефон и поднялась — нужно себя чем-нибудь занять. Оглядела комнату. Поправила подушку, на которую опиралась — такого же цвета утиного яйца, что и ваза на серванте. Смахнула какие-то пылинки с подоконника — настоящая грязь там скопиться просто не успевала. Иногда по ночам, когда подступала бессонница, она, казалось, слышала, как падает пыль, как пауки плетут паутину, как жир оседает на поверхностях в кухне. И тогда она вставала и в темноте натягивала резиновые перчатки.

Она прошла на кухню и убавила огонь под запеканкой с курицей — она обычно старалась готовить такие блюда, которые не испортятся, если он опоздает. В четвертый раз помыла раковину, разложила кухонные полотенца. Оставаться одной было слишком опасно — в полной тишине в голову начинали проникать страшные мысли. Языки пламени, лижущие кирпичную стену. Лицо в окне.

«Где ты? Почему не позвонил? ГДЕ ты?»

И вот когда терпеть стало уже совсем невмоготу, настолько, что ей хотелось сунуть руку под горячую воду или в горелку плиты — лишь бы отвлечься, она услышала бесподобный, благословенный шорох шин по гравию. Он вернулся!

Она подбежала к двери в тот самый миг, когда он открыл замок. Он цел, он вернулся, он дома! Она нырнула в его объятия:

— Слава богу! Я так волновалась!

— Эй-эй… Ты что? Я не очень-то и задержался.

— Просто… Ты не звонил, и я…

Он отстранился, положив руки ей на плечи:

— Элли, милая, мы же об этом уже говорили. Я не всегда могу уехать вовремя и не всегда могу позвонить.

Она кивнула, вся дрожа. Стыд захлестнул ее, словно открылись ворота шлюза.

— Прости, милый. Просто я так тебя люблю… Я беспокоюсь за тебя!

— Я знаю, — нежно ответил он. — Но все хорошо. Дорогая, ты же не съезжаешь снова с катушек, верно?

Она отвела взгляд.

— Нет, конечно. Просто беспокоюсь.

— Что ж, вот я и вернулся. Как насчет ужина для голодного мужа?

— Конечно, — ее сознание стало проясняться, наполняясь мыслями о том, что нужно сделать.

Достать запеканку из духовки, сделать салат, нарезать хлеб, налить мужу вина. Только сначала стоит проверить, сколько осталось в открытой бутылке, и если мало, то спрятать ее и откупорить новую, вылив один бокал, чтобы казалось, будто она ничего еще не пила.

— Трудный выдался день?

— Да какая-то катастрофа! Впрочем, как обычно.

Она знала, что он не может рассказать, чем занимался всю смену. Врачебная тайна. Ее сердце переполняла гордость за него. Он спасал жизни, помогая детям появиться на свет. Накладывал швы обессиленным, истекающим кровью женщинам. А потом возвращался к ней. Меньшее, что она могла сделать, — постараться, чтобы дома его ждал теплый прием.

— Присядь, милый, — она массировала мужу плечи, пытаясь усадить его в кресло. — Ты, наверное, очень устал. Я принесу тебе выпить. Виски? Или вина?

Он отказался сесть, нежно отстранив ее.

— Сначала нужно принять душ. Этот больничный запах…

Ритуал повторялся каждый вечер. И помогал расслабиться.

— Разумеется. Там свежие полотенца и твое любимое мыло.

Он остановился на секунду у лестницы и устало улыбнулся ей:

— Что бы я без тебя делал? Буду через минуту.

Она услышала, как он поднялся наверх, и снова обошла гостиную, проверяя, все ли на своих местах, везде ли аккуратно и чисто. Идеально.

Ей почти показалось, что она видит свою улыбающуюся мать — та не часто улыбалась, пока была жива. *«Наконец-то ты научилась»*. Элли нравилось думать, что сейчас, глядя на свою дочь, на ее безупречно чистый дом в хорошем районе Гилфорда, на ее красивого мужа-врача, на ее изысканную стряпню и элегантную одежду, та наконец-то довольна.

Сьюзи

Хорошо было бы заявиться к ней с каким-нибудь гостинцем, да только я не из тех хозяюшек, у которых всегда есть свежеиспеченный пирог или корзинка со свежей клубникой, выращенной собственными руками. Просто пойду и поздороваюсь. Я надела сапоги — слишком чистые для этих мест — и джинсы. Джемпер снимать не стала — я еще не была к этому готова. Перед выходом постаралась навести чистоту на случай, если Ник вдруг снова вернется домой пораньше. Запустила посудомоечную машину — под матовой хромированной поверхностью тихо загудело. Настроила подогрев полов, чтобы стало попрохладнее, хотя термостат был выставлен всего на восемнадцать градусов, а на дворе — настоящий ноябрь, холодина. Казалось, этот дом все держал в себе.

Ник, конечно же, после завтрака оставил посуду на столе — эту привычку он завел после переезда. Я пару раз заикнулась о том, что теперь на мне вся готовка, уборка, стирка и прочая домашняя работа. А он посмотрел на меня с недоумением, обильно посыпая перцем из мельницы тушеное мясо, на которое я убила столько сил:

— Но я же весь день был на работе.

Я чувствовала, как внутри вскипает бессильная злость. Он всегда работал целыми днями, но все же в Лондоне мы все делали вместе: ходили по магазинам, драили ванную.

— Я тоже работаю.

— Не слишком много.

Я не отвечала. Предполагалось, что я учусь, чтобы получить сертификат по арт-терапии, а еще рисую, но мы оба знали, что я уже несколько недель не занималась ни тем, ни другим.

Я шла, оставляя глубокие следы в осенней грязи, и ловила себя на том, что волнуюсь. Я уже много дней не видела никого, кроме Ника. Когда я собралась выйти из дома, пес просто сходил с ума у дверей: «Гулять-гулять! Люди!» Хотелось бы и мне обладать таким жизнелюбием. Я никак не могла найти его поводок — постоянно забываю положить его на место — и воспользовалась шарфом. Грузчиков было трое. Должно быть, семья — те, что помоложе, плотные и кудрявые, казались клонами старшего.

— Привет! — Пес потащил меня через дорогу, едва не удушив себя от радости при виде кого-то еще. Старший из мужчин, мерно двигая челюстями, удостоил меня взгляда. — Я соседка. Кто-то сюда въезжает? Здорово! — я старалась говорить иначе, попроще, а не как горожанка.

Он взялся за комод и поднял его, под татуировками заиграли мускулы.

— В дом, — коротко бросил он. — И купите собаке поводок.

И почему всякий раз, когда выходишь выгулять питомца, нарываешься на совет от случайного незнакомца?

— Поосторожнее с этим, пожалуйста! — прекрасный выговор, спокойный голос, четко выверенные интонации.

Я обернулась. На крыльце стояла женщина, в руках — небольшое растение в горшке.

— Это довольно дорогая вещь. Пожалуйста, не поцарапайте.

Грузчик, взглянув на меня, чуть закатил глаза, как будто сочтя меня классово близкой, и я залилась румянцем. Значит, это не я здесь стерва из среднего класса! Хоть у меня и было кое-что за душой, но он считал меня своей!

Она была старше меня, глаза опутаны сетью мелких морщинок, волосы начали седеть. Она оглядела меня с ног до головы и нахмурилась, не то заметив мою совершенно неподходящую одежду, не то из-за Поппета, который вел себя просто ужасно.

— Здравствуйте! — сказала я. — Я соседка. Вы сюда переехали?

— Переезжаю, — она смотрела на лающего, рвущегося к ней пса. — Это что, шарф?

— А… Не смогла найти поводок, а пес такой непослушный, что мигом бы выскочил на дорогу.

Поппет стал для меня тяжелым испытанием с самого начала, когда я вынуждена была торчать дома со щенком, не имея возможности даже выглянуть на улицу. Кто же знал, что в первые две недели им вообще нельзя выходить из дома? Мне приходилось умолять Ника, чтобы выйти подышать воздухом хотя бы на десять минут.

«Но щенька будет скучать», — отвечал он, надевая рабочий пиджак, и я начинала завидовать даже такой простой вещи, как возможность пойти на работу.

Тогда я поняла, что Поппет вышел в нашей семье на второй план, а я отодвинулась на третий.

Теперь женщина наклонилась к нему и очень твердо сказала:

— Сидеть!

И он сел, прижав уши.

— Удивительно!

— Просто немного твердости. Я все детство провела с собаками, — она присела и погладила его шелковистые уши. Пес посмотрел на нее с обожанием. — Они такие бесхитростные. Не то что люди. Ищейка, верно?

— Ага. — И как только у других получается определять такие вещи с первого взгляда? В самом деле, я совершенно не разбиралась в собаках.

Она протянула мне руку:

— Нора Холском.

Не переставая бороться с вновь вскочившим псом, я ответила на рукопожатие. Ее ладонь оказалась на удивление жесткой.

— Привет, Нора. Это Поппет. Глупое имя для глупого пса. Я просто хотела поздороваться. Здесь ведь только мы одни и живем. Тут бывает очень тоскливо.

Снова тот же пронзительный взгляд. От испуга мне захотелось что-нибудь сделать, и я нагнулась, намереваясь поднять коробку, оставленную грузчиками у мощеной дорожки.

— Я отнесу. У вас, наверное, и так забот выше крыши.

Я почувствовала на запястье ее ладонь, холодную и на удивление крепкую.

— Нет, — сказала она. — Пожалуйста, не надо. Только не в твоем положении.

Наверное, я побледнела и на мгновение похолодела от нахлынувшего ужаса, как это случалось с тех пор каждый день.

— Не думала, что это так заметно, — свободный джемпер должен был скрывать мой выпирающий живот.

— О… Мне эти признаки знакомы.

Момент показался мне слишком интимным — словно какой-то незнакомец на улице подошел сзади и поправил выбившийся ярлычок на блузке. Правда обрушилась на меня потоком ледяной воды — я почти шесть месяцев как беременна. Что будет, когда родится ребенок? Наверняка я больше не смогу ходить по тонкому льду. Что мне делать? Я попыталась перевести разговор на нее:

— Вы тут одна собираетесь жить? Вы замужем?

По тому, как напряглось ее лицо, я поняла, что совершила ужасную ошибку.

— Я овдовела, — наконец ответила она. — И решила поскорее поменять место жительства… Ну, не совсем так. Пришлось переехать — деньги, сама понимаешь. Карьеру в нашей семье делал муж.

— Простите. Мне не следовало спрашивать, — на моих глазах, к моему собственному глубокому ужасу и стыду, выступили слезы. — Боже, простите. Я… я недавно потеряла близкого человека. Это было… В общем, я все еще не могу привыкнуть.

Почему я ей это сказала? Это была совсем иного рода потеря, даже если и казалось, что это не так. Мое мнение о себе упало еще ниже.

Лицо Норы оставалось неподвижным:

— Уверена, смена обстановки пойдет тебе на пользу.

— Надеюсь, вам здесь понравится, — я заморгала, пытаясь удержать слезы. — Может, как-нибудь зайдете к нам на обед? — Надо было сказать «на ужин», она бы назвала это ужином. — Правда, я только учусь готовить. В основном все пока подгорает, но кто знает… — я развернулась к дому: пора идти. — Ах да… И если вы встретите Ника, это мой муж, наверное, не стоит упоминать о том, что я говорила… ну, о потере. Это может его расстроить.

— Конечно, — улыбнулась она. — Я умею хранить тайны, Сьюзи.

Только приступив к нарезке лука для блюда, рецепт которого Ник мне оставил, еле управившись с сигнализацией (Ник требовал, чтобы я включала ее всякий раз, даже если выскакиваю из дома на минутку, но я все время боялась неправильно набрать код) и закрыв за собой дверь, я вдруг поняла, что вообще-то не говорила ей, как меня зовут.

Нора

Я знала, что увижу Сьюзи в первый же день, ведь в этой глухомани всего два дома. И конечно, не успела я и вещи распаковать, как она появилась, таща на импровизированном поводке ищейку. Терпеть не могу таких невоспитанных собак. Волосы у Сьюзи лежали кое-как, пряди падали на лицо. Под курткой на ней было надето нечто, напоминающее мужской джемпер. Я пригляделась — так и есть, мужской джемпер. Мне стало не по себе. Что она за человек?

Сьюзи заговорила с Брайаном, старшим из грузчиков, и, несмотря ни на что, я заставила себя улыбнуться ей. Она была без макияжа, но все равно красивая, и в сравнении с ней я почувствовала себя старой и высохшей, хотя разница между нами не больше десяти лет. Вдова. Да, так оно и есть. Само слово старило меня не меньше, чем утрата.

Я подошла поближе и, только когда она подняла руку, чтобы поприветствовать меня, заметила то, к чему совершенно не была готова. Она оказалась беременной. И я растерялась. Боль резанула так сильно, что я едва устояла на ногах.

А я-то считала, что готова к следующему шагу. Наверное, ошибалась.

***

После ухода Сьюзи весь оставшийся день я провела разбирая вещи и стараясь сделать свое маленькое сырое жилище похожим на дом. Перед моим приездом в «Плюще» прибрались, но недостаточно, по моим меркам, поэтому пришлось, оставив мебель посреди комнаты, протирать тряпкой плинтусы и выметать пыльную паутину из углов. В голове неотступно крутилась одна и та же мысль: «Она беременна. Она ждет ребенка». Стоит ли мне теперь оставаться здесь? Что это означает для меня? Я приступила к реализации своего тщательно продуманного плана, но ситуация изменилась, и теперь меня одолевали сомнения. Дом был таким крошечным, таким уродливым. И еще на нервы действовала тишина — со всех сторон нас окружали поля, и до меня долетал лишь смутный шум со стороны шоссе. Чувство было такое, что вокруг нет ничего человеческого — лишь голые деревья и мерзлая земля.

Конечно, если не считать Сьюзи. Моей новой соседки. Стоя у темного окна, я мельком увидела ее в окне их подновленного дома. Это напомнило мне, как в Аплендсе я наблюдала через застекленную дверь своей комнаты за другими девочками, которых, при всей их грубости, объединяло своего рода чувство товарищества. Никто не хотел дружить со мной — девочкой из хорошей семьи. Вероятно, помешанной. Мой дом назывался «Плющ». Плющ ползет, цепляясь за стены. Агрессивный сорняк. Дом Сьюзи назывался «Ива» — дерево, печально поникшее под грузом утрат.

Дрожа от холода, я завидовала Сьюзи, пережидавшей непогоду за надежными новыми окнами, — в щелях моих рам свистел ветер, а дверь для тепла пришлось подоткнуть ковриком. Стемнело рано — еще не было и четырех. И я остановила лихорадочную деятельность: бросив вещи в коробках, просто сидела одна в сыром, холодном, унылом доме. Еды нет. Я еще не разобралась, как включить отопление, и пока не доставала ни ламп, ни свечей, ни телевизора. Какое-то время поразмышляла, не стоит ли выставить на всеобщее обозрение фотографию мужа, но решила в конце концов оставить ее в тумбочке у кровати. Не хотела, чтобы она ежеминутно пробуждала воспоминания о том, чего не вернуть. К тому же Сьюзи могла огорчиться, увидев ее. Я заметила, как она переменилась в лице, когда я упомянула, что овдовела.

Подавленная, я сидела на лестнице, устланной старой узорчатой дорожкой. *«Что я здесь делаю?»* Я и сама не могла ответить. Говорят, скорбь сродни безумию. Значит, я утратила рассудок… Меня подбросило от звона телефонного аппарата — так громко он прозвучал в полной тишине.

— Алло?

Это был Эдди, юрист, чьими услугами я пользовалась с шестнадцати лет. Единственный, кто знал меня еще ребенком. Невысокий одышливый человек, уже подумывавший отойти от дел. Я была так рада слышать его голос, что едва не расплакалась.

— Боюсь, у меня неважные новости, — сказал он, покончив с расспросами о доме (я соврала, сказав, что он прекрасен).

— А… — хороших новостей я не слышала давно и даже не была уверена, что они еще возможны. — Деньги?

— Судебная бухгалтерия не нашла ничего. Ни тайных счетов, ни вложений. Похоже, действительно ничего не осталось. И ты уже знаешь, что договор страхования жизни был расторгнут в прошлом году. Мне очень жаль, дорогая.

Я не сразу ему поверила. Это было нелепо.

— Нет, нет, деньги есть, — возразила я.

Я не знала, сколько их, но мне всегда казалось, что достаточно, чтобы я могла чувствовать себя комфортно. У меня не было причин думать о них.

— Прости. Похоже, счета… истощены. Там ничего нет.

Интересное он выбрал слово. Я так себя и чувствовала: истощенной. Иссохшей. Опустошенной. Пустой человек в пустом доме. Оставалась лишь какая-то сумасбродная гордость, стремление продолжать жить, не глядя под ноги, в ту бездонную пропасть, на краю которой я балансировала.

— Спасибо, Эдди, — я повесила трубку, чтобы он не услышал, как я расплакалась.

Сьюзи

Меня немного встревожила неувязка с моим именем, но объяснить я ее могла. Например, его мог упомянуть Гэвин, агент по недвижимости. Нужно было как-то перестать зацикливаться. В психологии это называется руминацией: какая-нибудь мелочь постоянно буравит мозг, пока не протрет в нем дыру, словно на локте старого джемпера. Такова, скажем, мысль о нашей с тобой последней встрече, воспоминание о которой бережно хранилось в моей голове, гладкое, словно отполированный камень.

«Мы все уладим. Но пока не делай ничего. Возвращайся домой».

«Но это не дом, — возразила я, осмелев от ужаса. — *Только не с ним».*

«Подожди немного...»

И ты уехал на своем «ягуаре», оставив меня на обочине дороги под сентябрьским солнцем. Колышущаяся трава щекотала голые ноги, городские сандалии были слишком чисты для обычной деревенской прогулки, поэтому пришлось как следует испачкать их по пути домой, чтобы Ник ничего не заподозрил. Тогда я была бесконечно счастлива, несмотря на страх и дурноту от того, что придется все ему рассказать. Я не сомневалась, что ты приедешь за мной. Но с тех пор — прошло уже почти два месяца! — от тебя не было ни единой весточки. Я тысячу раз воспроизводила тот разговор в памяти. Неужели я сделала... сказала что-то, от чего все так резко переменилось? Неужели дело в этом? Тем временем мой живот становился все больше — так распускается поставленный в воду цветок. Нужно было что-то делать. Но что?

В тот вечер, когда я ходила к Норе, Ник задержался. Сложив руки на животе, я крутилась у окна, словно безутешный пес в ожидании хозяина. Но не потому, что скучала по нему. Скорее, потому, что часы пробили шесть, стрелки на циферблате вытянулись копьем, и я чувствовала — стоит им переломиться, как с ними переломлюсь и я.

В тот вечер он долго возился, закрывая машину. Должно быть, говорил по телефону: я слышала его голос, но не могла разобрать слова. Звучный басовитый смех, непривычный, словно раскаты грома долгим летом. Он явно говорил с женщиной. Наверное, с кем-нибудь с работы. С какой-нибудь смышленой юной выпускницей. Верной. Любящей собак и резиновые сапоги, не тоскующей по асфальту под каблуками. Вот он замолчал. Прекратил разговор. Но еще не зашел в дом. Я прошла в прихожую, подошла к двери, уткнувшись животом и ухом в свежую краску. Мне показалось, что я слышу его дыхание по другую сторону. И чего он ждет? Дверь распахнулась внезапно. Я посмотрела на него, как на незнакомца: мужчина среднего роста в куртке, рубашке с галстуком и запотевших на холоде очках. Темные волосы, скорее миловидный, чем яркий, или так мне когда-то казалось.

— Что ты делаешь?

— О… Просто услышала, как подъехала машина. — Мне хотелось спросить: *«С кем это ты разговаривал?»*, но я не стала — не хотела вести себя как он. — Ты так задержался…

Я прошла за ним на кухню. Он посмотрел на меня с усталым и озадаченным видом:

— Но ты же сама постоянно опаздывала. Как-то вернулась домой в три часа ночи. В Лондоне. Помнишь?

— Это было давно. Здесь я совсем одна. — Мы подошли к самой грани, поэтому я отвернулась и принялась споласкивать посуду в раковине.

— Ты тоже можешь куда-нибудь сходить, — сказал он, снимая куртку. — Я тебе не запрещаю.

Я швырнула кружку в раковину. Та не разбилась, и когда Ник обернулся, я, дрожа, снова взяла ее в руки, будто она просто выскользнула в раковину. Жаль, что не разбилась. Для этого люди и швыряют вещи в пылу ссоры. Это не было проявлением ярости. Это была необходимость показать другому, что, как бы все ни выглядело снаружи, внутри что-то не так, что-то сломалось.

— Могу? Машина-то у тебя, а до станции топать несколько миль.

— Есть же такси, — мягко сказал он, включая телевизор.

Как же я его ненавидела в этот момент! Сказать «есть же такси» было все равно, что сказать «есть же ключ» человеку, запертому в камере, ключ от которой висит снаружи. Вызывать такси было слишком дорого, часто они отказывались к нам ехать или не могли найти дом. Да и куда мне ехать? В этих краях друзей у меня нет. Общаться с простыми работягами мне все еще было слишком стыдно, а встречаться со старыми друзьями я боялась: ну как они меня раскусят — Сьюзи, бросившую работу и удалившуюся в идиллический деревенский дом. Я не могла признать, что совершила огромную ошибку.

Я решила попробовать снова. Нужно было погасить ссору, которую я же и начала.

— Ты видел? У нас появилась соседка, — сказала я с деланым весельем в голосе.

— А? Да… — Теперь он сунул нос в холодильник, хотя я несколько часов убила на лазанью; он просил меня готовить, оставлял рецепты, а потом уплетал ломтик за ломтиком плавленый сыр. — Странно, что кто-то захотел здесь жить.

— Ты хотел сказать — кто-то кроме нас? — мой вопрос прозвучал ехидно, и он устало посмотрел на меня.

Последовала пауза, и я снова решила включить беззаботную болтушку-жену:

— Одинокая дама. Мне она показалась милой. Разве что чуточку высокомерной.

Он закрыл холодильник.

— Обед готов? Если нет, я пойду в музыкальную комнату. Нужно кое-что записать.

Когда мы поженились, Клодия в шутку подарила мне книгу под названием «Инструкции для жен». Она была издана в пятидесятых. Там говорилось что-то вроде «к его приходу постарайтесь выглядеть свежей и красивой, приберите в доме» и прочее. Это был один из тех иронических подарков, которые означают: «Гляди, какие мы близкие подруги». Иногда, следя за стрелками часов и беспокоясь о том, получится ли рагу с олениной, я задумывалась, действительно ли это была шутка.

Когда я подала лазанью, Ник отправил в рот щедрую порцию и скривился:

— Это тот рецепт, что я оставлял?

— Типа того. Я немного его изменила.

— Соли многовато. Это не очень хорошо для ребенка, — он посмотрел на меня сердито, будто на нерадивого подчиненного.

Ребенок, который начал диктовать мне образ жизни, был еще размером с давленый орех. Но об этом я предпочла промолчать. Я предпочла отступить, потому что вокруг простиралось минное поле, и я была в западне. Да и он прав. Он делал для меня все, и вот как я ему отплатила... Я ощутила жгучее чувство вины — словно соль на ранах.

— Ты наверняка и Поппета сегодня не выгуливала?

«С чего он взял?» Но все так: после встречи с Норой я дала собаке побегать вдоль дороги, но совсем чуть-чуть, а не целый час, как требовал Ник.

— Я немного потерялась во времени от волнения и не смогла долго гулять.

— Нужно полноценно гулять каждый день, Сьюзи. Мало того, тебе самой это полезно, ведь доктор сказал, что тебе не следует набирать вес до последнего триместра. Ты хоть капельку подумай о Поппете. Это нечестно по отношению к нему.

Начнем с того, что я вообще не хотела Поппета — это был еще один маленький сюрприз после переезда — и теперь оказалась единственной ответственной за его благополучие.

— Хорошо, — я уловила плаксивые нотки в своем голосе и подумала: *«Как я сюда попала? Кто я? Кто этот мужчина?»*

Даже странно было подумать, что каких-то несколько недель назад я была уверена, что все осталось позади.

— В общем, я пригласила ее на обед. Ну, соседку. У нее муж умер, — к моему ужасу, при этих словах у меня перехватило дыхание, как и во время разговора с Норой.

Я попыталась скрыть свою реакцию, но Ник с хмурым видом оторвался от телефона:

— Что случилось?

Он не мог ни о чем подозревать. Но обратить внимание на мое странное поведение, заметить мои покрасневшие глаза… На миг ужас пронзил меня электрическим током.

— Ну? — всего один слог, и сразу столько вопросов: *«Скажи мне правду, Сьюзи. Расскажи, что происходит».*

Неужели ему все известно?

Я сбивчиво ответила:

— Н-н-ничего. Гормоны. — Следовало бы сказать что-нибудь вроде: *«Я представила себе, что это мог бы быть ты, и расстроилась»*, но я не смогла себя заставить.

К счастью, это напомнило Нику о ребенке. Он наконец-то дотронулся до меня и погладил по животу, наклонившись через стол:

— Уже тревожишь мамочку, малыш?

В его голосе звучала неподдельная нежность, и, как это часто бывает в семьях, между нами воцарилось невысказанное перемирие.

На секунду мне захотелось все ему рассказать. Сбросить с себя груз вины и положить к его ногам.

Мы когда-то любили друг друга, еще совсем недавно. Может быть, сможем снова…

— Ник…

Он встал:

— Я заварю тебе зеленый чай. Это очень полезно для ребенка.

Я терпеть не могла зеленый чай.

— Прекрасно! — ответила я, отставив в сторону все мысли о том, чтобы рассказать ему, — это было бы безумием.

Мне нужно найти выход. И как можно скорее.

Элли

Она стояла у окна, вслушиваясь в тиканьс часов, медленно пережевывающих ее жизнь. Когда муж оказывался дома, поверить, что все эти вечера он, врач, постоянно занятый сверхурочно, проводит в клинике, было легко. Она скучала по нему, но отрывать от важной работы, от спасения чужих жизней, не позволяла совесть.

В одиночестве было труднее. Он считал ее излишне подозрительной, вечно настроенной предвзято, а на самом деле выходило все наоборот. Она изо всех сил старалась как можно дольше ничего не замечать. Но долгими вечерами, одна в доме без единой пылинки, в тесной компании телевизора да бутылки вина, она иногда не выдерживала. Тихие голоса начинали нашептывать ей: *«Где же он на самом деле? Нет ли у него другой?»*

Вероломный ум начинал подбрасывать доказательства. Приходит домой поздно, прячет телефон, засовывая его под диванные подушки, когда она заходит в комнату. Среди ночи исчезает из постели, а когда она, измаявшись, дожидается его возвращения, спокойно ложится рядом, поясняя, что отходил в туалет или попить воды.

Но она-то знает, что его не было минут десять, если не больше. Какие мелочи! Может, ей все это мерещится? И ничего такого и в голову бы не пришло, если бы ей было чем заняться, если бы у нее была работа или какие-то увлечения. Если бы она продолжала играть на фортепиано, а не просто ежедневно протирать с него пыль. Если бы приходилось заботиться об их ребенке… Да и где ему знакомиться? Круг-то не широк: какая-нибудь симпатичная медсестра, представительница фармацевтической компании, девушка из магазинчика, куда он ходит за кофе? Она вспомнила о конференции, на которую муж ездил несколько месяцев назад. Ночевал в гостинице недалеко от Хитроу. Такая скука, поморщился он, даже и рассказать не о чем.

«Кто она? Она красивая, молодая, милая? С чего все началось? Сколько уже продолжается?» — снова началась череда мыслей. Как ни пыталась она вытряхнуть всё из головы, расставляя книги по алфавиту, или прибираясь в шкафах, или начищая серебро, мысли никак не желали уходить.

«Глупая девчонка. Это ты во всем виновата».

Это всего лишь голос в ее голове? Да, от этого никуда не деться. Она не могла доверять собственному разуму. Он вечно нашептывал ей всякую чушь, искажал факты. Он был ненадежен.

Стоя у окна, она увидела огни машины, свернувшей на дорожку, услышала хруст гравия под колесами. Муж вернулся, но ее сердце не встрепенулось от привычной радости. Она наблюдала, как он, сидя в своем «ягуаре», увлеченно ковыряется в телефоне. И его лицо озаряет улыбка, которой она не видела уже очень давно. Игривая, чувственная, подогретая искренним интересом. А она мужа больше не интересовала — словно кошка, которую он рассеянно гладил, проходя мимо. Он поднял голову, заметил ее в окне и, махнув рукой, вылез из машины. Она заставила себя помахать в ответ. На его лице промелькнуло виноватое выражение или ей это просто показалось?

Он подошел к двери и вошел в прихожую. Она вдохнула лимонный аромат его лосьона после бритья. Красавец мужчина в очках в темной оправе, дорогая рубашка плотно облегает мускулистую грудь, хотя ему хорошо за сорок. Как же ей повезло!

— У тебя все хорошо?

— Я просто… — этим вечером весело отшутиться не получалось. — Ты так поздно вернулся. Ты всегда приезжаешь поздно.

Он глубоко вздохнул и бросил сумку на стул.

— Ох, Элли… Не начинай…

— Пожалуйста, если… если у тебя кто-то есть, просто пообещай, что не бросишь меня!

Он схватил ее за руки и посмотрел прямо в глаза:

— Никого у меня нет. Разве ты не видишь? Просто у меня очень много работы. Из-за сокращений приходится часами торчать в смотровой и в операционной.

Ее захлестнуло чувство вины. Что значат ее банальные чувства на фоне борьбы со смертью?

— Прости.

— Ты принимаешь те таблетки?

Она поморщилась:

— У меня из-за них в глазах двоится.

— Это для твоего же блага, милая. Мы же не хотим, чтобы это повторилось, верно?

Она потупилась и после секунд внутренней борьбы ответила:

— Нет. Ты прав. Есть хочешь?

Самое ужасное, что она не стала бы любить его меньше, даже если бы ее опасения оправдались.

Засыпая в тот вечер в красивой спальне под толстым одеялом на гладких хлопковых простынях, она думала о женщине, которой как бы нет. Как ее зовут? Какая она? Замужем ли? Хватит ли мужу сил порвать с ней сейчас, когда Элли начала что-то подозревать? Он поставит ее в известность или просто перестанет звонить? Это называется «гостинг». Это слово Элли услышала в какой-то подростковой драме, которую смотрела в один из одиноких вечеров. Когда человек исчезает из чужой жизни, словно он умер, без каких-либо извинений или объяснений. Неприятно, но в таком поведении есть определенный смысл.

Проснувшись в три часа ночи и ощущая себя последним человеком на земле, словно моряк с затонувшего корабля на пустынном острове, она представила себе совершенно бредовый разговор с этой несуществующей женщиной. Что бы Элли сказала ей. Как могла бы отпугнуть.

Сьюзи

На следующее утро, когда Ник уехал на работу, я сделала то, что обещала тебе никогда не делать. Я позвонила на твой мобильный.

Ты дал мне этот номер только для экстренной связи — скажем, если я не сумею отыскать тебя в месте заранее обусловленной встречи. Я отлично понимала: нельзя звонить или писать сообщения, когда *она* может оказаться рядом с тобой. Но ты исчез — как мне с этим смириться? Смириться с тем, что ты, судя по всему, просто решил исчезнуть с горизонта? Дрожащими руками я взяла телефон, забилась в тот угол кухни, где иногда ловилась связь, и набрала твой номер, по какой-то причине записанный под именем «Люси П». Я даже не успела подумать о возможных последствиях, как услышала механический голос: «Набранный вами номер не существует». Неужели ты сменил его как раз на тот случай, если я попытаюсь до тебя дозвониться?

Что мне теперь делать? В расстройстве швырнув телефон на стол, я отправилась в свою «студию» — так ее назвал Ник, когда обустраивал ее для меня. Я никогда не говорила, что она мне нужна. Но я и за город переезжать не собиралась, и собаку заводить, и отказываться от работы, так что, наверное, это не имело значения. Студия появилась в пылу перестройки, когда были поставлены новые окна и двери, появились теплые полы, в старом подвале разместился винный погреб, а Ник получил свою «музыкальную комнату».

— Попробуй это кресло, — Ник покачал спинку, показывая мне студию. — Оно получило кучу наград за дизайн. Я знаю, ты терпеть не можешь банальную офисную мебель.

Сердце замирало от воспоминаний о словах, которые я говорила ему много лет назад. Когда он был возлюбленным, а не мужем с трехлетним стажем. Чувство вины сдавливало грудь. Теперь я села в дорогое кресло на непривычно большом из-за живота расстоянии от стола и включила компьютер, который он мне купил.

Начала, как обычно, с быстрого просмотра местных новостей. О тебе — ничего. Бытовое убийство в Медуэе, но там погибла женщина, ее задушил бывший муж. Собаки покусали ребенка в Гастингсе; ужасный случай — я дрогнувшей рукой закрыла окно. Никаких происшествий, никаких пожаров, жертвой которых стал бы местный житель, никаких автокатастроф на M25 — ничего, что могло бы объяснить твое молчание. В списках сотрудников всех окрестных больниц — я их терпеливо пролистала — ни одного имени, похожего на твое.

Иногда, в минуты полного умопомрачения, я находила объяснение: ты умер по пути домой в тот последний день. И понимала, как это глупо. Но как, как принять, что тебя больше нет рядом, если последним, что я услышала от тебя, было: «Не бойся, мы будем вместе»! Скоро все твои следы в моей жизни — волосок, запутавшийся в моем шарфе, отпечатки пальцев, которые ты оставил на моем телефоне, когда однажды поднял его, — всё это исчезнет, словно тебя никогда не существовало. Словно ты был призраком.

Я несколько раз даже гуглила твое имя, несмотря на опасность — выяснить, что искал человек, очень легко. И набирала в строке поиска «жена Шона Салливана», хотя это чистый идиотизм — я не знала ее имени. Но иногда, когда мне окончательно срывало крышу и на смену страху и печали приходила бурлящая ярость, я хотела найти ее и рассказать обо всем. Просто появиться на пороге вашего дома, показать все эти сообщения с твоего секретного аккаунта, и пусть все летит к чертям. Разумеется, Ник бы тоже обо всем узнал. Но как сладко было бы спалить свою жизнь дотла вместе с твоей! И плевать, что у меня ни денег, ни работы. И огромный живот.

Господи, какая бессмыслица!

Но не думать о тебе я не могу.

***

Мы с Ником переехали сюда в надежде начать всё заново. Лондон сломал нас, а мы сломали друг друга, и наша квартира в Шордитче, обставленная мебелью из ДСП, с постоянным гулом машин и завываниями сирен за окнами, стала казаться тюремной камерой, в которой мы вместе отбываем заключение. Я работала, он работал. Я пила слишком много дешевого белого вина с коллегами в полутемных барах и со временем привыкла задерживаться допоздна, чтобы подольше не возвращаться домой, к взаимным упрекам и сердитому молчанию. И встал вопрос: быть или не быть семье, и мы решили быть. Поэтому, когда однажды вечером Ник пришел с работы и сказал, чтобы я взяла отгул на следующий день, я молча согласилась.

Похоже, он продумал всё довольно давно. Новая работа в совете графства Кент — я представления не имела, что он посылал резюме, — и маленький домик недалеко от Севеноукса. Все это походило на какую-то сказку — так же пахло леденцами и темным волшебством. Агент по недвижимости, словно извиняясь за то, что он собирается нам продать, предупредил о неуверенном приеме мобильной связи и о том, что дорога часто становится непроезжей.

— До ближайшей станции пять миль, — сказал он, с сомнением поглядев на мои сапоги на высоких каблуках. — Поэтому если вы собираетесь ездить в Лондон, это будет не так просто.

— А мы не станем ездить в Лондон! — уверенно ответил Ник. Помню, как в тот теплый весенний день он, одетый в удобные полуботинки и куртку, которую я втайне ненавидела, стоял перед агентом, лучась самодовольством. — Сьюзи бросит свой офис.

Какой же дурой я была! Несмотря на весь этот новый мачизм мужа, на его тайные поиски работы, на предлагаемый переезд, я только в этот момент осознала, что он, наверное, знает о Дэмьене.

Помнишь, я рассказывала тебе о Дэмьене?

Как бы дико это ни звучало, мы с Ником никогда не говорили о моих… довольно невинных увлечениях. Словно это была противопехотная мина, на которой мы боялись подорваться. Я не знала, известно Нику что-нибудь или нет, и даже не могла задать ему вопрос с легким подтекстом, поскольку если бы ошиблась, то выдала бы себя с головой. И вот какая штука — под давлением ультиматума подобная тягостная неопределенность исчезает, и становится легче от того, что выбора больше нет. Мое согласие не требуется.

Поэтому без какого-нибудь дополнительного обсуждения я, подав заявление об уходе, прикинулась, что собираюсь заняться в деревне выращиванием ревеня и прочей полезной ерунды. Подруги радовались за меня, но не слишком искренне. Вероятно, их терзали опасения: а вдруг их тоже кто-нибудь заставит переехать за город?

В назначенный день мы с Ником вышли из квартиры, сели в загруженный мебельный фургон и отправились в путь. Я смотрела, как Лондон медленно растворяется вдали за рядами складов и безликих пригородов, а потом и вовсе скрывается за зелеными полями. Когда мы приехали, на столе в гостиной я увидела стопку книг: «Как повысить фертильность», «Чего ожидать, когда ждешь ребенка», «Огород для начинающих»... Тяжелая дверь захлопнулась, и я испугалась, что больше никогда отсюда не выберусь.

***

Музыка. До меня донеслась музыка. Я медленно оторвалась от компьютера и, удивляясь, прислушалась. Звуки, еле слышные вначале, становились все громче. Всплывающее окно? Я закрыла «Хром», но музыка не утихала. Неужели я забыла выключить радио? Нет, в это утро я его вообще не включала. Я пошла на кухню в поисках источника звука. Наверное, Ник забыл свой телефон, или это его айпад. Сколько же в нашем доме расплодилось гаджетов!

Мой собственный смартфон заряжался, лежа на боку. В последнее время батарея совсем перестала держать заряд. Я понимала, что когда-нибудь придется купить новый, но из глупой сентиментальности продолжала держаться за этот — по нему я связывалась с тобой.

Я остановилась возле голосового помощника — крошечного прибора, управлявшего всем в этом доме. А теперь из него лилась музыка, вернее, знакомая мне песня. Ты включил ее для меня в ту первую ночь в гостинице, когда твои глаза искали встречи с моими в охватившем нас вихре эмоций. Ты еще посылал мне ссылку на эту песню, когда пытался меня преследовать. «Останься со мной» Сэма Смита. Она была полна тоски и боли. Именно их я сейчас и чувствовала, но песню… нет, не включала. Или?..

Дрожащими пальцами я нажала на кнопку. Музыка стихла, и электронный голос сказал: «Привет, Сьюзи». Я со злостью выдернула кабель из стены. Начать хотя бы с того, что я никогда не хотела голосового помощника, который шпионил бы за мной. Но нужно соблюдать осторожность. Учитывая все происходящее, мне становилось все труднее держать себя в руках.

Ты никогда не верил в слабость рассудка. Когда я рассказала тебе, что собираюсь заняться арт-терапией, ты рассмеялся:

— Послушай, если ты явишься ко мне с полуоторванной ногой, разве тебя устроит предложенный мной карандаш?

— Но это не одно и то же!

— Это именно одно и то же. Душевное нездоровье — это или химический дисбаланс, который врачи в силах исправить, или банальная жалость к самому себе. Нужно просто выйти на пробежку, позаниматься физическим трудом.

Я неодобрительно посмотрела на тебя:

— А как же сердце? Разве не в нем и боль, и радость?

— Ты когда-нибудь видела человеческое сердце? Это всего лишь комплект трубок с кровью. Наподобие шины. Если оно протекает, нужно поставить надежную заплатку. Всего и делов.

Жаль, что прямо сейчас я не могла снова услышать от тебя эти слова. Потому что мое сердце дало течь, порвалось, и я понятия не имела, как это исправить.

Нора

После нашего знакомства я не встречалась со Сьюзи пару дней. Из окна гостиной мне было видно, как ее муж уезжал на работу и возвращался, как она сама то озадаченно разглядывала гибнущие растения, то выволакивала пса на очень короткую прогулку. Порой она поглядывала в сторону «Плюща», но дорогу не переходила, и я не знала, как снова поговорить с ней. А потом мне повезло — она не сумела попасть в дом. Из своего окна я увидела, как она нервно кружит по садику, еле удерживая своего Поппета на поводке, и распахнула дверь.

— Все хорошо?

— Ох, нет! Я такая идиотка! Вечно забываю код от сигнализации. А если она сработает, за вызов придется платить, поэтому я боюсь попробовать еще раз.

— Так ты не можешь войти?

Она всплеснула руками:

— Нет, пока Ник не пришлет мне код.

— Пожалуйста, подожди у меня — на улице такой холод! Выпьем чаю?

Она задумалась.

— Спасибо. Не помню, представилась я прошлый раз или нет, но, на всякий случай, меня зовут Сьюзи.

Потом я долго прокручивала эти слова в голове в поисках подтекста.

Пока Сьюзи сидела в моей гостиной, я заметила, что она постоянно поглаживает убранный в карман кардигана телефон. Похоже, Сьюзи ждала — как оказалось, напрасно — звонка или сообщения. Не поступило и весточки от Ника. А еще она очень нервничала — так вздрогнула от звука ветки, шаркнувшей по стеклу, что пролила чай себе на джинсы.

— Черт! Простите. Это все из-за беременности. Я стала такой неловкой…

Она хотя бы перестала это скрывать — вообще-то, глупая затея прятать то, что всем видно. Хотя, может, она из тех девиц, что отлично умеют притворяться, будто начисто игнорируют реальность.

Теперь, когда она оказалась в моем доме, появилась возможность хорошенько расспросить ее… о многом, но волнение сделало меня косноязычной. И еще мне не терпелось встретиться с ее мужем. Сьюзи без устали рассказывала о нем, пока мы пили чай. «Ник терпеть не может, когда я забываю вовремя начать готовить обед». «Ник требует, чтобы я запирала ворота, чтобы пес не убежал». «Ник говорит, что Поппету нужно гулять не меньше часа в день, но в морозные дни это так трудно. Я ужасно боюсь упасть». А вот и мой шанс! Я стояла в дверях кухни, протирая полотенцем фарфоровую чашку с рисунком из мелких голубых васильков — часть сервиза моей матери, наш свадебный подарок.

— Если хочешь, могу составить вам компанию. Долгие прогулки полезны для здоровья. А если что-то случится, сбегаю за помощью. — Мое предложение пришлось Сьюзи по душе.

Она ответила с нескрываемой радостью:

— Чудесно! Я согласна. Вообще-то, со мной вечно одни проблемы, нужен кто-нибудь, кто будет за мной приглядывать.

Сьюзи явно испытывала дискомфорт, но при этом почему-то избегала говорить об этом открыто. Стеснялась? Я решила провести разведку боем.

— Как ты себя чувствуешь? С этой беременностью…

Она сложила руки на животе:

— Довольно неплохо с тех пор, как перестало тошнить. Все случилось так неожиданно. Мы пытались в Лондоне, но, честно говоря, я думала, что у нас никогда не получится, — она слегка покраснела. — А теперь… Ну, это случилось. А все никак в голове не укладывается.

— Наверное, Ник доволен, — предположила я.

Она побледнела. С чего бы это?

— Он очень волнуется. Переживает за меня. Думает, что я неправильно питаюсь днем, что могу поскользнуться в поле или угодить под машину.

И все же Ник купил Сьюзи пса, с которым ей нужно гулять не меньше часа в день! Интересно.

— Тяжело, наверное, оставаться целыми днями одной? — обронила я.

Она прикусила губу, казалось удерживая рвущиеся наружу слова. А я сама внезапно ощутила страстное желание рассказать ей свою историю, объяснить, что привело меня сюда, что случилось со мной. Одиночество часто толкает на безумные поступки. А Сьюзи одинока. Вероятно, даже более одинока, чем я. Я-то, во всяком случае, к этому привыкла.

Она вдруг вскочила на ноги, выхватывая из кармана телефон. Мне показалось, что он загудел, хотя я знала, что это не то сообщение, которое она мечтала получить. Оно не придет никогда. Но потом я услышала с дороги шум притормаживающей машины. Достаточно редкий звук — наверное, вернулся Ник.

— Проклятье! Уже почти пять! Он сегодня рано!

Она неловко поставила чашку, брызнув коричневой жидкостью на стену.

— Прости, Нора! Мне нужно предупредить Ника о сигнализации. Как же он будет злиться! — Она неловкими движениями обмотала шею шарфом. — Боже, ну и дырявая у меня голова! Я хотела спросить, не заглянешь ли ты к нам в субботу на обед?

Я притворилась, что раздумываю, хотя у меня не было и не могло быть иных планов. Возможность побывать в их доме, увидеть ее мужа — прекрасная перспектива.

— Было бы здорово, спасибо. Принести с собой что-нибудь?

Обычный для среднего класса обмен любезностями. Предполагалось, что она ответит: «Главное, сама приходи», и я, конечно, все равно что-нибудь принесу.

Сьюзи сыграла свою роль, потом добавила:

— Отлично! Буду ждать. Познакомлю тебя с Ником.

Потом она бросилась бегом через дорогу, не поглядев по сторонам — машины здесь были редкостью, но все же, — и я подумала, какая же она легкая и энергичная, несмотря на беременность, несмотря на печаль и страх. Ее огненные волосы выделялись на фоне осенних листьев и теней, нависших над дорогой. Я видела, как она бежит к мужу, размахивая руками. И представила себе, что она ему говорит: наверное, просит извинить за то, что, не сумев попасть в дом, просидела у меня. Он оказался совсем не таким, каким я его себе представляла. Худощавый, ростом едва метр семьдесят, квадратное лицо, короткостриженные волосы. В куртке при брюках от костюма, вероятно, в галстуке. Встретишь такого на улице — еле заметишь. И все же Сьюзи боялась его настолько, что едва не бросила на пол чашку, лишь бы поскорее побежать к нему. Как любопытно!

Я вытерла брызги чая, ставшие бледно-коричневыми пятнышками на моей белоснежной стене, размышляя о том, что уже довольно много знаю о соседях. Да, переезд мне помог, я не ошиблась. Как говаривала моя мать, перемены ничуть не хуже отдыха.

Сьюзи

Наступила суббота, и я поймала себя на том, что ужасно волнуюсь неизвестно почему. Противно щемило под ложечкой — так бывает, когда необходимо сделать что-то, чего ты в глубине души боишься. Но сообразить, в чем причина, мне никак не удавалось. Я снова подумала о том, какая утрата постигла Нору, и собственная тайная скорбь сдавила грудь. Мне здорово помог бы бокал вина, но рассчитывать на послабления со стороны Ника не приходилось. Он и без того злился на меня из-за этой дурацкой сигнализации: я снова, в третий раз со времени переезда, не сумела ее отключить. Никак не получалось запомнить код. А может, я нажимала не на те кнопки неловкими от беременности, онемевшими на холоде пальцами.

Чем дольше тянулась суббота, тем сильнее терзала нас с Ником странная нервозность. Мы даже переоделись к обеду: я — в жалкое черное платье для беременных и колготы, Ник — в темно-синюю рубашку и брюки, которых я прежде не видела. Они ему очень шли, и я рассеянно отметила, что он похудел и подкачал мышцы. Это всё походы в зал, из-за которых он стал приезжать домой, где я томилась, жирея с каждым днем, еще позже.

Сразу после переезда к нам изредка заезжали с ночевкой друзья. И только тогда я поняла, в какой глуши мы живем — ни больших зданий, ни магазинов на многие мили вокруг. Лишь пустующие домишки да поля во все стороны. Клодия, помнится, заявила, что не может спать в такой тишине. В пять утра я застала ее на кухне, читающей газету.

— Прости, что тебе не удалось выспаться, — сказала я немного обиженно.

— Все хорошо, — ответила она. — Просто не все созданы для жизни за городом. Я скучаю по машинам и столичному смогу!

Но ведь и мне казалось, что я для этого не создана.

Ближе к семи я вытащила Ника из его комнаты, и мы принялись переругиваться, словно ожидая инспекции.

— А ты достала чистые…

— Конечно. Не держи меня за дуру.

Он вдруг вскинулся:

— А вдруг у нее аллергия? Ну, многие теперь не едят пшеницу или молочные продукты…

— Она сказала, что ест все.

Мы старались даже не глядеть друг на друга. Словно всю нашу жизнь кто-то начал изучать под микроскопом.

Мы сидели так тихо, что услышали ее шаги по дорожке — ровно в семь. Ник бросился к двери — я подняла руку, чтобы удержать его. Будет неловко, если она решит, будто мы сидели и ждали ее, затаив дыхание. Я пошла к двери сама, осторожно придерживая живот одной рукой, и, прежде чем открыть, скроила любезную улыбку:

— Нора! Как хорошо, что ты решила нас навестить.

Она вошла и вытерла ботинки о коврик. Мне показалось странным, что она надела их для такой короткой прогулки. К тому же ботинки были сильно испачканы, словно Нора сначала долго бродила по полям. Она молча оглядела прихожую.

— Это Ник, — сказала я, буквально втащив ее в гостиную.

Она с интересом посмотрела на него.

— Привет. Я — Нора.

— Наша соседка! — Ник неловко пожал ей руку. — Э… позвольте?..

Он указал на ее куртку из вощеного хлопка, и на какое-то время они были заняты друг другом. От неловкости я чуть прикрыла глаза.

— Присаживайтесь! — выступила я. — Вот… чипсы… я принесу оливки… э… обед скоро будет готов.

— Спасибо, — она не стала садиться. — А это вам. Я решила, что алкоголь был бы лишним — вы вряд ли будете пить.

Это оказалась корзинка с яблоками — маленькими, сладкими и свежими, все еще в капельках воды. Я заметила, что Ник кивнул с довольным видом. Когда я впервые сказала ему, что беременна, трясясь от чувства вины и опасаясь, что он посчитает сроки и все поймет, он сразу ввел в действие план «Ребенок». Мне тут же было запрещено пить любые алкогольные напитки — ни единого глоточка.

— Но, наверное, немножко-то можно… — вяло протестовала я, глядя, как он выливает в раковину открытую бутылку вина.

Ник швырнул бутылку в мусорную корзину с такой силой, какую я редко за ним замечала.

— А когда ребенок родится, ты и ему стакан вина нальешь?! Все, что ты выпиваешь, достается и ребенку! Ты должна это понимать.

Под запретом оказалась не только выпивка, но и рыба, морепродукты, орехи, кофеин, мягкие сыры, изделия из пластмассы.

Я взяла яблоки:

— Какая красота! Это из твоего сада?

— Собрала их, когда осматривала участок. Ветки проросли между столбами ограды, — Нора как-то странно, натянуто улыбнулась, опускаясь на диван. — Спасибо, что пригласили.

— Не за что. Вы недавно переехали? — Ник сел напротив Норы, а я стала разливать вино, с жадностью глядя на бархатистую красную жидкость.

— Да. Я недавно потеряла мужа, — сказала она таким странным тоном, словно он спрятался за спинкой дивана и в любой момент может выглянуть.

— Мне очень жаль, — Ник почтительно понизил тон.

— А вы давно женаты? — она смотрела на нас по очереди, и ее взгляд напомнил мне луч прожектора.

— А… Где-то года три… Верно, любовь моя?

Я улыбнулась ему. У нас очень хорошо получалось изображать счастливую пару. Может, в мире вообще нет по-настоящему счастливых семейных людей. Может, все просто копируют то, что видели по телевизору и в кино.

— В марте будет три года.

Нора продолжила свою мысль:

— И теперь вы ждете ребенка. Как славно! Раньше люди бросались в это дело с головой, конечно, но можно и подождать пару лет, верно?

— Э… да, — Ник заполнил паузу за меня. — Мы очень волнуемся. В обеих наших семьях это будет первый внук, поэтому все так… волнительно.

Мне захотелось наорать на него, чтобы он подобрал другое слово.

— Мальчик или девочка?

Ник бросил на меня сердитый взгляд: *«Кто эта женщина? Зачем ты заставляешь меня это делать?»*

— Мы не знаем. Мы просили не говорить.

Нора пила вино быстро, с жадностью. Я решила, что она, наверно, тоже нервничает.

— Конечно. В этом мире осталось слишком мало тайн.

Ник откашлялся. Я принесла оливки, и мы принялись за них, радуясь тому, что даже такая мелочь может разрядить напряжение.

— А где вы жили раньше, Нора?

— А… В городе. У нас там был особняк — слишком большой и пустой для меня одной. Мне всегда нравились маленькие деревенские домики.

— Да. Мы очень полюбили эти места, верно, Сьюз? Всегда мечтал жить в старинном доме.

Странно было наблюдать, как твой муж разговаривает с совершенно незнакомой женщиной. Хотелось закричать: *«Это неправда! Ты никогда мне такого не говорил!»* Похоже на экзамен, который ты проваливаешь и не можешь понять почему.

— И почему же вы уехали из Лондона? — спросила Нора.

Ник выдал ей обычную историю: мы хотели, чтобы наши дети росли на просторе, дышали чистым воздухом, жили более размеренной жизнью. Но она продолжала смотреть на меня.

— А тебе не жаль было бросать работу, Сьюзи?

— Вовсе нет! Теперь у меня есть время для живописи, а я всегда хотела этим заниматься.

Я произносила заученную роль под пристальным взглядом Ника, моего режиссера. Действительно, я постоянно жаловалась на начальника, на то, что приходится разрабатывать рекламу для тампонов и кукурузных хлопьев, на нехватку времени для творчества. Но мне нравилась зарплата, нравились обеды с выпивкой и возможность спустить тридцатку на вино, когда хочется. Я давно подозревала, что не рождена для полной лишений жизни художника. Внезапно под открытым взглядом Норы мне захотелось быть честной:

— Но вообще это была большая перемена. Пришлось нелегко.

— Иногда перемена — это то, что нужно, — заявил Ник, не сводя с меня глаз. — В Лондоне Сьюзи покатилась по наклонной.

Я вдруг поглядела на него — неужели он это скажет?

— Стала много пить, засиживаться допоздна с коллегами. Верно, детка?

Он протянул руку и слегка потянул меня за волосы. Слегка, но все же грубовато.

Я встала, притворившись, будто хочу принести еще оливок.

— Сами знаете. В Лондоне так принято.

Ник рассмеялся:

— Я тоже там жил, Нора. Но никогда не задерживался допоздна.

— Он у меня очень домашний, — сказала я, рассчитывая просто ласково поддразнить его, но просчиталась.

— Кто-то же из нас должен быть…

Снова повисла тишина. Невыносимая, звенящая. Мои ладони сами начали сжимться в кулаки.

— Я могу воспользоваться туалетом? — спросила Нора, несомненно желая избавиться от напряжения, повисшего в комнате.

— Конечно. Я покажу, — Ник встал.

— Я пока… проверю обед.

На кухне я поняла, что меня трясет. И снова подумала о Дэмьене, хотя старательно пыталась забыть о его существовании. Неужели Ник в самом деле решил вывести меня из равновесия?

Я почувствовала легкое движение за спиной — Ник прошел за мной на кухню:

— Еще не готово? Наша гостья проголодается.

Я открыла дверцу духовки, все еще не в силах привыкнуть к тому, что не могу сгибаться в талии как прежде, и на глазах у меня выступили слезы. Чертова духовка! Мне она никогда не была нужна.

— К чему ты ведешь? — Это было рискованно, но я слишком разозлилась, чтобы спустить все на тормозах.

— О чем ты?

— Обо всем этом трепе — Сьюзи пьяница, Сьюзи поздно является домой. Я переехала сюда, так? И нигде не была уже несколько месяцев, так?

Ник посмотрел на меня словно экспериментатор на посмевший возразить ему препарат, и на секунду показался мне почти чужим. В его голосе сквозил холод:

— Если тебе трудно находиться здесь со мной, твоим мужем, то, может быть, тебе стоит задуматься о своей жизни?

Я едва не разрыдалась и снова открыла дверцу духовки, просто чтобы он не видел моего лица.

Он добавил:

— Будь добра, поспеши с обедом. Уже поздно.

Это был приказ. Значит, вот до чего мы дошли. Я вынула кастрюлю из духовки. Пар обжигал лицо, и я была этому почти рада. На мгновение я подумала, не положить ли ладонь на горячую железную плиту, просто чтобы почувствовать хоть что-то еще.

Тебя больше нет. Мне нужно посмотреть правде в глаза — прошло столько времени, а от тебя не было ни слова. Я больше не могла отрицать очевидное. Я — замужняя женщина за тридцать, и меня бросили. Глупая неверная жена. Не надо было говорить тебе о ребенке. Теперь я это понимала, но что еще мне оставалось делать? Ты все равно когда-нибудь заметил бы. Поэтому я так поступила, а ты струсил. Ты вернулся к ней, а я теперь останусь с Ником, с моей разрушенной жизнью и с ребенком, который, возможно, не от него. Конечно, моя уязвимость была и моим козырем. Твой ребенок, твоя ДНК — это легко доказать. У меня перехватило дыхание — как же легко уничтожить друг друга, когда влюблен! Если ты не вернешься, у меня остаются два пути. Твой телефон больше не обслуживается, я не знала, где ты живешь, а найти тебя на сайтах окрестных больниц не удалось. Либо я разыщу тебя, заставлю признать меня и как-нибудь сумею простить тебе эти недели молчания; либо остается план Б — сделать все, чтобы Ник никогда ни о чем не догадался.

Раскладывая рагу по тарелкам и механически проверяя по списку — вода, хлеб, овощи, тарелки, я вдруг поняла, что Нора до сих пор не вернулась из туалета. Я сбросила кухонные перчатки и открыла дверь в прихожую. Дверь моей студии была открыта нараспашку, и мне из кухни была видна стоявшая там Нора, которая с некоторым недоумением осматривалась.

— Ты заблудилась? — окликнула я ее.

Могу поклясться, она вздрогнула!

— Прости. Свернула не туда. — И она подошла ко мне.

Потом мы засуетились, рассаживаясь вокруг стола, и вскоре я забыла обо всем и вернулась к терзавшим меня мыслям, к вопросу, который никак не шел у меня из головы с тех самых пор, как ты исчез: *«Что мне, черт побери, теперь делать?»*

Элисон

Февраль, три месяца спустя

Тело пролежало под снегом почти два месяца, прежде чем его обнаружили.

Такое иногда случалось в более холодных странах — в России, в Польше. Но для Англии это было все-таки непривычно. Впрочем, та зима вся была необычная — резкие похолодания, постоянные метели. Потрясенные люди, которые всю жизнь считали, что живут в умеренном климате, с изумлением обнаруживали, что морозы могут длиться месяцами, и тогда машинам необходимы зимние шины, а трубам — теплоизоляция.

Все еще стояли морозы. Детектив-констебль Элисон Хегарти стояла на краю сельской дороги, трясясь от холода под уродливым пуховиком, который ей пришлось купить несколько недель назад, когда началась настоящая зима.

— Выходит, он тут уже давно?

Ее напарник, детектив-констебль Том Хан, согревался, перекатываясь с пятки на носок:

— Док говорит, да. Промерз насквозь, сама погляди.

Элисон заставила себя посмотреть на тело в недавно подтаявшем сугробе, над которым трудилась пара криминалистов, чьи белые халаты сливались с островками снега на земле. Льдинки в ресницах, пепельно-серая кожа — очень похоже на содержимое маминого холодильника в Болтоне. Она понимала, что это необходимо, что это часть работы.

И это был не первый человек, замерзший до смерти той зимой; им уже довелось отскребать несколько бездомных от тротуара в Севеноуксе — отвратительном городишке, где полно богачей, способных позволить себе выкинуть шестьдесят фунтов на рождественскую индейку.

Но там было другое дело. Тех бродяг не убивали.

— И сколько времени его будут доставать?

— Несколько часов. Представь себе, как размораживают холодильник, — Том показал обеими руками, будто откалывает маленькие кусочки льда.

Он перевелся сюда из участка в Восточном Лондоне и любил напоминать напарнице, что повидал в жизни немало ужасного. Элисон задрожала еще сильнее:

— Проклятье! Ну и холодрыга!

— Зима близко, подруга. Вернее, она уже здесь. Как думаешь, тут есть поблизости какая-нибудь забегаловка для дальнобойщиков?

Элисон покачала головой, на которой красовалась пришедшаяся ей весьма по нраву меховая шапка в стиле Раисы Горбачевой. Уж кто-кто, а русские женщины знают, как победить холод. Нужно просто вышвырнуть чувство стиля за окно и выйти на улицу в костюме подушки.

— Здесь рядом нет совсем ничего. Только те дома.

Она с тоской посмотрела на группу неказистых строений, приткнувшихся у сельской дороги в нескольких ярдах от них. На многие мили вокруг больше ничего, кроме полей и шоссе M25 за ними. Можно проехать куда-нибудь в Гэтвик или Хитроу, например, и даже не заподозрить о существовании этого крошечного поселения. У этой дыры даже собственного названия не было. Нет, уж ей-то точно не хотелось бы здесь жить — Элисон предпочитала бегать за молоком в ближайший магазинчик даже не переобуваясь.

У нее мелькнула мысль постучаться в дверь одного из домиков — скорее, того, что выглядел посовременнее, с тонированными окнами и дверью, которая смотрелась бы на своем месте даже в банковском сейфе, — попросить у хозяев чаю и получить возможность согреть озябшие ноги. Но так было бы не по правилам. Сначала полагалось расспросить жильцов о трупе, найденном в каких-то нескольких ярдах от их двери.

— Что они там копаются? — отрешенно спросила она. — Моя мама размораживает холодильник с помощью фена. Может, и тут попробовать что-нибудь в этом роде?

Элли

— Простите, — сказал врач. Он был из тех частных докторов, которые знают, что каждое слово утешения означает для них прибавку к гонорару. — Я не могу установить причину вашего бесплодия.

Она уставилась на собственные ладони, сцепленные на коленях. Мать всегда учила ее не плакать на людях. Сдерживайся, подожди, пока не запрешься в ванной, прикрыв рот краешком полотенца, чтобы не тревожить звуками мужа. Он никогда не должен видеть твоих слез, кроме, конечно, слез радости. Когда он сделал тебе предложение, когда родились ваши дети.

— В самом деле ничего? — она-то надеялась на простой ответ, на простое объяснение того, почему ее тело месяц за месяцем исторгало из себя кровь с точностью часового механизма.

«Разумеется, это ты во всем виновата. Какому ребенку нужна такая мать?»

— Примерно в одной трети случаев для этого нет никаких причин. Но всегда есть альтернатива. Усыновление способно дать счастье…

— Нет, — ответила она. — Мой муж об этом и слышать не захочет. Ему нужен собственный ребенок.

Разумеется, они говорили об этом, когда только познакомились, много лет тому назад, в буфете Альберт-холла — она, знаменитая исполнительница, сияющая после успешного концерта, и он, молодой красивый мужчина, не сводивший с нее глаз.

Но тогда мысль о бесплодии или детях казалась такой далекой. Она высказала свое опасение — семейная история, сомнение в необходимости продолжения рода. Тогда он поцеловал ее, положив обе ладони на ее щеки: *«Мне нужна только ты, милая моя девочка»*.

Теперь она узнала его получше. Ребенок сам по себе не имел для него значения — став отцом, он не стал бы менять подгузники или брать отгул, чтобы поболеть за сына или дочь на соревнованиях. Но он был из тех мужчин, которые последуют за любой женщиной, которая сумеет подарить им их собственные плоть и кровь. Мысль о том, что ее могут бросить ради более молодой, неиспорченной, причиняя Элли неимоверные страдания, указывала и путь к спасению — нужно успеть первой. Если она забеременеет, если у них родится ребенок, муж никогда ее не оставит. Она сохранит его, сохранит семью. И вот врач говорит ей, что этот выход не для нее. Они с мужем знали, что проблема не в нем. Он рассказывал, что когда-то, еще в университете, от него забеременела подружка. Но решила не рожать. Иногда, просыпаясь по ночам, Элли начинала думать о том ребенке. На кого он был бы похож? Мальчик или девочка? Дитя, которое не было ее ребенком, но было его — возможно, ей было бы достаточно и этого.

— Есть еще ЭКО, — продолжал утешать ее врач все тем же тоном. — Может быть, ваш муж согласится попробовать?

Она думала об этом — об унизительности пробирок, тестов и пластмассовой стерильности всего процесса. Планирование. Это было не для него. Он любил страсть, спонтанность. А теперь, все реже касаясь ее с прежним невысказанным желанием, просто поглаживал по голове, приговаривая: *«Ты устала, наверное, милая»*. Но это было не так. Она не устала.

— Я поговорю с ним, — кивнула она, решительно подхватывая с колен свою сумку от Марка Джейкобса. — Спасибо, доктор.

Выходя из кабинета, она была уверена, что так и поступит. Приготовит ему прекрасный обед, зажжет свечи, откроет вино, а потом подбросит идею о том, чтобы попросить о помощи в создании настоящей семьи.

Сьюзи

В какой-то момент мне начало казаться, что я теряю контроль над собой. Это были всякие мелочи. То я ночью внезапно начинала потеть — вставала, чтобы убавить температуру на термостате, и в результате ощущала относительный комфорт аж при семнадцати градусах, то меня вдруг начинал бить озноб при двадцати двух. Казалось, будто температура устанавливалась внутри меня.

Дальше — больше. Порой звонил телефон, однако на другом конце провода не оказывалось никого — разорванное соединение. На меня неожиданно наваливалась усталость, и я рано ложилась спать, но посреди ночи вдруг вскакивала с нервной дрожью. Я слышала за стенами дома какой-то шум и бежала к окну, чтобы установить причину, однако не обнаруживала ровным счетом ничего. Скорее всего, эти звуки издавали какие-то животные. Но мне, горожанке, они казались странными, как и тишина, к которой никак не удавалось привыкнуть. Я постоянно все забывала. Могла положить какие-нибудь вещи: телефон, или расческу, или очки, которые из самолюбия не надевала вне дома, — а потом долго искать их, чтобы в конце концов обнаружить совсем не там, где, как мне казалось, я их оставила. Например, в своей студии, хотя я не помнила, чтобы вообще заходила туда, или даже в холодильнике.

Однажды я с тревогой рассказала об этом Нику, но тот списал все на будущего ребенка:

— Ничего страшного. Это просто малютке не сидится спокойно! — Он запустил руку мне под джемпер и положил ее на мой живот, прямо на голую кожу. Я отстранилась. Возможно, он прав. Мой мозг не знал покоя с тех пор, как я потеряла тебя.

Но на этом все не закончилось.

Проснувшись в понедельник после нашего незадавшегося обеда, я увидела склонившегося надо мной Ника. В окно лился холодный серый свет, и я прикрыла глаза:

— Который час?

— Семь.

— А… — чувствуя себя совершенно не отдохнувшей, я завернулась в теплое одеяло. — Пожалуй, мне надо еще поспать. На улице такой холод.

— Не сегодня, — Ник погладил меня по голове с официальной нежностью — так медсестра гладит больного ребенка. — У нас назначена встреча.

— Что? Где?

Но он уже вышел из комнаты и включил для меня душ.

Он ни словом не обмолвился, куда мы едем, ни когда я ела безвкусную (никакого сахара!) овсянку, ни когда я шла нетвердыми ногами к машине, похрустывая мерзлой травой.

— Ник, что за чертовщина? — проворчала я. — Скажи, куда мы едем?

Неужели я забыла о приеме у врача, который вел мою беременность?

Он вздохнул, глядя на дорогу перед собой.

— Я думал, ты не поедешь, если я тебе сразу скажу. Ничего страшного. С тобой просто поговорят.

— Кто? — встревожилась я.

— Доктор.

— Что? — я уставилась на профиль мужа, широко разинув рот. — Ты записал меня на прием к врачу? Как ты вообще сумел это сделать без меня?

Он пожал плечами:

— Теперь все делается онлайн. Неужели тебе самой не кажется, что нужно к ним обратиться? Все эти разговоры об играющей музыке, температура, то, как ты вела себя в субботу… Милая, думаю, тебе нужно с кем-нибудь об этом поговорить.

Мне нечего было на это ответить. Моя психика *действительно* вела себя странно. Возможно, из-за стресса. Чувство утраты тоже может творить с людьми странные вещи — это я помню с тех пор, как умер мой отец. Видишь в толпе человека, узнаешь его, начинаешь звать по имени и только потом понимаешь, что это не может быть он. Но если я не могу сказать доктору правду, будет ли в этом смысл?

— Чем они смогут мне помочь? Ведь при беременности лекарства пить нельзя.

Он продолжал вести машину:

— Теперь некоторые можно принимать без опасения.

Я задумалась — откуда он это узнал? Искал информацию о психозах? А что, если именно это сейчас со мной и происходит?

Я не чувствовала, что схожу с ума, но представила, какое впечатление мой рассказ произведет на профессионального психотерапевта, и ощутила легкую тревогу.

***

Когда это случилось, я не сразу поверила. Я о беременности. Мы с Ником так долго старались, отмечали всякий раз, когда у меня начиналась изжога, когда пучило живот или кололо в боку! Даже обнаружив на бедрах кровь, я убеждала себя, что это ложные месячные. Надежда иногда заставляет выдавать желаемое за действительное. Надежда ослепляет. Потом, встретив тебя, я поняла, что подобная надежда мне не нужна, и стала мухлевать со сроками — старалась делать тесты на овуляцию, только когда Ника не было дома, и вводила в календарь неверные данные, сдвигая окно фертильности. Спать с кем-то, еще и притворяться, что хочешь ребенка от мужа, было опасно. Я даже не могла сказать, что время еще не пришло. Мы переехали за город, я бросила работу. А время… Оно давно ушло.

Однажды, через месяц или два после того, как мы встретились впервые, я решила сделать тест на беременность, просто чтобы рассеять сомнения. Да, странные судороги и постоянное чувство голода, утренняя тошнота при виде молока, лифчик, натирающий увеличившуюся грудь. Но это невозможно. Я не забеременела. У других женщин получалось через месяц-другой попыток. Но я старалась забеременеть целых три года. Впрочем, в последнее время слово «старалась» следовало бы заменить на «принимала неизбежное», покорно и печально.

И вот это произошло. Я сидела, смотрела на тест и не верила своим глазам: *«Это невозможно. О боже! Что-что-что?!»* Я попробовала посчитать. Разумеется, был Ник — обязательное ежемесячное испытание, однозначно слишком позднее для зачатия — я была в этом совершенно уверена. Потом ты. И мы были осторожны... но, похоже, недостаточно осторожны. И вот тогда, сидя на унитазе со спущенными джинсами, я решила — расскажу тебе, узнаю, что ты скажешь. Это было бы избавлением для нас обоих. Ребенок. Мое сердце переполняли страх и ожидание. Это был способ вырваться из опостылевшей жизни. Я это точно знала. А теперь... Теперь я оказалась в еще более страшной западне, чем прежде.

Ник своеобразно порадовался моей беременности. Я сообщила об этом походя, стараясь не глядеть ему в глаза:

— Кстати, у меня задержка.

Он схватил меня за руку:

— Как давно?

— Ну... точно не знаю. Несколько недель.

Ник с подозрением уставился на меня.

Он и сам скоро обо всем догадался бы, поэтому пришлось поставить его в известность первым, до того, как я набралась смелости рассказать тебе. Он бы заметил, если бы я не включила тампоны в список покупок. Тебе же я могла не рассказывать еще месяца три, пока оценивала свои шансы и отчаянно пыталась придумать, что делать дальше.

Иногда, когда задумываешься о событиях собственной жизни или рассказываешь о них подруге, ловишь себя на мысли: *«В самом деле?»* Вот она я — ярая феминистка Сьюзи, которая даже не может незаметно купить тампоны, потому что у нас один банковский счет на двоих, я ничего не зарабатываю, все покупки делает он, потому что идти до магазина далеко, а машина у нас тоже одна на двоих. И даже если заказать через интернет с доставкой, он обязательно изучит все квитанции, чтобы убедиться, что ничего не забыли положить.

В то утро он съездил в магазин за тестом на беременность. При этом опоздал на работу, ничуть об этом не тревожась. Гибкий график, пояснил он. Впервые об этом узнала. Он стоял надо мной, пока я выполняла положенные процедуры, и ждал. Я уже знала, что покажет тест, но все еще изо всех сил молилась: *«Пожалуйста-пожалуйста-пожалуйста»*, хотя и не понимала, о чем именно молюсь. Розовая полоска. Развилка на дороге. Лезвие гильотины. Такие вещи могут изменить жизнь.

***

Врач — бойкая женщина средних лет с жуткой сливовой помадой на губах и собачьей шерстью на юбке — оказалась вполне доброжелательной:

— Насколько я понимаю, у вас возникли некоторые проблемы, Сюзанна?

Ник вошел в кабинет вместе со мной. Я подумала, не попросить ли его выйти. Но как это будет выглядеть?

— Все хорошо, — устало ответила я. — Просто вымоталась.

— Она постоянно спит, — сказал Ник. — Не знаю, с чего она вымоталась.

Легкая нотка озабоченности, прикрывающая очередную издевку.

— Возможно, у вас анемия. Это случается при беременности. Когда будете выходить, назначьте у медсестры анализ крови.

По всему было видно, что врач хотела поскорее избавиться от пациентки и поставить карточку на полку, и меня это вполне устраивало. Но не Ника.

— Остается еще рассеянность, — заявил он, взяв меня за руку и сплетя пальцы с моими. — Она постоянно забывает код сигнализации. То ей жарко, то холодно, то снова жарко. Это тоже беременность?

— Дело может быть в гормонах, да, — теперь врач нахмурилась.

Мне показалось, что она мысленно поставила галочку напротив предродовой депрессии или чего-то в этом роде. А такая вообще есть?

— Еще она в последнее время… раздражительна, иррациональна, тревожна.

— Я здесь вообще-то, — пробормотала я.

Врач быстро подняла на меня глаза и что-то отметила в своих записях.

— Опять же, гормоны могут приводить к перепадам настроения. Такое довольно часто случается.

Ник с серьезным видом наклонился вперед:

— Мне бы очень хотелось знать, чем я могу помочь. Она кажется такой несчастной. Часами бродит по полям.

Я уставилась на него:

— Ты же сам велел мне гулять каждый день!

— Я говорил только о легкой прогулке, дорогая. Тебя же иногда не бывает часами.

— Но… — я умолкла.

Неужели это газлайтинг[1]? Как объяснить, что он отчитывает меня, если я гуляю слишком мало?

— Избегайте излишней физической нагрузки, особенно в этом триместре. Когда в организме мало железа, вы начинаете очень быстро утомляться, — врач вбила что-то в компьютер. — Сделаем анализ крови, проверим щитовидку и так далее. Иногда беременность протекает тяжело. Возможно, будет полезен откровенный разговор с другом.

Ну да... Просто расскажи всем, что спала с кем-то еще, кто без следа испарился, и это может быть его ребенок. Да без проблем!

Ник нахмурился:

— Надеюсь, это не серьезно? Ей не нужны, ну, не знаю... антидепрессанты или еще что-нибудь?

Я с удовольствием увидела, каким взглядом врач смерила моего мужа: кто-то взялся учить ее, как лечить пациента.

— Для этого еще рано. Сначала сдать кровь, не бояться отдыхать и, как я уже сказала, поговорить с кем-нибудь, если захочется.

Вот и все. Мы были свободны.

Когда мы сели в машину, Ник принялся ворчать:

— Ну, и много от них толку? Зачем мы только платим налоги?

— Ты в самом деле предпочел бы накачать меня лекарствами до того, как мы что-нибудь узнаем?

---

[1] Разновидность психологического насилия, которая заключается в отрицании произошедших фактов и заставляющая человека ставить под сомнение свою адекватность, что приводит к обесцениванию его слов, суждений, переживаний и поступков.

Сам же знаешь, что ем я, ест и ребенок, — ответила я ему его же словами, заставив поморщиться. — Может быть, мне стоит просто поговорить с кем-нибудь. Нора…

— Кстати о ней. Кто эта женщина? Вы с ней и познакомиться не успели, а ты уже хочешь поговорить с ней по душам?

— Я не…

— Кажется, в ней есть какая-то странность. Лучше тебе сосредоточиться на доме, приготовить нормальный обед, что-нибудь в этом роде.

Я прикусила язык и почувствовала, как слова копятся во мне, будто вода в передавленном ногой шланге. У меня здесь всего одна подруга… даже еще и не подружились толком, а мне не разрешают и этого. Выступившие слезы медленно покатились по щекам, и я утерла их рукавом кардигана. Бумажных платков я с собой, конечно же, не носила.

Ник посмотрел на меня и вздохнул:

— Тебе пора разобраться, чего ты хочешь, Сьюзи. Просто уму непостижимо — я дал жене все, чего она хотела, а она плачет да жалуется!

Я ничего не ответила. Думаю, Ник и понятия не имел, как часто я плачу. Остаток пути до дома мы ехали молча. Он остановился возле дома. «Ива» — какое дурацкое название. Я скучала по своей квартире 2C на Гринхем-стрит.

— Мне пора на работу. Надеюсь, ты сумеешь выключить сигнализацию?

— Не знаю, — выдохнула я, вылезая. — Я вообще не знаю, доверяешь ли ты мне, — добавила я сквозь слезы.

— Доверие нужно заслужить, — буркнул он и уехал.

Вместо того чтобы войти в «семейное гнездышко», я развернулась и отправилась к Норе. Она, конечно же, оказалась дома. Она всегда там была.

— Привет! — воскликнула она, выходя из-за угла «Плюща».

На ней была перепачканная одежда для работы в саду. Лицо раскраснелось от усилий.

— А я тут думала — куда это вы уехали?

— Я хотела бы воспользоваться твоим предложением, если не возражаешь, — сказала я. — Не прогуляешься со мной?

Нора

Сьюзи вернулась, когда я взялась за очень запущенный сад, радуясь ощущению земли под ногами и принюхиваясь к резкому запаху почвы на руках. В Аплендсе нас учили садоводству — полезный навык для человека, который хочет выбраться из этой дыры. Это был честный труд, к тому же помогавший успокоить разбушевавшиеся мысли. Растения не могли скрыть своей истинной сущности. Не то что люди. При случае стоит сказать Сьюзи, что ее растениям уже не помочь — их следовало укрыть при первых же заморозках.

Конечно, я согласилась на прогулку. Переоделась, сунула ключ под цветочный горшок — теперь я жила одна и очень боялась, не попав в дом, остаться на улице. Сьюзи сходила за собакой и вернулась настоящим клубком из поводка, шарфа и куртки. Я с удивлением смотрела, как она включает сигнализацию.

— Ты всегда так делаешь?

— А… Ну, да. Ник требует.

Я промолчала. Деревенские, скорее всего, оставили бы дверь незапертой. Я сама так не поступала лишь потому, что мне было что скрывать. Возможно, Нику тоже.

Мы потащились вдоль сельской дороги, потом свернули в поле. Промерзшая трава похрустывала под моими удобными ботинками и ее непрактичными резиновыми сапожками. Стояла тишина, слышны были лишь наши шаги да крики птиц вдалеке. Случись здесь что-нибудь, никто не узнает.

Я нарушила молчание:

— Спасибо, что пригласили меня в субботу. Надеюсь, ты получила мою записку.

Я послала ее на следующий день, как меня учили, через почтовый ящик. В конце концов, обед выдался интересным. Муж старался быть милым — даже на грани навязчивости. Я видела, что он считает себя порядочным человеком, из тех, кто никогда не станет обманывать или бить жену, кто отправляет мусор в переработку, расчищает дорожку к дому в снегопад и отдает деньги на благотворительность. Не думаю, что он понимал, насколько обижает Сьюзи своими насмешками над ее попытками писать картины и научиться готовить, над ролью домохозяйки, которую сам же на нее и взвалил. Уже не в первый раз я попыталась с благодарностью вспомнить, что мне достался муж совсем иного рода. Никогда не проявлявший ни ревности, ни пассивной агрессии, ни собственничества. Пусть у него и были другие недостатки. Мне хотелось продолжить наблюдение над Сьюзи и Ником, постараться узнать их побольше. Я все никак не могла решить, что делать дальше.

Сьюзи смутилась.

— В самом деле не стоило, но спасибо. Нора, прости, что все получилось… Что мы с Ником устроили пикировку, — она рассмеялась, но без радости, скрипучим от напряжения голосом. — Не знаю, обратила ли ты внимание. Глупость, в общем-то. Просто мы не умеем развлекать гостей.

«Пикировка» — что ж, наверное, те безжалостные насмешки, что звучали весь вечер, можно назвать и так. Я видела холод в глазах Ника всякий раз, когда он говорил очередную оскорбительную гадость. Но определить, на что он намекал, мне не удавалось. Вероятно, Сьюзи ему изменяла, пока они жили в Лондоне. Вот она — возможность! Я сказала:

— Можешь поговорить со мной, Сьюзи. Понимаю, мы почти незнакомы. Но кроме нас здесь никого нет. Нужно помогать друг другу.

Она явно колебалась. Мое сердце замерло. *«Давай, Сьюзи... Открой мне свои тайны...»* Хотя что бы я сказала, если бы она решилась?

— Со мной все в порядке. В самом деле. Просто понемногу отвыкаю от работы. Я занималась рекламой — графический дизайн. Я вечно плакалась, что терпеть не могу эту работу — совещания, офисные интриги, реклама помады. Но, наверное, что-то в этом мне нравилось. Видеться с людьми, красиво одеваться…

С горькой усмешкой она взмахнула рукой, обводя себя: выношенные растянутые джинсы и все тот же мужской джемпер. Джемпер давно не видел стирки — должно быть, Сьюзи носила его постоянно.

— Просто трудно перестроиться и стать полноценной домохозяйкой. На самом деле, мне повезло…

Если я чему и научилась, так это распознавать ложь на слух. Сьюзи выговаривала слова, пытаясь убедить себя в том, что говорит правду. И я это улавливала. Она терпеть не могла такую жизнь. Она совсем не хотела сюда переезжать.

— А ты работала? — спросила она, переводя разговор на меня.

Я помолчала, обдумывая, как описать свою ситуацию.

— У моего мужа была важная работа. Мне показалось разумным оставаться дома. Но детей у нас не было, и я начала чувствовать себя… невидимкой.

— Словно призрак, — подхватила она и принужденно рассмеялась, хотя ни ей, ни мне это не показалось смешным.

— Да. Призрак. Очень подходящее слово.

— Ты выглядишь слишком молодо для вдовы. Извини.

— Мне сорок два.

— В наше время это не возраст, — она заметно удивилась, узнав, что я моложе, чем ей казалось. Скорбь состарила меня едва ли не за ночь.

Я засомневалась, не зная, как подойти к интересующему меня вопросу.

— Сьюзи, ты уверена, что все хорошо? Я не хочу лезть в твою жизнь, но мне кажется, что ты… не знаю… напряжена, наверно?

Она сосредоточенно шагала вперед, не зная, что ответить.

«Скажи, — мысленно торопила я ее. — *Давай, доверься мне».*

Сьюзи вздохнула:

— А… Просто… иногда бывает трудно торчать здесь, — она обернулась ко мне и посмотрела открыто и доверчиво. — Я так много потеряла. Друзья, работа… Я не знаю, чем заниматься целыми днями! Готовить и убирать?.. Но это просто каторга! То есть… некоторым это нравится, но…

— Ты чувствуешь себя обманутой, — подсказала я.

Мне очень хотелось, чтобы она решила: со мной можно не прятаться. Было очевидно, что она что-то держит в себе и это что-то гложет ее.

Она прикусила губу:

— Немного. Но ведь это неправильно… Ник столько работает.

— Я всегда считала, что ходить на работу гораздо проще. Там ты хотя бы видишь людей, а не одни и те же четыре стены.

— А твой муж?.. — она запнулась, и я напряглась. — Какой он был? Чем он занимался? Ничего, что я спрашиваю?

Я прошла несколько шагов.

— Он был менеджером. Ничего особенно увлекательного. Но он был… ну… трудно описать такого близкого человека. Он был полон жизни. Амбиции, мечты. Мне это в нем нравилось. — Когда-то и я была такой же, пока не потеряла все.

Она покачала головой, словно разрывая связь между нами:

— Так-то мне не на что жаловаться. Я всегда хотела, чтобы у меня было время для живописи. Но это место… Меня так пугает зима. Как думаешь, она будет ужасна?

— Все будет хорошо, — солгала я, подумав о снеге, который часто заносил здешние узкие дороги.

Если Сьюзи собиралась бежать отсюда, у нее оставалось даже меньше времени, чем она думала. Возможно, мне предстояло немного поспособствовать этому.

Сьюзи

Я отдохнула на прогулке с Норой, несмотря на живот, выпиравший под моей не по сезону легкой курткой. На Норе была старая куртка из вощеного хлопка и подходящие к случаю ботинки, и она, казалось, не ожидала, что мы с ней разговоримся, меся грязь посреди подмерзшего поля. Конечно, со мной была еще и эта глупая псина. Я, как обычно, спустила Поппета с поводка, едва мы отошли от дороги. Иногда пес надолго исчезал или даже умудрялся заблудиться в кустах, и мне приходилось ползать повсюду, пытаясь отыскать его, вслушиваясь в его жалкое тявканье. Я задумалась — каково будет с ребенком, если я даже с собакой управиться не могу?

Деревья стояли голые, при дыхании изо рта вырывались облачка пара. Я была рада молчанию Норы, потому что у меня в голове царил хаос. Посещение врача, проблемы с Ником, твое исчезновение… Что мне делать? Мне нужно было придумать, как найти тебя, потому что так жить я больше не могла. Но я так боялась попасться, окончательно разрушить свою жизнь, услышать гневные слова Ника, когда и если он узнает правду. И еще я всегда подспудно испытывала вину и стыд. Я сама это сотворила. Сама навлекла на себя эти проблемы.

***

Наш роман застал меня врасплох. Даже после Дэмьена, после той ужасной пьянки, запаха мочи, пропитавшего мою сумочку, я не думала, что способна на такое. Дэмьен был случайностью — все равно что поцарапать машину о стойку ворот. Но с тобой — как бы я ни пыталась оправдаться, какой бы виноватой себя ни чувствовала — с тобой все было умышленно. Я отлично осознавала, что делаю, и все же смело шагнула навстречу, словно передо мной была всего лишь дверь.

Потом ты говорил, что вообще не собирался пить в тот вечер. Ты устал, тебя утомила медицинская конференция с крошечными чашечками кофе и тарелками с пристегнутыми подставками для стаканов. Увидев меня в баре гостиницы, ты изменил решение за долю секунды, не успев даже перевести дыхание. Именно такие мгновения способны незаметно изменить всю жизнь.

Наши тела куда умнее, чем мы сами. Тебе это известно по работе — крошечная капелька гормонов, выверенный механизм в нашем мозгу. Думаю, они все решили за нас. Я сидела в баре одна, пила единственный стакан джина с тоником, который могла себе позволить. По двенадцать фунтов за порцию. Я понимала, что у Ника возникнут вопросы, но мы всего месяц как переехали за город, и я пока не могла привыкнуть к тому, что своих денег у меня больше нет. Я все еще пыталась понять, какой стала моя жизнь — жизнь неработающей деревенской жены. Какой кавардак я оставила за собой, уходя с работы!.. Наверное, поэтому я и решилась. Ты вошел, и мы улыбнулись друг другу в зеркало в баре. Я видела твое отражение — мужчина чуть за сорок, но аккуратный и подтянутый, коротко стриженные темные волосы, очки в черной оправе, дорогой костюм. Я неловко потягивала напиток. Ты попросил виски, пятнадцатилетний «Ардбег», бросив взгляд на мой коктейль, словно подначивая, хотя мы еще не обмолвились ни словом. Кто заговорит первым? Казалось, мгновение тянулось бесконечно, и я вдруг испугалась, что ты так ничего и не скажешь мне. В этот момент бармен протянул тебе на подпись чек, на котором был указан твой номер — 255. И я сказала:

— Хороший выбор.

Ты ухватился за эту возможность:

— Женщина, любящая виски?

Я пожала плечами:

— Больше бурбон.

Это было преувеличение — он стоял в лучшем случае на третьем месте из предпочитаемых напитков.

— Неплохо! — ответил ты, приподняв брови. — На конференции здесь?

И поглядел на мой бейджик. Или на грудь — это примерно там же.

— На одной из них. Их тут сразу три.

— И на какой из них ты?

Я шутливо подмигнула.

— «Внутренний ребенок — арт-терапия при подавленных воспоминаниях».

Даже удивительно, что Ник меня отпустил. Наверное, решил, что одержал легкую победу, вырвав меня из Лондона. А может, он увидел в этом мою готовность к новой жизни и к новой карьере. Или, возможно, просто понятия не имел о том, какая я на самом деле и на что способна, если ослабить удила.

Паршивое выражение — лошадям ослабляют удила, но знают, что всегда можно натянуть их снова, если чертова кобыла начнет своевольничать.

Ты поморщился:

— Ну и название.

— Да. А ты? ’

— «Гипофиз — друг или враг?»

Я рассмеялась. Ты сказал потом, что это тебя опьянило, тебе захотелось, чтобы я смеялась снова и снова.

— Но, вообще-то, это только одна из тем, — добавил ты. — Конференция называется «Эндрокон». Я — гинеколог. Только, пожалуйста, без шуток.

Ты показал мне свой бейдж — логотип с изображением капли и имя, доктор Эндрю Холт. И это было не твое настоящее имя, о чем я узнала немного позже. Пожалуй, надо было задуматься уже тогда, когда ты не исправил мою ошибку.

— Эндрю…

Ты посмотрел на меня сверху вниз:

— А… Да.

Твоя профессия не произвела на меня впечатления.

— Это что-то, связанное с гормонами?

Мне захотелось показать, что слово «эндокринология» мне знакомо, несмотря на дешевое ситцевое платье и татуировку на запястье. Ты демонстративно перевел взгляд под столик.

— Некоторые женщины утверждают, что все связано с гормонами.

Я неохотно улыбнулась:

— Некоторые мужчины говорят, что здесь просто холодно.

Ну вот. Я пошутила про эрекцию. Мы определенно флиртовали. Ты снова посмотрел на бейджик, висевший у меня на груди и двигавшийся в такт дыханию:

— Сюзанна…

— Сьюзи.

Мы встретились глазами. У тебя они были голубые, холодные и чистые, словно ледниковые озера. У меня перехватило дыхание. По жилам вдруг заструилось тепло. Все произошло так банально и так быстро… *«Я не могу…»* — подумала я. Только не снова. Но во второй раз все оказалось намного проще. Даже чувство вины казалось привычным, знакомым, словно на новую вину я была уже не способна.

***

— Сьюзи? — окликнула меня Нора, шедшая рядом вдоль сельской дороги.

— Ой, прости… Меня куда-то унесло.

Нужно прекратить так улетать в воспоминания. Нужно вести себя как обычный человек, будущая мать. Сначала я собиралась рассказать соседке о визите к врачу, но поняла, что не смогу объяснить, что это было, что значило для меня. Как ни поверни, Ник получался обеспокоенным супругом, а я — неуравновешенной психопаткой.

— Дом вон там, за холмом. — Я обещала Норе показать развалины старой усадьбы, к которой когда-то относились наши дома. Незадолго до прошлой рецессии какая-то гостиничная сеть выкупила остатки особняка, но до реконструкции дело не дошло.

Всего за несколько минут прогулки пространство и тишина сделали свое дело — я почувствовала, что расслабляюсь. Рядом с Ником было так трудно оставаться нормальной! Это было нелегко даже тогда, когда ты еще не бросил меня. Ждать телефонного звонка с каким-нибудь откровением. Просыпаться по ночам в муках совести и панике. Беспокоиться всякий раз, когда Ник получал письмо по электронной почте или текстовое сообщение, спрашивать себя, точно ли я стерла историю в своем аймаке и сменила пароль, который мне как-то пришлось набирать при нем. Теперь, когда ты исчез, поводы для беспокойства стали другими. Скоро родится ребенок — и что тогда? На кого он будет похож?

Помнишь, ты как-то устроил мне сюрприз, подловив во время прогулки? Это было очень рискованно. А если бы со мной был Ник? Это было в тот раз, когда пес начал прыгать от радости и испортил тебе брюки. Прости. Тогда я была почти не против идеи о том, чтобы наш роман вскрылся. Это означало бы, что она может тебя отпустить. Я была готова к схватке с Ником. Я даже придумала, что могу ему сказать: *«Ты перевез меня сюда, даже не спросив, ты заставил меня бросить работу, ты практически заточил меня в четырех стенах...»*

Было так приятно мечтать, прогуливаясь по замерзшему лесу, вслушиваясь в собачий лай, разносящийся в тишине. Мечтать о том, что ты прячешься где-то за углом, а не исчез из моей жизни. Мы поднялись на холм у старой усадьбы, и я огляделась. Иногда в огородах можно было что-нибудь найти. Я как-то принесла Нику тыкву:

— Гляди! Подножный корм!

— Не знаю, — поморщился он. — Кому-нибудь это может не понравиться.

— Э... Кому? Не думаю, что гостиничная сеть станет возражать, если я возьму немного овощей.

Это было одно из проявлений показного бунтарства, которое нравилось во мне Нику, если верить его сказанным когда-то словам. Забавно, как люди начинают ненавидеть те самые вещи, которые сначала их привлекают.

Я принялась осматривать огород в поисках потенциальной добычи, а Нора пошла дальше, чтобы оглядеть разрушенный дом. Стекла в парниках потрескались, некоторых не хватало, кое-где валялись инструменты, будто брошенные в спешке. На одной из грядок я заметила ростки растения, похожего на розмарин, и растерла их между пальцами, вдыхая сладковатый запах. Я сорвала несколько стебельков и сунула их в карман куртки. Больше ничего не было, хотя мне показалось, что местами над грядками торчит ботва.

Я подошла к дому, смотревшему на меня глазницами темных окон. Внутри шелестели птицы. Это было невероятно романтично — просто «Ребекка» и «Джейн Эйр» под одной обложкой. Я заглянула в окно, ожидая, как обычно, увидеть внутри засохшие плети плюща и ветки, птичий помет и гнилые доски.

Внутри кто-то был.

Я отшатнулась — неужели ты? Вернулся, чтобы отыскать меня? Нет, конечно же! Это была Нора. Она стояла посреди комнаты, глядя в небо.

— Нора! — окликнула я, пытаясь скрыть испуг в голосе. — Ты меня напугала.

Я услышала хруст сухих веток под ее ногами. Интересно, как она вошла? Дверь владельцы держали закрытой, впрочем, я и не пыталась ее отворить. Хотя Нора могла и в окно залезть.

Она посмотрела на меня сквозь дыру в стене. Она изменилась — стала не такой теплой, как в тот день, когда мы секретничали за чаем в ее доме. Потом она запрокинула голову и уставилась в небо, белое и плоское, словно крышка кастрюли.

— Ты помнишь «Бурю»?

— Ну… немного. В школе проходили.

Она произнесла что-то похожее на цитату.

— Тот отрывок про расщелину сосны… Мне он всегда казался жутким. А тебе? Оказаться заточенным навеки и видеть лишь клочок неба над собой.

Я промолчала. Руки замерзли, а теперь еще и затряслись, и я сунула их в карманы. Потом Нора сказала:

— Сьюзи, когда ты спрашивала меня о… муже… Я кое-что хотела тебе рассказать. Когда мы с ним познакомились, он был… с другой женщиной. Мне стыдно в этом признаться.

Зачем она говорит это мне? Ей что-то известно?

— Да? — выдавила я.

— Понимаю, что это была ошибка. Да, мы познакомились при далеко не идеальных обстоятельствах, но те отношения уже были мертвы, а мы с ним… мы были так счастливы, пока я его не потеряла.

Она вдруг разрыдалась, ее лицо превратилось в уродливую маску.

— Прости…

— Ты не винишь меня?

— Нет, конечно, нет, — ответила я.

«Я сама такая, Нора. Я сама такая». Я едва не выложила ей все разом — желание говорить оказалось таким сильным, что мне пришлось сдерживать рвущиеся наружу слова. Но я столько времени держала это в себе, что понимала — малейшая слабость может привести к катастрофе. И все же, тогда я могла раскрыться, потому что нет более тяжкого напоминания об одиночестве, чем тайна, которой не с кем поделиться… Но в этот момент поняла, что пропал Поппет.

Элли

У нее много лет отлично получалось не оглядываться на прошлое, но визит к врачу выбил ее из колеи. Всевозможные воспоминания стали возвращаться, яркими вспышками проникая сквозь стену, которой она огораживала себя все эти годы.

«Элли! Мне страшно!»

Нет, она не станет думать о Себби. И о маме, и о папе. И все равно она поняла, что идет в одну из пустующих комнат — в комнату, которой давно пора было наполниться игрушками, пастельными карандашами, музыкальными шкатулками, плюшем. Она достала с верхней полки платяного шкафа коробку. Это была старая коробка из-под туфель Джимми Чу, которые она когда-то надевала на сцену, вечно опасаясь, как бы не упасть на обратном пути. Муж никогда не стал бы сюда заглядывать — его не интересовали, как он говорил, «девчачьи» вещи. Внутри лежали фотографии. Их осталось немного, и при побеге Элли стащила их, потому что теперь у нее больше ничего не было. Единственное доказательство, что эти люди когда-то существовали.

Фотографии были сделаны в семидесятые годы, они давно поблекли. Вот ее мать — молодая женщина. Такая стройная, что, казалось, может исчезнуть, если повернется боком. На ней стильные брюки клеш и шелковая блузка. В руке — неизменная сигарета. Один из тех дней, когда она была в хорошем настроении, со смехом и улыбкой порхая по дому, точно бабочка. Тогда она зазывала в дом всех, и в гостиной на первом этаже становилось тесно. Там можно было встретить коллег Эллиного отца, деревенских жителей, да и вообще любого, кто ей встречался. Да, не то бывало в плохие дни, когда мама кричала, швырялась вещами. Или обстригла спящей Элли волосы, потому что ей не понравилась прическа, или захлопнула крышку пианино прямо на руки Элли, потому что музыка показалась ей слишком громкой. Элли нравилась фотография мамы с сигаретой, потому что она могла служить доказательством, если кто-нибудь начнет задавать вопросы. *«Вот видишь? Она постоянно курила. Едва ли случившееся можно считать совсем неожиданным».* Ее отец — его лицо она помнила очень смутно, так редко он бывал дома. И Себби — темные глаза под прямой челкой, глядевшие прямо на нее. Больше всего ей не хватало Себби. Легко было представить собственного малыша, похожего на брата как две капли воды и называющего Элли мамой. Себби уже исполнилось бы тридцать четыре. Наверное, он и сам уже мог бы стать отцом. Потом более поздняя фотография — она сама на конкурсе пианистов, холодная и чопорная, с распущенными по спине длинными темными волосами. Кажется, это 1992-й. Один из последних ее конкурсов.

Элли вздрогнула от резкого звука. Он уже вернулся? Нет, это шумные соседи под громкую музыку выводили из гаража одну из многочисленных машин. Она раздраженно поджала губы, аккуратно убрала коробку и осторожно спустилась по лестнице с виноватым выражением на лице. Элли надеялась, что в этот вечер муж приедет вовремя — ей нужно было видеть его рядом, чувствовать, что он надежен, жив и все еще принадлежит ей. Но пробило семь, потом восемь, а потом и девять, а она все еще оставалась в одиночестве.

Сьюзи

— Расскажи еще раз, как это произошло. — Ник с мрачным видом расхаживал передо мной по комнате.

Интересно, который час? Наверное, где-то десять. Целый день в панике. Я лежала на диване с подушкой под щиколоткой.

— Он просто испарился. Я спустила его с поводка, как обычно, а он… исчез. Не знаю…

Глаза жгло от слез — опять я провинилась. Теперь еще и потеряла его собаку. Бедняга Поппет — он так любил нас, просто обожал, а я его потеряла.

— А потом я поскользнулась и подвернула ногу. Не знаю, что бы я делала дальше, если бы Нора не оказалась рядом. У меня даже телефона не было — он снова сдох.

Ник несколько часов искал Поппета, окликая его по имени, и вернулся домой замерзший и злой. Очень злой на меня.

— Наверное, он просто убежал, — хныкала я. — Он найдет дорогу.

По скривившемуся лицу Ника я поняла, что он и в самом деле беспокоится за эту глупую тварь. Пожалуй, даже больше, чем за меня. Он даже не спросил, как моя нога, поинтересовался лишь, в порядке ли ребенок. Мне тоже неожиданно стало грустно. В доме было так тихо без Поппета — вечно лающего, громко дышащего и радостно бросающегося мне навстречу, даже если я отлучалась всего на пару минут в туалет. Наверняка просто потерялся. Он вернется.

— Я точно знаю, это поможет, — я кивнула на лежавшую на столе стопку объявлений о пропаже собаки, которые Ник уже успел распечатать. На них красовалось сделанное на телефон зернистое фото собаки с красными от вспышки глазами и высунутым языком. Глупый пес!

Ник набросился на меня:

— Ты же знаешь, существуют целые банды. Они крадут собак, чтобы перепродать.

Он даже в полицию позвонил. Судя по тому, с каким видом Ник положил трубку, на том конце провода не проявили того энтузиазма, на который он надеялся.

Мне казалось, что вряд ли кому-то придет в голову позариться на Поппета.

— Все будет хорошо. Его кто-нибудь найдет.

Или его сбила машина, и он, растерянный и перепуганный, умирает на холодной дороге. Об этом не хотелось даже и думать.

— Боже, уже поздно. Пора спать, — Ник провел ладонями по лицу.

Его дебильный нейлоновый рюкзак стоял наготове возле двери. Бутылка с водой, обед, многоразовый стаканчик с крышкой — просто образцовый гражданин.

— Будет хорошо, если ты поищешь Поппета завтра сама. Только надень нормальную обувь. Тебе надо быть осторожнее. Сама понимаешь — теперь речь не только о тебе.

Я пожала плечами, не зная, что и ответить. Слишком уж растяжимым стало понятие «нормально».

***

Ночью, лежа в постели, я снова размышляла о той нашей первой встрече, в мае. Не так уж давно это было, а будто годы пролетели. Тот миг, когда обычная женщина, счастливая жена, допила бы свой коктейль и пошла спать. Одна. В тот вечер я несколько раз делала выбор, направляя события по одному руслу вместо другого. И вот к чему я пришла — беременная, испуганная, подавленная утратой, о которой даже никому не могла рассказать. Взять, например, второй коктейль, которым ты меня угостил. Я уже была достаточно пьяна. Я снова почувствовала себя Сьюзи из Шордитча — склонившейся над столом, болтающей о всякой ерунде и незаметно для окружающих касающейся ногой ноги Дэмьена, хватающей его на холодной улице за запястье, чтобы прикурить сигарету. Она была забавной, эта Сьюзи из Шордитча. Но в конце концов, после всего произошедшего, я ее возненавидела.

Потом — спонтанное решение пойти к тебе в номер. Бар опустел, и наш столик убирали третий раз. Ты что-то сказал по поводу фляжки и чего-то выдержанного в дубовой бочке, я вскочила с неловкой поспешностью, и мы оказались в лифте. Помню, как меня повлекло к тебе, словно кто-то потянул за невидимые веревочки, как вдыхала твой запах, и голова кружилась от тепла твоей кожи, от аромата твоего лосьона. Это ощущение было лучше любого наркотика, оно, словно свежий ветер, начисто выдуло чувство вины и стыда.

Даже на следующее утро я могла бы со всем покончить, списав произошедшее на пьяную ошибку.

Еще одну, как с Дэмьеном. Вместо этого я последовала хитрому совету, который ты дал, поцеловав меня с такой уверенностью, будто запечатывал конверт сургучом.

— Запиши мой номер в телефон, — сказал ты. — Используй женское имя, придумай какое-нибудь, и, возможно, инициалы. Будто это коллега.

Я сидела на кровати, все еще голая, немного ошарашенная скоростью твоего ухода.

— Он не станет смотреть, — сказала я.

— Они всегда смотрят. Заведи секретный почтовый ящик и пользуйся только им — можно загрузить браузер, который удаляет все данные сразу, как ты из него выходишь. Нет нужды попадаться, если ты не дура, — ты чуть помолчал. — Ах да… меня зовут не Эндрю.

— Что? — не поняла я.

Ты рассмеялся, не глядя мне в глаза, и рассказал, что при регистрации на конференцию напутали, а Эндрю — твой коллега из больницы.

— Когда ты обратила внимание на мой бейджик, я просто решил подыграть.

— Почему ты мне сразу не сказал? — спросила я, щурясь от холодного утреннего света.

Ты слегка пожал плечами. Но я поняла. Ты не был уверен, увидимся ли мы снова, и было очень кстати, что на тебе оказался чужой бейдж.

— Прости. На самом деле меня зовут Шон. Это простое недоразумение. Мне пора.

И даже тогда я не прислушалась к тревожным звоночкам. Я хотела тебя. Поэтому, не останавливаясь, погружалась в эту бездну все глубже и глубже.

А ведь это идея, верно? Я никак не могла отыскать тебя на сайтах больниц, но как насчет этого твоего коллеги? Что, если поискать доктора Эндрю Холта? Во всяком случае, беременность давала мне идеальный предлог для изучения больниц. Рядом мирно сопел Ник, спавший сном праведника. А я сама толком не спала уже много месяцев, еще до встречи с тобой. Так что ничего нового. Почувствовав, как ребенок давит на мочевой пузырь, я встала в туалет, потом осторожно спустилась по лестнице, подумывая, не выйти ли в сеть прямо сейчас, чтобы поискать тебя. Но если проснется Ник, он захочет узнать, в чем дело. Рисковать я не могла.

Окутанный темнотой дом казался совсем другим. Я медленно двигалась по тихим, чисто прибранным комнатам под пристальным взором сотни глаз-светодиодов. Идеальный дом, каким Ник хотел его видеть, но никак не настоящее человеческое жилище. Я не могла себе представить, что этот порядок нарушит ребенок, которого я ощущала внутри и который рос с каждым днем, как бы я это ни отрицала.

Вдруг я поняла, что слышу какой-то звук. Опять музыка, но на этот раз спокойная. Динамик. Какая-то колыбельная. Кажется, Брамс. Это я ее включила? Может, существовала какая-то кнопка, какая-то автоматическая настройка? Если и так, то я не помнила, чтобы что-то нажимала.

Внезапно я вернулась мыслями в позавчерашний день. К посетившей меня безумной идее, что ты можешь наблюдать за мной из-за деревьев. Какая чепуха! Зачем тебе исчезать, но оставлять для меня подобные знаки? Должно быть, я сделала это сама. Но как? Я подошла к панели управления и попыталась выключить мелодию — я слабо разбиралась в том, как она работает. Когда музыка прекратилась, я едва не упала в обморок, услышав свое имя.

— Сьюзи… Сьюзи… — прозвучал тихий шепот.

Что за чертовщина?! Я принялась лихорадочно оглядываться в поисках источника звука. Кажется, он шел из угла кухни, но там никого не было. Неужели это динамик разговаривает со мной электронным голосом? Трясущейся рукой я ткнула в эту штуку, и мое лицо залил зеленый свет. Просто какая-то неизвестная мне настройка, или какая-нибудь неисправность. Но я все равно обошла весь дом, проверив каждую дверь и каждое окно. Я пожалела, что мы обзавелись всеми этими новыми технологиями. Из-за них я лишь еще острее ощущала свое одиночество.

Нора

Я боялась, что слова, сказанные там, в старом доме, отпугнут Сьюзи. Я слишком сильно приоткрыла ей свое истинное лицо, обычно скрытое под маской. Это случилось непроизвольно. Мне хотелось наорать на нее, сказать, что нельзя просто так вламываться на чужую территорию и брать что в голову взбредет. Я видела, как она осматривала овощи, рассовывала по карманам травки, и в этот момент мне хотелось влепить ей пощечину. Но, конечно же, она ничего не знала. Наверное, даже не слыхала о границах частной собственности. Городская девчонка!

Нужно было дать ей передышку. Если не считать беременности, самым большим сюрпризом за время, прошедшее с моего переезда, стало осознание, что мне жаль Сьюзи. Вот я — вдова сорока двух лет, детей у меня нет и, вероятнее всего, никогда не будет, разоренная и живущая в крошечной хибаре. Вот она — замужняя, беременная, явно платежеспособная, живущая в уютном домике с изящной пристройкой. У нее еще есть надежда на карьеру в искусстве, на которой я давным-давно поставила крест. Но все равно мне было ее жаль. Она была так напугана, так печальна. Когда мы шагали рядом по бесконечному лесу в дружелюбном молчании, на мгновение мне в голову пришла безумная мысль, что я готова с ней подружиться. Но разве такое возможно? Не стоит забывать, зачем я вообще переехала сюда.

Оказалось, беспокоиться было не о чем, потому что произошедшее в старом особняке отошло на второй план, когда пропал пес. Мы обшарили все вокруг, ловя каждый шорох в папоротниках и силясь услышать лай, но животное словно сквозь землю провалилось — неудивительно, ведь Сьюзи даже не пыталась его дрессировать. Мы искали несколько часов, и я промерзла до костей. Мы смотрели по обе стороны дороги, кричали вглубь леса, заходя так далеко от опушки, как только могли. Я слышала разносящийся в холодном воздухе голос Сьюзи, высокий, с нотками паники:

— Поппет! *Поппет!*

Что за глупое имя для собаки! Я понимала, что так ей пса нипочем не отыскать, но должна была хотя бы делать вид, что пытаюсь, выкрикивая его имя и время от времени попинывая кусты или живую изгородь. И тут я услышала пронзительный крик Сьюзи.

***

Я не сразу ее отыскала. В ранних зимних сумерках среди зарослей, окружавших старое поместье, было легко заблудиться. Я пошла на звук ее голоса и обнаружила Сьюзи сидящей в узкой глубокой придорожной канаве и держащейся за лодыжку.

— Нора! Слава богу! Я упала. Эти дурацкие сапоги… Ты не поможешь?

На мгновение я задумалась. Сьюзи была беспомощна. С этаким животом ей будет трудно выбраться наверх по скользкой грязи. И, скорее всего, здесь ее долго не найдут. Даже из изредка проезжавших машин ее не услышат. Ник, когда вернется, отправится искать, но додумается ли он пойти в эту сторону?

— Нора! — снова нотки паники в голосе. — Что ты…

Я опомнилась.

— Прости. Просто думаю, как тебя лучше вытащить.

Я осмотрелась и, ухватившись за ветку, с хлюпаньем съехала вниз по грязному склону, чтобы помочь ей встать. Лицо ее было вымазано грязью, джинсы перепачкались сверху донизу, а тащить ее пришлось, словно мешок. Господи, насколько же она уязвима! Не окажись я рядом, что бы с ней было?

Потом от выброса адреналина меня била дрожь. Я и забыла, на что способна — с таким-то количеством личностей, таящихся внутри.

Сьюзи

Я уснула только часов в шесть утра и с трудом открыла глаза, когда птицы под окном уже распевали не хуже чертова церковного хора. Я как раз заканчивала составлять перечень работы по дому, который почему-то с каждым днем становился все длиннее, холодея от ужаса, точно собака, у которой могут отобрать кость, когда вдруг зазвонил телефон. Меня затрясло от страха, как случалось каждый день после твоего исчезновения. Это он — тот самый звонок, которого я так боялась? *Она?* Или это очередной из безмолвных звонков, которые так пугали меня.

— А-алло…

— Здравствуй, дорогуша. Я просто решила узнать, как там мой внучок или внучка.

Сердце успокоилось, потом упало.

— Здравствуй, Джоан.

Мать Ника, вдова чуть за шестьдесят, у которой других дел не было, кроме как разгадывать судоку да скандалить в приходском совете по поводу парковки, звонила почти каждый день. Обо мне она даже не спрашивала, только о ребенке, который и родиться-то еще не успел. Что бы сказала Джоан, эта любительница специальных предложений от «Радио Таймс» и завсегдатай клуба книголюбов, если бы узнала, какая я на самом деле? Наверное, в тысячный раз за эту неделю я задала себе вопрос — как я здесь оказалась?

— Я тут подумала насчет Рождества, дорогуша…

Она явно напрашивалась на приглашение. Я в своих планах еще и не забегала так далеко, хотя и понимала, что Рождество практически на носу. К этому времени я собиралась уже быть с тобой. И уж точно не планировала провести очередной год с Джоан, листающей журнал с телепрограммой и обводящей каждую передачу, которую ей хочется посмотреть, — обычно что-нибудь про садоводство или путешествия. Такая жизнь была не для меня, и все же именно в нее я и вляпалась.

В голове гудело, мысли метались между противоречащими друг другу желаниями — например, закрыть один глаз и открыть другой. Чьих это рук дело — телефонные звонки, музыка, похищение Поппета? Твоих? Но зачем? Ты бы не стал. Или все же стал бы? Да и вообще, все это происходит на самом деле, или это все выдумывает мой усталый одинокий мозг? Нужно было это выяснить. Звонок Джоан напомнил мне, что течение времени не остановится просто потому, что я не могу решиться. С каждым шагом я чувствовала, как во мне шевелится ребенок. Это происходило на самом деле. Пора было действовать.

Сначала я проверила секретный почтовый ящик — тот самый, который завела по твоему совету для связи с тобой. Там не было ничего, кроме моих собственных плаксивых просьб позвонить. Потом я вошла в «Гугл» и открыла приватное окно в браузере, чтобы набрать твое имя. Почему-то это всегда казалось мне необычным — я ведь никогда не произносила его вслух, потому что никто не знал о тебе. Я искала Шона Салливана, но ничего не нашла. Нет, конечно, результаты поиска были, ведь

Салливан — очень распространенная фамилия, но, открыв несколько ссылок, я поняла, что это не ты. То же и на «Фейсбуке». Я знала, что ты там зарегистрирован, потому что ты пару раз жаловался, как тебя раздражает поведение некоторых людей, вроде тех, кто хвастается своими результатами на пробежках или публикует фотографии детей в первый день в школе, но мне так и не удалось тебя там отыскать.

Ты однажды сказал:

— Только погляди на все эти парочки. Если они начинают трубить о том, как они счастливы, значит, разведутся через полгода, не больше. Исключений не бывает.

С моими друзьями из универа произошло именно так — сначала ворох фотографий с коктейлями на закате, с комментариями вроде «не могу не», и «как все начинается», и «спасибо тебе за это», а потом… *вуаля!..* пролетает несколько месяцев, и они объявляют о расставании. Мне тогда захотелось позвонить тебе и рассказать, посмеяться вместе с тобой. Но, конечно же, я не могла этого сделать.

Шон Салливан, консультант. Шон Салливан, хирург. Шон Салливан, врач. Ничего. Я снова искала тебя по всем окрестным больницам. Ничего… ничего… В холодной студии мерзли пальцы.

Потом я вспомнила о мелькнувшей ночью мысли. Доктор Эндрю Холт — та история, которую ты мне рассказал, об ошибке в заявке на конференцию. Ты сказал тогда, что он — твой коллега из той же больницы и кто-то в администрации вас перепутал. *«Ох уж эти временные работники!»* В голове начала созревать безумная идея. А вдруг ты *и в самом деле* Эндрю? Вдруг ты решил представиться мне чужим именем только тогда, когда стало ясно, что мы увидимся снова? В это невозможно было поверить. Но определенно не существовало никакого доктора Шона Салливана или просто доктора Салливана из медицинского учреждения поблизости. Я набрала имя так быстро, что даже опечаталась в нем, но все же нашла. Доктор Эндрю Холт, Суррейская больница, акушер-гинеколог. Фотографии нет, но это должен быть он. Или, может быть, ты? У меня участился пульс. Почему ты работал в Суррее? Мне всегда казалось, что ты жил здесь, в Кенте, или чуть южнее — в самом Танбридж-Уэлсе либо в одной из респектабельных деревенек возле него. Если я поеду туда, к тебе на работу, возможно, там хоть что-нибудь скажут. Надежды было мало, но у меня оставался только ворох смутных воспоминаний — словно клочки разорванного письма. Я должна была знать. Я готовилась стать матерью ребенка, который мог быть твоим. Ради него или нее я обязана хотя бы попытаться.

Пожалуй, я обманывала себя, полагая, что произошедшее сойдет мне с рук. С каждым проходившим днем я понимала, что на самом деле пути назад нет. Я не могла годами жить вот так, в ожидании, что с меня в любой момент могут сорвать маску. Мой поступок был слишком дурным. Поэтому нужно действовать прямо сейчас. Я должна, нет, просто обязана найти тебя!

Следовало все хорошенько обдумать, для чего мне настоятельно требовался глоток свежего воздуха. Я открыла переднюю дверь и вышла на порог. Картина по ту сторону дороги практически не менялась: Нора возилась в палисаднике перед домом, выдирая сорняки. Впрочем, не думаю, что там оставалась хоть парочка зловредных растений — слишком часто я видела Нору за работой. Она помахала мне, и я рассеянно подняла руку в ответ. Конечно, следовало бы снова пойти поискать Поппета. Вдруг Нора снова согласится составить мне компанию? Дороги раскисли, и я очень боялась снова упасть.

В этот момент мой взгляд упал на деревянную клумбу, в которой росли изъеденные слизнями растения, и я завизжала от ужаса.

Элли

Он снова опаздывал.

А ведь на прошлой неделе все было так хорошо! Как-то раз он даже приехал домой к пяти, а когда она, вся в муке, нечесаная и ненакрашенная, спросила почему, обнял и в ответ спросил, нужны ли какие-нибудь причины, чтобы пораньше вернуться к красавице жене. На сердце Элли вдруг стало легко, словно кусочек мяса и крови заменили шариком, наполненным гелием. Может, никакой другой женщины нет, а если она и существовала, то осталась в прошлом. Можно праздновать победу. Элли пообещала себе, что если так будет продолжаться неделю, то она попробует заговорить об ЭКО. Ей не хотелось разрушать идиллию. Все было как в старые времена — можно выпить бутылку вина за вечер, съесть десерт без боязни растолстеть. Даже заняться любовью — в глубине души она надеялась, что чудо произойдет, что искорка жизни разгорится в ней и без помощи врачей.

Но сегодня он снова опаздывал. Она как неприкаянная моталась по дому. За окном было темно, только в гостиную прорывался оранжевый свет уличного фонаря. Она не закрывала шторы, чтобы увидеть его машину. Ожидание было таким томительным, что пару раз ей казалось: он приехал — колеса его «ягуара» шуршат гравием возле дома! И облегчение накатывало на нее дурманящей волной. Но это все были соседи. Другие мужья и жены возвращались домой и скрывались за теплыми желтыми окнами.

Несколько раз появлялись автомобили доставки еды, при виде которых она обычно неодобрительно качала головой — слишком уж неэкономно, лениво и нездорово, но сегодня ей было все равно. *«Только бы он вернулся. Пожалуйста, вернись!»*

Ее преследовали видения. Его белые руки, обнимающие женщину. Она не видела лица женщины, но та была молода, чувственна, не худа, но красива. Волосы ее казались то темно-рыжими, то светлыми, то черными. Она издавала сладострастные стоны. *«Да... Останься со мной...»* И он оставался с ней в какой-то гостинице — или, может быть, в ее квартире, если она не замужем, — вместо того чтобы вернуться домой к нервно расхаживающей жене. Следовало попробовать присесть. Посмотреть телевизор, как все нормальные люди. Как-то одна из соседок, Чентел, пошутила, что ей нравится, когда Терри, ее муж, задерживается допоздна. *«Это здорово, можно смотреть всякую дрянь по телеку и налегать на мороженое».* У Элли в голове не укладывалось, как можно хотеть, чтобы муж почаще бывал не дома.

«Разумеется, он не торопится домой. Кому захочется возвращаться к тебе!»

«Ох, мама, помолчи! Только тебя сейчас не хватало!»

Что там за шум? Она подбежала к окну, не заботясь о том, что кто-нибудь ее увидит. Дыхание стало прерывистым. Да, это машина. Сбрасывает скорость. Но это не его автомобиль — Элли хорошо знала звук двигателя «ягуара», шорох его шин. Эта машина была меньше и дешевле. Из нее вышли двое незнакомцев. Зазвенел дверной звонок — легкий бодрящий звон, который она выбрала именно для того, чтобы справиться с излишней тревожностью, когда кто-то приходил в их дом. Только теперь повод для тревоги был реальным. Почему-то она поняла это сразу.

Она на ощупь пошла в прихожую, не заботясь о том, что влажные от волнения пальцы оставляют следы на дорогих шелковых обоях. На мгновение замерла перед дверью. Если она не откроет, в жизни ничего не изменится. Все может остаться по-прежнему — женщина будет ждать возвращения мужа.

Звонок зазвенел вновь. Она открыла дверь, и в дом ворвался порыв холодного ветра. На той стороне улицы в щель между шторами выглядывала соседка. Вечно сует нос не в свое дело!

Женщина, одетая в дешевый брючный костюм, спросила:

— Миссис Салливан? Миссис Патрик Салливан?

И она ответила:

— Да, это я.

Сьюзи

Ник вздохнул.

— Не знаю. Ты уверена, что после вчерашнего тебе стоит так бегать по дому?

— Со мной все в порядке, — ответила я с уверенностью, которой на самом деле не испытывала, отгоняя от себя мысли о мертвом животном, вывернутом наизнанку напоказ всему миру, которое нашла накануне на клумбе. — Нора сказала, что это был кролик. Наверное, лисы поймали.

Тогда я об этом не подумала. Мне показалось, что это Поппет. Или то, что осталось от Поппета. Будто его кто-то специально выпотрошил и оставил у меня на виду. Тот же, кто вечно менял код и проигрывал для меня музыку. Только это, скорее всего, были плоды моего воображения. Нора, наверное, считала меня жалкой городской девочкой, которая никак не может привыкнуть к реалиям сельской жизни. Она куда-то унесла животное и зарыла его, пока я ревела на крыльце. В голове у меня творились все более странные вещи, а сегодня нужно было еще раз соврать Нику, чтобы объяснить, зачем мне нужны деньги.

— Говорят, в Суррейской больнице отличное родильное отделение, — сказала я ему. — Я хотела бы проверить, сравнить.

Муж посмотрел на меня поверх йогурта и фруктов. Обычно я вставала позднее и не завтракала с ним, поэтому не понимала, насколько он был повернут на здоровом питании и как мало ел в последнее время. В голове промелькнула мысль о той женщине, с которой, как мне казалось, он разговаривал по телефону.

— Но тебя давно ждут в нашей больнице. Да и можно ли так запросто сменить лечебное учреждение? Мы ведь, кажется, в другом округе.

— Я просто хочу посмотреть. Сам понимаешь, для малыша хочется лучшего, — я произнесла эти слова, сложив руки на животе и ненавидя себя за ложь, но он кивнул и смягчился.

— Конечно. Лучше спланировать все заранее. Узнай у них правила посещения и что нужно, чтобы попасть к ним в родильное отделение.

Он успел нарыть массу информации о родах и больницах, а я не знала практически ничего.

— У них там большое отделение ЭКО. Я узнавал об этом. Еще когда думал, что у нас могут быть проблемы. Теперь оно нам, конечно, ни к чему!

Мы даже не обсуждали ЭКО, а он «узнавал»? Интересно, как далеко он мог бы завести меня по этому пути, даже не получив на это моего согласия? Как вышло с этим чертовым домом.

— Кстати, что там с анализом крови? Приходило что-нибудь от той дамы-врача? — спросил он, вставая.

— Нет, — у меня возникло смутное подозрение, что нужно позвонить самой.

— Так потереби их, пусть поторопятся. Чем скорее мы с тобой все уладим, тем лучше.

То есть «чем скорее посадим тебя на таблетки», почему-то подумалось мне. Я выдавила из себя улыбку:

— Конечно. Так ты дашь мне на дорогу?

Мне нужно было доехать на поезде до Лондона и там сесть на другой, потому что прямого сообщения между городами не было. В этой глуши без машины все равно что в тюрьме.

Он скорчил озадаченную гримасу:

— Конечно! Ты же знаешь, это и твои деньги!

«Тогда почему мне приходится выпрашивать их у тебя?» У меня был доступ к совместному счету, но снять наличные было попросту негде, а местные такси все еще не принимали карты. А если бы их и принимали, Ник наверняка принялся бы расспрашивать, куда я ездила, зачем, с кем встречалась.

— Просто… терпеть не могу просить. Скучаю по тем временам, когда у меня были собственные деньги.

Он удивленно уставился на меня:

— Мы с тобой муж и жена, Сьюзи. Что мое — твое. Иногда мне кажется, что ты не понимаешь, что значит быть замужем.

Вот он, щелчок взведенной мины. Я старалась не шелохнуться.

— Хорошо, — тихо ответила я и взяла банкноты, которые он выдал мне, ощутив прикосновение сальной бумаги к ладони.

Я не знала, сколько еще смогу продержаться, каждый день вымаливая мельчайшие обрывки свободы.

***

Я начала готовиться к поездке, едва машина Ника скрылась за поворотом. Как бы плохо ни шли дела, перспектива выбраться отсюда хоть на какое-то время меня воодушевляла. Я помыла голову, даже слегка накрасилась. Где-то в глубине свербела мысль — а вдруг ты там? Я ехала к тебе на работу — если ты рассказал правду о докторе Эндрю Холте. Посмотрелась в зеркало: по-зимнему бледное лицо, вокруг глаз — темные круги, не исчезавшие, сколько бы я ни спала. Сквозь красные волосы виднелись мышиного цвета отросшие корни, но подкраситься Ник мне не разрешал — краска для волос, как и многое другое, плохо влияла на ребенка. Любая моя одежда отвратительно растягивалась на животе… Действительно ли мне хочется предстать перед тобой в таком виде?

Спустившись в прихожую, я столкнулась с новой проблемой с сигнализацией. Теперь я не могла *выйти*. Когда я повернула дверную ручку вниз, она не поддалась. Неужели Ник неправильно включил сигнализацию, установив ее в режим «никого нет дома» вместо «дома»? Нет, тогда бы она сработала — датчики движения засекли бы меня. Я задумчиво склонилась над панелью управления — бестолковой мешаниной кнопок и лампочек. Код такой же, как и снаружи? Боже, голова словно ватой набита! Я осторожно ввела код, и дверь с тихим звоном открылась. Пронесло. На секунду я едва не стала пленницей в собственном доме по-настоящему, а не только мысленно.

***

Пересадка на вокзале Ватерлоо позволила мне мельком заглянуть в прошлую жизнь — увидеть другой мир, полный бегущих по своим делам людей, уткнувшихся в свои телефоны, дымящих сигаретами на холодном ветру. Таксист, что вез меня до больницы, попался разговорчивый до назойливости. Пока я жила в Лондоне, мне нравилось болтать с таксистами или водителями «Убер», обычно по пути домой после бутылочки вина. Я даже хвасталась этим: *«Так мило поболтали с таксистом, он всю дорогу рассказывал о своей семье в Марокко».* Ты как-то назвал это «добродетелью напоказ».

— В дородовое едете, да? Моя жена там всех троих наших рожала.

Я погладила живот, с каждым днем становившийся все более упругим. Таксист напомнил мне, что жизнь продолжается, несмотря на домашнее болото, в котором я увязла. Я была записана на УЗИ, на прием к акушеркам. Ребенок рос, как бы я ни пыталась оттянуть время.

— Просто хочу посмотреть, как у них там. Говорят, там хорошее родильное отделение.

— На бассейны можете даже не смотреть, милочка. Хорошая местная анестезия — и все пройдет как по маслу. Вот моя жена… — и он всю дорогу подробно расписывал мне роды не только своей жены, но и двух дочерей и невестки.

Я пыталась вспомнить, рассказывал ли ты мне, где работаешь. Я думала, что это в Танбридж-Уэлсе. Мне казалось, что ты там живешь, и я знала, что там есть большая больница. Почему ты работал в Суррее, если жил в Кенте? Мне стало стыдно, что я так мало знаю о тебе, о мужчине, которого люблю. Я расплатилась с водителем, ставшим теперь мне почти родным, и прошла в регистратуру.

— В дородовое? — женщина за стойкой была одета в серый кардиган и походила на любую другую сотрудницу регистратуры — этакий генерал, наблюдающий за надвигающимися полчищами захватчиков: *«Ты не пройдешь!»* — Третий этаж.

— Нет, дело не в этом. Просите. Я ищу доктора по имени Эндрю Холт.

— По какому вопросу? — она сразу потянулась к телефону на столе, и меня охватило волнение — неужели все так просто?

— Но…

Я вдруг струсила, представив, что ты можешь оказаться там, рядом с ним. Или, если мои подозрения верны, это мог оказаться ты сам. Если ты мне тогда соврал.

— Что?

Я ничего не ответила, не зная, как объяснить, что ты можешь и не захотеть меня видеть.

— Кабинет доктора Холта? Тут с ним хотят поговорить. Думаю, это частный пациент… Ваше имя? — она посмотрела на меня, а мне ничего не шло в голову.

— Э… Нора Холском…

Ложь вырвалась сама, и я тут же испугалась, что меня раскроют. Но какой от этого вред? Она бросила трубку:

— Можете подняться. Второй этаж.

— И еще раз… Какое отделение?.. — робко уточнила я.

Она нахмурилась:

— Гинекология, разумеется.

Эндокринология — наука о гормонах и их влиянии на организм. Дофамин — гормон, вещество, вызывающее привыкание, которое заставляет нас бесконечно пялиться в телефон или пролистывать страницы приложений для знакомств. Окситоцин — гормон чувства любви, переполняющий наш мозг в присутствии того, кто нам близок. Конференция, на которой я тебя встретила, была посвящена гормонам, а я знала, что бесплодие часто бывает следствием нарушения баланса прогестерона и тестостерона. Что же, это имеет смысл…

***

Мне удалось дойти до лифта и найти нужное отделение на запутанной цветной схеме на стене. Сердце бешено колотилось в груди, и я чувствовала, как беспокойно ворочается ребенок, похоже просто утопающий в потоке адреналина. Еще один гормон — тот, что дает нам силы бежать со скоростью, на которую мы считаем себя неспособными, поднимать машины, чтобы высвободить любимого… Я добралась и, устроившись на удобном стуле, стала ждать, наслаждаясь тем особым покоем, что царит в больницах, под шорох стерильной бумаги и скрип медицинских туфель. Потом появился администратор с бейджем на шнурке и провел меня к небольшому кабинету, на двери которого было написано имя — доктор Эндрю Холт.

Я с трудом поднялась на ноги. Возможно, мне предстояло увидеть тебя. Всего через несколько секунд. Всего-то и нужно — преодолеть несколько метров по больничному полу. Возможно, ты нахмуришься и выставишь меня за дверь. Возможно, я разрыдаюсь. Я заглянула в приоткрытую дверь и увидела…

Не тебя. Мужчина в комнате совсем не походил на тебя. Он был невысокий, не больше метра семидесяти, плотного сложения, с широким улыбчивым лицом и редеющими рыжеватыми волосами. Он был одет в джемпер поверх рубашки с галстуком, рукава были закатаны.

— Миссис Холском? Или мисс? Пожалуйста, садитесь, садитесь. Полагаю, вы хотели поговорить со мной, но, боюсь, я не могу найти вашу карту. Это было по поводу поликистоза? Если так, то, вижу, лечение помогло!

— Э… Нет, карты и не должно быть.

— Да?

— Э… Понимаю, все, что я скажу, прозвучит странно, но некоторое время назад, в этом году, я познакомилась с одним человеком, который представился доктором Эндрю Холтом. Но… вы — не он, — на самом деле все произошло не совсем так, но я не могла придумать, как это объяснить.

Он нахмурился, но не рассердился. Будто в самом деле попытался понять.

— Где это произошло?

— На конференции. Эндро… Эндрокон или как-то так.

— Боже мой, на этой вечеринке? Я всегда стараюсь ее избегать. На самом деле, это просто тусовка, вечно в какой-нибудь гостинице при аэропорту, где кормят в лучшем случае посредственно.

По нему было заметно, что он знает толк в еде. Он был из тех мужчин, что приходят в возбуждение, открыв для себя новый вид сушеных грибов.

— Значит, в этом году вы туда не ездили?

— Нет. Я там не был… ну, по меньшей мере лет пять. Говорите, кто-то назвался моим именем?

— Не совсем так. На нем был ваш бейдж.

— Хм… — Размышляя, он постучал пальцами по столу, и я обратила внимание, какие они красивые и ловкие, квадратные ногти были аккуратно подпилены. — Знаете, думаю, больница могла записать меня на конференцию. За все платят фармацевтические компании, так что им это раз плюнуть. Возможно, и бейдж на мое имя изготовили.

— А разве при их получении не проверяют документы или что-нибудь в этом роде?

— Боже, ну конечно нет! Кому захочется тайком проникать на это сборище бездельников? Хотя, похоже, кому-то все же это понадобилось.

Он откинулся на спинку стула, довольный решением загадки:

— И что же натворил этот самозванец? Дал вам какой-нибудь неподходящий медицинский совет?

— О нет! Вовсе нет. Он просто… упомянул, что у вас здесь очень хорошее родильное отделение. Я хотела повидать его, чтобы получить совет.

Тогда я еще не была беременна, но сейчас понадеялась, что вопросов не возникнет.

— Вы тоже медик? Или из фармкомпании?

— Нет, я… Я была на другом мероприятии в той же гостинице. Мы просто разговорились.

Пора было прекращать этот разговор, пока я не выдала себя, пока не оставила след, который сможет проследить Ник. Но уйти я не могла. Я продолжала биться над этой загадкой, словно мышь в лабиринте в поисках дозы дофамина.

— Доктор Холт, возможно, это тоже покажется вам странным, но мне хотелось бы знать, нет ли в вашем отделении кого-нибудь по имени Шон Салливан?

Вдруг это действительно была правда? Доктор Холт был твоим коллегой, и просто возникло недоразумение. *Прости, что усомнилась в тебе.*

Он снова нахмурился:

— Шон? Среди врачей я такого не знаю. И, думаю, среди персонала такого нет. Разве что в администрации. Если хотите, могу выяснить. Секундочку… — не успела я его остановить, как он вскочил и высунулся в коридор. — Джим? Не знаешь, у нас в административной группе не работает некий Шон Салливан?

Я встала. Дверь была совсем чуть-чуть приоткрыта, но в щель я увидела, что он обращается к более пожилому врачу в мятом белом халате и с покрасневшими глазами. Я сразу решила, что не хотела бы, чтобы он мной занимался. Прежде чем ответить, он откашлялся хриплым кашлем курильщика. Потом спросил:

— Ты имеешь в виду *Патрика* Салливана? Из финансового?

Доктор Холт посмотрел на меня. Ты сказал, что тебя зовут Шон. Еще ты сказал, что ты врач и живешь в Кенте. Я сумела выдавить:

— Не знаю. Темные волосы, очки, ярко-голубые глаза? — От одного воспоминания силы оставили меня, и я едва не осела на пол.

— Это он. — Врач-курильщик как-то странно посмотрел на меня. Голос его звучал сочувственно, но по лицу этого не было заметно. — Боже… Похоже, ты не знаешь, что с ним случилось…

Шатаясь, я подошла к двери. Нужно было ухватиться хоть за что-то, хотя бы за стену. Почему-то я сразу поняла — что бы я сейчас ни услышала, это свалит меня с ног.

Нора

В ту минуту, когда я с глубоким удовлетворением вырвала из земли длинный стебель особо назойливого сорняка, до меня донесся шум подъезжающего такси. Утром я видела в окно, как Сьюзи куда-то уезжала. Несомненно, если бы я решила с ней поговорить, она прикинулась бы, что ей просто понадобилось пройтись по магазинам. Ложь давалась ей так легко — интересно, она сама понимает, какая это редкость? Или она просто вынуждена лгать, словно загнанный в угол зверек? Она была так потрясена накануне, когда нашла в клумбе мертвого кролика. Я услышала ее визг по ту сторону дороги. В неподвижном холодном воздухе он прозвучал словно выстрел.

— Сьюзи! Что случилось? — я бросилась через дорогу, на этот раз сама не глядя по сторонам.

Трясущаяся Сьюзи показала рукой на клумбу — дурацкую штуку, сделанную в форме половины бочки.

— Это он? О боже, Нора!

Я не поняла, о чем она. Там лежало какое-то мертвое существо — ярко-алые внутренности, мех и кости. Зрелище не из приятных, но вполне привычное для сельского жителя.

Сьюзи плакала:

— Как он тут оказался? О боже! Это я виновата!

Я поняла — она решила, что это их пес. Поэтому я строго сказала:

— Сьюзи, он слишком маленький для Поппета. Погляди, это кролик или какая-то другая мелкая живность, только и всего.

— Ох… — она открыла глаза и пригляделась. — Но как это здесь оказалось?

— Наверное, лисы. Они и не на такое способны. — Сьюзи казалась мне одной из тех сентиментальных дурочек, которые подкармливают хищников вместо того, чтобы истреблять их, как положено. — Успокойся, это не Поппет. Его все еще не нашли?

Она утерла слезы рукавом кардигана.

— Нет. Не знаю, что еще можно сделать. Ник везде расклеил объявления о вознаграждении.

Он предлагал тысячу фунтов. Безумные деньги — ведь это, в конце концов, было всего лишь животное. Представляю, что сказала бы по этому поводу моя мать. Моего любимого кинг-чарльз-спаниеля она отдала на усыпление, когда счета от ветеринара перевалили за сто фунтов.

— С ним все в порядке, — подбодрила я. — Я знаю, с ним все в порядке.

Боюсь, Сьюзи мне не поверила.

Теперь я смотрела, как она расплачивается с таксистом, неловко перебирая купюры, и даже из сада мне было видно, что она трясется и тяжело дышит. Что-то произошло. Наверное, время пришло.

Я постояла немного, собираясь с духом и давая ей немного времени, чтобы взять под контроль разбушевавшиеся эмоции — запихать их на место, словно одежду в дорожную сумку. Жаль, что другие не давали мне такой возможности, когда она была мне нужна. Плохие новости на самом деле нужно сообщать так: рассказать все и уйти, оставив человека одного в темной комнате. И поставить у дверей еду, хотя человек, наверное, не станет есть. Почистить, прибраться и снова уйти в тень. Но Сьюзи, похоже, была из тех, кто реагирует иначе.

Она побежала к моему саду, скользя по мокрым, заросшим травой плиткам. Снова расстроена — интересно, чем на этот раз?

— Нора! Нора! — она тяжело дышала и едва могла говорить. — Пожалуйста! Помоги!

Я подошла к ней. Она вцепилась в мою куртку — старую вощеную куртку, когда-то принадлежавшую моему мужу.

— Что случилось? — Я старалась говорить спокойно и с долей участия, поскольку знала с младенчества: *«Не устраивай сцен! Иди в дом, глупая девчонка!»* Впрочем, нас все равно никто бы не услышал.

— Он умер! Нора, он погиб! Авария!

— О ком ты, Сьюзи? Что случилось?

Она просипела:

— Мужчина, которого я люблю. Мужчина, с которым… у меня был роман. Он погиб.

И она вцепилась в собственные волосы, выдирая их клочьями. Так велика была ее боль.

ЧАСТЬ ВТОРАЯ

Элисон

Февраль, три месяца спустя

Детектив-констебль Элисон Хегарти остановилась, отряхивая снег с промокших кожаных ботинок, и подумала, что надо было все же прислушаться к совету отца и купить на зимней распродаже нормальные сапоги для дальних прогулок. Эти легкие городские ботиночки совершенно не годились для ходьбы по сугробам и льду, окружавшим эти дома. Это была настоящая глухомань — здесь даже мобильная связь не работала.

Первый домик, увитый плющом и, несомненно, кишевший пауками, был заброшен. Элисон обогнула его, проваливаясь в смерзшийся снег вдоль дороги. Во втором хотя бы горел свет, пытавшийся безрассудно противостоять полумраку зимнего дня. Третий, погруженный в темноту, выглядел так, будто его с месяц никто не посещал.

Том Хан совсем приуныл.

— Убить готов за сосиску в тесте. Как думаешь, где тут ближайший «Греггс»?

— Надо было взять с собой обед.

— Ну да, конечно. У некоторых вообще-то и личная жизнь есть. Я пришел домой в четыре. Не стану же я с утра пораньше возиться с флорой. Разве что ее и в самом деле зовут Флора… Ха-ха!

Элисон закатила глаза:

— Ну и гуляка же ты! Где на этот раз познакомился? В «Тиндере»?

Хан подмигнул:

— Это слишком просто. Словно пиццу заказываешь. Разве что все самое вкусное достается ей.

Элисон возмущенно фыркнула:

— Боже, Том, это же место преступления. Тут человек погиб.

— Я тоже скоро сдохну, если не пожру. Не поделишься, Хегарти? Ты же все равно не сможешь одна съесть столько веганского хумуса с огурцом.

— Шутишь? Ладно, пойдем к домам. Попробуем сначала постучать вон в тот, нарядный.

Хрустя льдом, они двинулись по мощеной дорожке к тому, что когда-то было жилищем простого подсобного рабочего, а теперь обзавелось пристройкой, тяжелой герметичной дверью и тонированными окнами. Что-то вроде помеси деревенского погреба с банковским сейфом. Элисон отметила про себя, что дорожку давно не чистили, и шла осторожно, стараясь не упасть. Тому больше не было нужды доводить ее.

— Думаю, их нет дома, — невпопад заметил он.

Свет в доме не горел, а через щель для писем была видна груда корреспонденции, полностью завалившая коврик. В основании кучи Элисон разглядела рождественские открытки — похоже, хозяева не появлялись здесь довольно давно.

— Отлично, Шерлок, — Элисон вытащила телефон и проверила информацию о жильцах. Некие Николас и Сюзанна Томас. — Как странно…

— Что? — Том, прижав руки к стеклу и оставляя на нем разводы, попытался рассмотреть что-нибудь через окно.

— За последние несколько месяцев по этому адресу выезжали дважды.

— Какие отделы?

— Дорожники — где-то в сентябре неподалеку случилась авария на объездной дороге. Потом… полиция Суррея, отдел по особо важным.

— Они-то здесь что забыли? — сердито буркнул Том — он не любил, когда чужаки совались на его территорию.

— Помнишь, в Гилфорде из-за неисправного газового камина погиб человек? По мне, так обычный несчастный случай, но какой-то умник решил копнуть поглубже.

— Везет им — есть время таким заниматься. Только при чем тут эти ребята? — он кивнул в сторону дома.

На реконструкцию старинной постройки, безвозвратно утратившей первоначальный облик, что вызывало сожаления, явно ушли немалые деньги. Внутри, насколько удавалось разглядеть, дом казался уютным из-за множества красных светодиодов, установленных на разных устройствах и панелях. Элисон почувствовала, что ледяная вода добралась и до ее носков.

— Не знаю. Надо проверить.

Том переминался с ноги на ногу.

— Может, зайдем в другой дом да поедем в участок? У меня скоро яйца отмерзнут.

О яйцах Тома Элисон думать совершенно не хотелось.

— Ладно.

Наверное, парочка укатила куда-нибудь на Рождество. Может, на Карибы — вот везучие черти!

«Аж с декабря?»

Как знать.

— Ну и дыра… — заметил Том, когда они осторожно шагали по обледенелой дорожке к другому дому. — Тот, через дорогу, выглядит намного лучше.

— Полагаю, у тех ребят есть деньги.

Этот дом назывался «Плющ». Выглядел он лучше, чем соседний, заброшенный, но ненамного. Элисон позвонила.

Том громко произнес:

— Проклятье! Такое чувство, что у меня между ног замороженная колбаса.

— Заткнись! — прошипела она. — Сделай серьезное лицо.

В ответ на звонок в доме кто-то зашевелился — смутная тень за витражом, обрамлявшим дверь. Лица обоих полицейских приняли вид, приличествующий тому, кто приходит с дурными вестями. Мрачный и серьезный. Сочувствие с легким налетом подозрительности, потому что в девяти случаях из десяти жертву отправлял на тот свет кто-нибудь из знакомых. Осознание этого факта, и без того окошка в грязный мужской разум, которое приоткрывал ей Том, сильно осложняло шансы Элисон наладить отношения с противоположным полом с целью создания семьи.

— Здравствуйте. Я — детектив-констебль Хегарти. Это — детектив-констебль Хан. Мы можем войти? Боюсь, у нас плохие новости.

Элли

— Я так сочувствую вашей утрате…

За прошедшие несколько недель она слышала эти слова, наверное, раз пятьдесят. Распорядитель похорон, полиция, представитель страховой, объяснявший, что нет, у ее мужа на самом деле не было страхового полиса — он отказался от страховки в прошлом году без объяснения причин. Соседи. Работники морга, которые, при всем сочувствии, отказывали ей в просьбах поскорее выдать тело. Требовалось вскрытие. Потом ожидалось еще и расследование. Теперь она хотя бы смогла похоронить его. Он умер. Это было… почти смешно. Это было глупо, потому что это он всегда был жив, а она — мертва. Она была мертва большую часть жизни, пока не встретила его. Она дышала, улыбалась, сидела в концертных залах и играла на фортепиано, но все равно была мертва.

Ее удивило, как мало людей пришли попрощаться с ним. Конечно, семей у них не было — оба были сиротами, одинокими в этом мире. Или чувствовали себя такими. Быть сиротой можно и при живых родителях. Из больницы приехал только Джеймс Конвей, человек, который никогда не вызывал у нее доверия. У него был красный нос алкоголика, и Элли было известно, что он женился трижды, всякий раз на молоденьких, которые в конце концов его бросали. Она всегда опасалась, что под дурным влиянием Конвея той же дорожкой может пойти и Патрик. Но этот неприятный тип хотя бы пришел и стиснул ее ладонь своими трясущимися руками. Его запах напомнил ей отца — тот смрад, который исходил из его комнаты почти каждое утро. Но Элли не могла винить его — ему приходилось жить с ее матерью. И все же… Отчасти ответственность за тот кошмар лежала и на нем.

Она сказала:

— Спасибо. Надо сказать, больнице должно быть стыдно! Больше никто не приехал! А что операционные сестры, консультанты?

Конвей нахмурился:

— Ну… У них много дел, Элли.

Она стиснула зубы. Этот человек назвал ее по имени — так, как обращался к ней ее муж. И от осознания, что она больше никогда не услышит свое имя из уст любимого человека, она едва не упала прямо возле могилы на ровную черную землю. Ноги подкосились. Конвей успел подхватить ее за руку. Она отстранила его:

— Рада, что вы пришли. Не заедете ли после похорон?

Она не хотела устраивать поминки, но от нее этого ждали, и это был долг перед Патриком. Конечно, она надеялась, что людей будет больше, и заказала слишком много еды. Окорока, пластмассовые вазы с десертами — все придется выбросить. Пришли соседи, завистливо оглядывавшие мебель, условные приятели, с которыми она, заставляя себя покидать безопасную скорлупу дома, ходила на курсы флористики и кулинарии, стараясь стать лучшей женой, — как мило было с их стороны напомнить ей об этом болезненном опыте! — и Конвей. Разумеется, Конвей. Он пил хороший виски из запасов

Патрика и явно никуда не торопился. Даже когда Элли распустила по домам помогавших со столом девушек, в основном местных и очень сильно накрашенных, вручив им остатки поминальной трапезы, чтобы не видеть их утром, он остался.

«Никто не пришел. Ну ты и неудачница!»

— Что ж, спасибо, что зашел, Джеймс, — попробовала она выгнать его подобру-поздорову еще раз.

Почему он не уходит? Он торчал у камина, разглядывая фотографии в рамках.

— Ты ведь была концертирующей пианисткой, когда вы познакомились?

— Да. Он пришел на один из моих концертов, дождался меня после окончания. С тех пор мы не расставались.

***

Он подошел после концерта в своей обычной нахальной манере. Коснулся ладонью ее голой спины.

— Мисс Ветриано? Простите, я только хотел сказать — это было просто божественно. — И посмотрел ей в глаза, и она поняла, что он имеет в виду, что это *она* прекрасна.

Конечно, позднее она выяснила, что он пришел не ради музыки. Почти совершенно лишенный музыкального слуха, он был неспособен отличить Рахманинова от какого-нибудь поп-хита. Он просто увидел афишу по дороге на работу. *«Твои глаза словно смотрели прямо на меня. И длинные черные волосы... Я попался».* Он не упомянул, что на фотографии она была в открытом платье с глубоким вырезом. Вот так это и работает в классической музыке. Если ты молода и хороша собой, у тебя есть шанс. Ей было тридцать, когда он впервые накрыл ее ладонь своей, и она боролась из последних сил. Чтобы добиться успеха, у нее оставалось всего несколько лет. А она была не из числа великих. Много работала над техникой, но критики были правы — ее душу словно сковал лед. Она играла без эмоций. Совсем не удивительно для мертвой девушки.

В обзорах и биографиях неизменно всплывала эта история с Себби, матерью и отцом. Журналисты хотели выяснить все до конца: *«Что ты чувствовала, Элли? Должно быть, была опустошена. Тебе не казалось, что ты можешь найти утешение только за фортепиано?»* Что с них взять… Они хотели бы разложить весь мир по полочкам своими аккуратно выстроенными фразами. *«Я была опустошена*, — повторяла за ними она. — *Да, казалось, весь мир рухнул»*. Были и деньги, и гостиничные номера, и аплодисменты, и платья, но никого не было рядом. Пока не появился он. Врач. Хороший человек, как ей показалось.

В тот первый вечер, на банкете после концерта (в числе приглашенных гостей его не было, но он как-то сумел договориться) он взял ее за руки:

— А мы с тобой не слишком отличаемся друг от друга. Все зависит от наших пальцев.

— Ты хирург?

— Вроде того, — он нежно сжал ее ладони, полностью укрыв их своими. — Как тебе только удается брать все эти ноты?

Она начала рассказывать об аппликатуре и о том, как трудно бывает играть женщине с узкими ладонями. Он, казалось, жадно слушал. Как же она смеялась, когда выяснилось, что это была всего лишь игра, что он и понятия не имел, о чем она говорит! А смеяться не стоило, потому что на самом деле они *были* разными. Она не умела притворяться, и в этом была ее проблема. А он… он слишком хорошо это умел.

***

Конвей все не отставал:

— А твоя семья?.. Ты ведь рано осталась сиротой?

Она поморщилась — как всегда, стоило кому-нибудь коснуться этой темы:

— Увы.

— Ты была единственным ребенком?

«Пожалуйста, уходи. Ну пожалуйста». Она нагнулась, чтобы поднять упавшую под стол салфетку. Как же невыносимо было видеть, как чужие люди топчут ее ковер ботинками, перепачканными кладбищенской грязью, как трогают ее вещи, оставляя пятна и отпечатки пальцев.

Он взболтал виски в стакане. Элли не предложила добавки. Через минуту она собиралась вышвырнуть его вон. И плевать на манеры!

«Ну и позорище!»

«Заткнись, мама!»

Конвей продолжил:

— Занятная вышла авария. Верно говорят, будто на дороге больше никого не было и он просто врезался в дерево?

— Должно быть, потерял управление. А может быть… животное или еще что-нибудь, или машина была неисправна. Они пока не знают.

— А ведь он — хороший водитель. Разве не смешно?

«Ох… Заткнись! Убирайся! Прекрати говорить о нем в настоящем времени! Его больше нет! Нет! Он умер!»

Она заставила себя улыбнуться:

— Ты был ему хорошим другом, Джеймс. Спасибо. Теперь, если не возражаешь, мне бы хотелось немного…

Он перебил ее:

— Мы были близкими друзьями, да. Дело в том, Элли, и мне жаль говорить об этом прямо сейчас, в самом деле, но Пэдди… он мне слегка задолжал.

— Что?

— Я одолжил ему денег. Ну, по-дружески. А теперь я сам оказался в затруднительном положении.

Элли уставилась на него. Он в самом деле стоит в ее гостиной, пьет ее виски и требует денег?

— Его только сегодня похоронили, — услышала она собственный голос.

Она еще не задумывалась о деньгах, о его пенсии, о накопительных счетах — всем этим занимался Патрик. Их юрист пообещал ей решить все вопросы. Он тоже приходил сегодня, принес свои соболезнования, не отрываясь от чаши с чипсами. *«Мне так жаль. Очень сожалею о вашей потере».*

— Понимаю. Я бы и не заикнулся об этом, если бы не оказался на мели.

Тут ей захотелось убить этого типа в засаленном черном пиджаке. Пальцы у него были короткие, похожие на обрубки. Совсем не как у Патрика с его изящными руками хирурга. С чего это Патрик стал бы одалживать деньги у такого человека? Наверное, он врет, пытаясь воспользоваться вдовьей скорбью.

Она холодно бросила:

— Завтра я встречаюсь с юристом. До тех пор я не могу распоряжаться никакими средствами. Уверена, вы поймете.

Она протянула руку к его стакану, и Конвей, видно решив, что получит добавку, ответил:

— Твое здоровье!

Но она решительно выплеснула виски в камин, где напиток с шипением испарился. Лицо Конвея удивленно сморщилось. Элли повернулась к нему:

— Спасибо, Джеймс. А теперь мне очень надо отдохнуть. До свидания.

И он ушел, а когда дверь закрылась, ей захотелось вымыть с мылом все, от собственной руки до пола, — все, чего касались его коротенькие пальцы или взгляд его маленьких пронырливых глазок. Он наверняка врал. Патрик не стал бы одалживать деньги. У него было собственное жалованье и ее наследство, доходы от ее концертов, страховка ее отца. Утром она поговорит с юристом и все выяснит.

Оставшись наконец одна, она мысленно вернулась к той ужасной ночи, когда на пороге появились двое полицейских. *«Пожалуйста, пусть это будет не так! Пусть я проснусь и окажется, что все это просто кошмарный сон!»*

Она не понимала, что происходит, пока мужчина не сказал сурово и грустно:

— Боюсь, у нас плохие новости.

Женщина-полицейский пыталась заварить на кухне чай. Ей было бы ни за что не справиться с кофемашиной…

— Я не понимаю… — в третий или четвертый раз пролепетала Элли; время словно застыло.

— Произошла авария. Машина вашего мужа врезалась в дерево. Когда приехала скорая, с ним все было в порядке. Но потом открылось кровотечение. Мне очень жаль, миссис Салливан, но он скончался.

— Но он же работает в больнице… — У нее не укладывалось в голове: как можно умереть там, где работаешь?

Она не помнила, сколько раз им пришлось повторить, что он погиб — несмотря на ее возражения, что это невозможно, потому что он работал в больнице, — прежде чем до нее дошло. Как же глупо она себя вела! Любой человек может умереть в любое время — ей это было известно с шестнадцати лет.

Сьюзи

Ты погиб. Я не могла заставить себя в это поверить и продолжала говорить с тобой в своих мыслях — там, где никто не мог этого увидеть или услышать, там, где я не могла забыть выйти из системы. Эта мысль приходила мне в голову в самые безумные моменты — просто как объяснение причины твоего исчезновения, и даже тогда мне казалось, что я просто себя обманываю. Но это оказалось правдой. После нашей последней встречи, когда ты высадил меня на обочине, пообещав тем же вечером все *ей* рассказать, а я, одновременно перепуганная и восторженная, побежала домой, ты поехал в сторону выезда на M25, но так и не добрался до него, влетев в дерево. В тот же день, чуть позднее, врач зафиксировал твою смерть. Я поискала и наконец-то по твоему настоящему имени нашла новость, которую боялась увидеть все это время. Тебя звали Патрик, не Шон.

В новостях было сказано, что полиции так и не удалось установить причину аварии — погода была хорошая, других машин поблизости не наблюдалось. Я решила, что ты, наверное, вывернул руль, пытаясь объехать какое-то животное. Может быть, собаку. Или выбежавшую из леса дикую тварь — кролика или лису. Невинного убийцу. Я никак не могла выбросить из головы то, что узнала в больнице. Худшие десять минут в моей жизни. Даже хуже, чем то, что случилось с Дэмьеном и потом. Я не знала, как пережить это. И хуже того невероятного, страшного факта твоей смерти, пробившего в моей душе дыру размером с метеоритный кратер, было другое — ты лгал мне. Тебя звали не Шон. И ты вовсе не был врачом.

***

— Не понимаю, — сказала я, наверное, в пятый раз за последние пять минут.

Я сидела в кресле в кабинете Эндрю Холта — настоящего Эндрю Холта. Передо мной стоял нетронутый пластиковый стаканчик с чаем из автомата. Доктор любезно склонился надо мной, а другой человек — доктор Конвей, который, как я поняла, был кем-то вроде анестезиолога, который, возможно, отвечал за местный наркоз, переминался с ноги на ногу в дверях.

— Он не врач?.. Не был врачом? — от потрясения я путалась во временах.

— Врачом? О, вовсе нет! — голос Конвея звучал насмешливо. — Он работал в административной службе, — анестезиолог обратился к доктору Холту: — Ты должен его помнить — тот писака, что постоянно таскался к нам со счетами. Здесь он откликался на Патрика. Думаю, Шон — его второе имя.

Неужели ты врал мне во всем? Тебя звали Патрик Салливан, не Шон Салливан.

— А… Верно. Я и не знал, что он умер. Какой ужас! — доктор Холт, казалось, был просто удивлен, а для меня это было самое страшное известие в жизни.

— Была рассылка по электронной почте. Мы посылали цветы.

— Пожалуй, иногда мне все же стоит читать эти рассылки.

Я воспроизводила в голове каждый разговор с тобой. Говорил ли ты мне на самом деле о том, что был врачом, или только о том, что работал в больнице? Неужели я просто предположила это, увидев тебя с чужим бейджем на конференции, на которую ты пробрался обманом? Странно — зачем тебе это понадобилось? Просто провести выходные в гостинице? Склеить кого-нибудь, а тут как раз подвернулась я — созревшая, готовая и пьяная?

— Простите, — сказала я, пытаясь взять себя в руки. — Наверное, вас ждут пациенты. Просто… Просто я в самом деле думала, что он врач.

— Так, давайте разберемся, — доктор Холт был озадачен не меньше моего. — Вы встретили мужчину, на котором был бейдж с моим именем, но который на самом деле оказался Патриком из нашего административного отдела? И он сказал, что его зовут Шон, а вы подумали, что он врач?

— Да… Нет… Я подумала… Он сказал, что произошло недоразумение. Что вы с ним коллеги.

И так оно и было — вы работали вместе. Кажется, я запуталась. Значит, ты солгал? Или ты сказал мне правду? Имя Шон — тоже ложь, если только ты иногда им не пользовался. Мне приходилось встречать мужчин, предпочитавших второе имя.

— Я должен быть в операционной через пять минут…

Доктор Конвей развернулся, и я почуяла запах его дыхания — несомненный резкий душок спиртного. Неужели он напился перед тем, как давать наркоз? Его темные глаза, покрасневшие, с отекшими веками, остановились на мне, и я поняла — *ему известно, кто я*. Он знал о нас все. Должно быть, ты ему рассказал, хотя и утверждал, что сохранишь тайну и что я тоже не должна никому ничего говорить.

— Конечно, ступай. Спасибо, Джим, — Конвей вышел из кабинета, и доктор Холт снова повернулся ко мне. — Вы точно хорошо себя чувствуете? Я могу позвать сестру. Вы можете прилечь в смотровой, если…

Меня пронзил панический ужас. Если я позволю им заняться мной, останутся записи — возможность проследить меня до этого кабинета и узнать о том, как меня ошеломила новость о том, что ты умер. *Умер!*

— Все хорошо. Спасибо за помощь. Простите, мне пора…

Я вскочила и со всех ног бросилась в коридор вслед за Конвеем. Он уже почти скрылся за углом.

— Подождите! Доктор Конвей… — я сразу же запыхалась, ослабленная потрясением, и оперлась о стенку.

— Что вам угодно? — холодно спросил он.

— Пожалуйста… Мне нужно знать, что с ним случилось. С Шоном… То есть с Патриком. Я — Сьюзи.

Я ждала его реакции, и через несколько мгновений он кивнул:

— Я так и подумал. Что вы здесь делаете?

— Я хотела хоть что-то узнать! Он просто исчез. Я пыталась его найти, а теперь оказывается, что он и врачом-то не был…

— Нет. Пытался, но не доучился. Потому иногда он… любил притворяться. Наверное, потому и пошел на ту конференцию, — все та же насмешка. — Вы не знали, что с ним произошло?

— Нет, даже понятия не имела. В новостях я ничего не видела.

А как бы мне это удалось, если я искала человека под другим именем? Если ты даже жил не в том графстве, в котором я думала? Я просматривала не те местные новости.

— Ну, да… Печально, но так бывает, — ни капли сочувствия в его тоне.

— Почему это случилось? Как?

Он пожал плечами:

— Мы не знаем. Машина врезалась в дерево, но мы не нашли никаких признаков кровоизлияния в мозг или какого-нибудь припадка. Ничего, объяснявшего причины.

«Почему он это сделал?» В моей голове зародилась новая мысль, не приходившая раньше:

— Неужели вы думаете, что он мог сделать это сам?

Я как раз рассказала тебе о ребенке и о том, что хочу, чтобы ты бросил жену и был со мной. Я сказала, что ребенок почти наверняка твой, судя по срокам, по тому, как я старалась держать Ника в неведении о времени, благоприятном для зачатия. Может быть, поэтому ты так и поступил?

— О боже! — Мне вдруг стало тяжело дышать, стены будто покачнулись. — Я не… Этого не может быть!

— Думаю, мы никогда не узнаем. Коронер сказал, что это несчастный случай. — Конвей снова оглядел меня с ног до головы, и у меня мурашки побежали по коже. — Вам следует поехать домой и отдохнуть.

Его глаза опустились на мой живот, и мне стало страшно — сколько еще моих тайн известно этому человеку, о котором я прежде даже и не слышала?

***

Только через несколько часов я впервые подумала о ней. О твоей жене. Не знаю, как я сумела доехать до дома. Меня трясло, бросало то в жар, то в холод. Я почти бредила. *«Но как ты мог?.. Я не могу… О боже! О боже!»* Смешно — когда заканчиваются слова, от похоти ли, от потрясения или от горя, мы взываем к Богу, в которого совсем не верим.

Я никак не могла побороть это давящее чувство отрицания — ты не мог погибнуть. Я бы узнала. Кто-нибудь обязательно рассказал бы мне. Потом пришло чувство утраты, пронизывающее до костей. И страх — я по-прежнему была беременна. Было почти невероятно, что я смогла пройти через все это и остаться беременной.

Милый мой! Я не могла в это поверить. В моих мыслях ты всегда был где-то на песчаном пляже, смотрел на прибой, стоя босыми ногами на мокром песке. Ты не погиб. Мы с тобой еще увидимся.

Когда такси подъехало к дому, я кое-как сумела расплатиться с водителем. Единственным моим желанием было побежать к Норе. Нора поможет.

Я так и не смогла найти имени твоей жены. Даже в новостях, которых было не так уж и много. Всю дорогу я плакала и пыталась найти его в своем телефоне, несмотря на опасность. *«Миссис Салливан. Жена Патрика Салливана. Овдовела после автокатастрофы».* Но ничего не нашла. Словно та женщина была призраком.

Нора

Сьюзи выложила мне все, сидя за столом и уткнувшись лицом в ладони. Ее плач, напоминавший то пронзительный визг, то рев, был полон злости, скорби и боли. Я гладила ее по плечам. Налитый чай остыл — она к нему даже не притронулась.

— Мне так жаль…

— Ох… Нора, я просто… не могу поверить. Думала, он ушел. Просто бросил меня…

Я едва не спросила, уместно ли говорить «бросил» в случае любовной интрижки, но не стала. В осуждении она сейчас нуждалась меньше всего. К тому же, побывав у них с Ником и увидев, как он разговаривал со Сьюзи, я вовсе не была удивлена, что она решила поискать кого-то на стороне.

Она рассказала мне все: как они встретились на конференции, или, вернее, на разных конференциях в одной гостинице, как он написал ей на следующей неделе и пригласил на обед, о том, как она ежедневно врала самой себе, словно шаг за шагом заходя в море, пока вода не достигла горла. Потом о сегодняшнем дне — как она узнала, что он назвался другим именем и даже не был врачом. В иных обстоятельствах я могла бы и посочувствовать. Я знала, каково это — оказаться обманутой.

— Я не хотела этого, — глухо произнесла она, уставившись в пол и сжав в кулаке комок бумажных салфеток; время от времени ее плечи подрагивали. — Просто… Мне здесь так одиноко. А он был такой… и просто так получилось.

«Просто так получилось».

«Я не хотела этого».

В такие моменты все говорят одно и то же. Словно измена — это удар молнии, лопнувшая шина или инфаркт. Словно за этим стоит непредсказуемость или неизбежность, а не выбор обоих участников и желание следовать этому выбору. Хотя не знаю, может, так оно и есть.

— Я была так пьяна… А Ник… Ну, ты сама видела, как мы живем, — к ее глазам снова подступили слезы. — Нора, я просто… я не знаю, что с нами стало. Он никогда не дотрагивается до меня, только до моего живота. Для него имеет значение только ребенок. Иногда я думаю о нем, о своей жизни и не могу поверить, что это происходит со мной. Если бы речь шла о ком-то другом, о какой-нибудь знакомой, я бы сказала, что нужно бежать. Я бы начала искать адвоката по разводам.

Я лихорадочно размышляла, просчитывая, как мне себя вести теперь, когда Сьюзи рассказала мне свою историю. Как поступить дальше?

— Ты хочешь, чтобы я тебе дала именно такой совет?

Пауза. Она прикусила губу. И хотя она выглядела совершенно раздавленной, ее раскрасневшееся, заплаканное личико, обрамленное красными волосами, оставалось хорошеньким.

— Куда мне идти?

— Если все так плохо… А место всегда найдется.

Она принялась нервно рвать салфетку на кусочки.

— Я знаю, он любит меня. Просто… он больше мне не доверяет.

Я не стала говорить, что прекрасно его понимаю. Это ничем бы не помогло.

— Разве?..

Я решила подождать. С годами пришло умение пользоваться молчанием как инструментом. Еще один полезный навык, приобретенный в Апландсе.

Она глубоко вздохнула:

— Со мной… это не в первый раз.

Вот оно что. Сьюзи рассказала мне о другом мужчине, о другой интрижке чуть раньше в этом же году. Она утверждала, что «это не роман», но это был именно он.

— Мы работали вместе. Я думала, мы просто друзья. Мы выпивали вместе, ходили обедать. Болтали в мессенджере. Потом однажды…

Она рассказала мне, как в пабе он положил ладонь на ее бедро. О переулке. О поцелуях. Дальше — больше. Ее сумочка упала в лужу мочи, и эта мелочь почему-то невероятно ее тревожила — как символ ее падения и стыда.

— Я не хотела этого.

Снова те же слова — неужели она сама не понимает? Сколько раз с этой женщиной случалось то, чего она не хотела?

— Ох, Сьюзи… Как же тебе пришлось тяжело.

Я обняла ее, и она плакала на моем плече, которое тут же стало мокрым и соленым от слез. Я говорила совершенно искренне. Трудно было видеть ее горе и остаться безразличной, даже когда она говорила о своих романах. А этот другой мужчина… А вдруг получится использовать его, чтобы получить то, что мне нужно?

— Я очень плохая, — сказала она, оторвав голову от моего плеча, чтобы перевести дух. — Дважды! Поверить не могу. Я не хотела… Я не думала. Боже, какой кошмар! Что мне делать, Нора?

— Ребенок… Он от Ника?

Я научилась читать по ее глазам.

— Я… я не знаю.

Наверное, она не могла произнести этого вслух — признаться в постыдном. Или и в самом деле не была в этом уверена, но должна была хотя бы подозревать. Интересно, рассказала ли она ему. Шону, как он себя называл. Узнал ли он о ребенке до аварии.

Она утерла слезы:

— У меня нет своих денег. Я не знаю, куда идти. И с этим животом мне даже не найти компаньонки, чтобы вместе снимать квартиру. Я так запуталась.

— Все хорошо. Я тебе помогу.

Она посмотрела на меня, и ее заплаканные глаза просияли:

— О, Нора! В самом деле? Понимаешь, я совсем одна. Мне больше не с кем этим поделиться — они меня возненавидят.

— Конечно, я помогу, — я погладила ее по запястью. — Сьюзи, это очень важно. Ты думала, что скажешь полиции?

— Что? — озадаченно спросила она.

— Тот мужчина. Ты ведь была с ним в машине перед аварией, верно? Что, если они обнаружат твои следы? Кто знает, может, они прямо сейчас тебя ищут.

***

Когда Сьюзи ушла, я принялась перебирать в голове все, что она мне рассказала. Мне показалось, что, несмотря на горечь утраты, теперь, когда она знает о смерти своего любовника, ей на время станет легче. Она предпочтет потерять его насовсем. Это лучше, чем чувствовать себя брошенной, но жить безумной надеждой, что он вернется и они будут вместе. Пожалуй, теперь она может решиться уйти от Ника. Просто невероятно, какие темницы люди способны воздвигнуть в собственной голове! Сьюзи — образованная женщина из среднего класса. Ее мать жива и достаточно состоятельна. Возможно, она не особо стремилась поддерживать дочь, но едва ли бросила бы ее на улице. Закон тоже был на ее стороне и не оставил бы ее при разводе с пустыми карманами. Так чего же она боялась? Утраты положения в обществе? Неудачного развода? Одиночества, необходимости одной растить ребенка? Жаль, я не могла рассказать ей, как все это несущественно в сравнении с той болью, которую способна причинить жизнь. Уверена, она могла бы уйти от Ника и даже не оглянуться.

Я рассматривала разные варианты развития событий. Тот, при котором, оставив мужа, Сьюзи переезжает куда-то далеко отсюда, меня не устраивал. Но, с другой стороны, исчезновение Ника с горизонта сильно облегчало мою задачу. Если у нее родится ребенок, то дом, скорее всего, останется за ней (хотя, пожалуй, ей бы этого не хотелось). Видимо, настал мой черед протянуть ей руку помощи.

С тех пор, как я переехала сюда и все изменилось, я все чаще размышляла о Нике. Николас Томас. Я уже начала подумывать, что он может нарушить мои планы — так плотно он контролировал Сьюзи. После того субботнего обеда я добавила его в друзья на «Фейсбуке», заведя аккаунт под именем Норы Холском. Я не думала, что меня станут проверять в сети, а если и станут, то ничего по этому имени не найдут. Я подружилась еще с несколькими случайными людьми, чтобы создать видимость реального человека, и через несколько часов он принял мой запрос, наверняка даже не задумавшись. Так я получила доступ ко всей его жизни и возможность прощупать ее в поисках трещин.

Едва стемнело, я отправилась на вечернюю прогулку — ту, на которую я никогда не приглашала Сьюзи. Я прокралась мимо их окон, радуясь тому, что управляемые электроникой жалюзи закрыты. Шел снег, который немного осложнял дело, но, к счастью, на мне были хорошие прогулочные ботинки, а идти было недалеко. Вернувшись, я помыла руки и села за ноутбук, чтобы разработать новый план.

Мой муж считал, что мне категорически нельзя выходить в Сеть. Он убеждал меня, что мне это повредит, усилит проблемы с головой. Возможно, так оно и есть, но сейчас мне требовалась пища для размышлений, для разработки тактики и стратегии. Насколько проще стало искать нужную информацию в эпоху соцсетей! Люди буквально из кожи вон лезли, сообщая даты рождения, девичьи фамилии, вторые имена, первые школы — все то, что можно было использовать в контрольных вопросах. Ник был не из тех, кто стал бы менять имя. Если он дурно поступал с женщинами, а моя уверенность в этом была тверже мерзлой земли под ногами, то он всегда прикрывал это романтикой, или заботой, или любовью. Так, чтобы женщина — а я не сомневалась, что их было несколько — никому ни о чем не стала бы рассказывать, считая, что проблема в ней, что всему виной ее собственные недостатки, о которых он не уставал ей напоминать. Полагая, что она сходит с ума, когда он отрицает то, что видели ее глаза и слышали ее уши. Теперь, когда появился интернет, я узнала, что для такого поведения есть особый термин — газлайтинг. Судя по всему, Ник был из тех, кто практиковал газлайтинг долгие годы.

Я пролистала старые фотографии Ника и быстро нашла двух женщин, с которыми у него были отношения до Сьюзи. Они обе походили на нее: бледная кожа, немного необычная внешность — яркий цветок на скучном, бесцветном стебле, которым был Ник. Одна из них, Катриона Мюррей, похоже, переехала в Канаду. На фотографии в ее профиле красовалась женщина в лыжном костюме на вершине горы. Я просмотрела снимки второй, Лизы Рагоцци: вот она вместе с Ником у Тадж-Махала, вот — на Транссибе, вот они вдвоем в ярких брюках и с рюкзаками в руках. Похоже, это был университетский роман, который какое-то время продержался в обычной жизни, а потом пошел ко дну.

Я открыла профиль, который, конечно же, в основном был мне недоступен. Фамилии Лиза не меняла — возможно, она не замужем. Я увидела несколько ее фотографий из профиля, художественные снимки пейзажей и парочку общественно-значимых сообщений, вроде сбора средств или политических призывов. Лиза показалась мне искренним, благонамеренным человеком. Я отправила ей сообщение, гласившее, что я понимаю странность просьбы, но у моей подруги отношения с Ником Томасом и я беспокоюсь за нее. Не найдется ли у Лизы минутки поговорить о нем? Лиза и Ник больше не дружили на «Фейсбуке», поэтому она могла и не знать, что он женился. Но не следовало исключать и того, что она свяжется с ним и расскажет обо всем. Однако я была обязана попытаться.

Сьюзи

Всю ночь шел снег. Ник со взволнованным видом время от времени протирал запотевшее окно, словно ребенок.

— В Лондоне такого густого снега не бывает! Красота, да? — Он вздохнул. — Поппету бы понравилось. Бедолага…

Я не разделяла его восторга:

— Надеюсь, с Норой все в порядке. В «Плюще» очень холодно.

Он поморщился:

— Вечно ты думаешь о других! Не можешь хоть на минутку, не знаю, просто побыть со мной?

Белое покрывало, укутавшее поля и деревья, выглядело невероятно красивым. От его вида захватывало дух. Но я испытывала лишь ужас, вспоминая, что Нора говорила о полиции. То, что мы сделали, не являлось преступлением, но они не могли знать, что я вышла из твоей машины еще до аварии. Даже если я невиновна, они все равно могут прийти. Как я буду объяснять это Нику? Сердце екнуло при этой мысли. Там по всей машине наверняка остались мои отпечатки пальцев, даже мои волосы — ты всегда жаловался, что всякий раз приходится проверять, не осталось ли где этих заметных ярко-красных улик.

Я решила в случае прихода полиции сказать, что ты подвозил меня, хотя мы совсем не знали друг друга — просто ты увидел женщину, которая в тот погожий день шла вдоль дороги. Конечно, в этой истории хватало дыр. Где-то еще должен быть твой телефон, и, если ты так и не собрался удалить нашу беседу из недавних звонков, полиции не составит труда выйти на меня. Перед тем, как подобрать меня, ты звонил, чтобы узнать, где я. Нику, конечно, было бы очень любопытно узнать, как я вообще оказалась на обочине безлюдной сельской дороги. Но всегда можно что-нибудь придумать. В том-то и дело. Паутина лжи в этом случае достаточно прочна, чтобы выдержать.

— А если дороги занесет снегом? — спросила я, вспомнив, что рассказывал весной агент по недвижимости.

— Поэтому я и приобрел полноприводную машину. Так я смогу добраться до работы, — ответил Ник. — К тому же после переезда я закупил много всего — воды, консервов и прочего.

— Ты купил? — Мне хотелось спросить, *а как же я, что насчет меня?* — А вдруг... с ребенком случится что-нибудь, и мне нужно будет в больницу?

Он бросил на меня раздраженный взгляд и опустил занавеску:

— Сьюзи, почему ты не можешь просто порадоваться?

Со времени переезда я узнала, что многим вещам можно радоваться только тогда, когда делаешь их с кем-то еще. Если бы ты был рядом, если бы мы были вместе, на что я по глупости надеялась, мы могли бы надеть сапоги и отправиться бродить по полям, может быть, покататься со склонов холмов (я — только с очень пологих), слепить снеговика, заглянуть в какой-нибудь паб на чашечку горячего шоколада с каплей «Бейлиз» (опять же, не для меня — беременность заставляет отказываться от многого).

На время я ощутила ностальгию по тому, чего никогда не было, по фантазии из прошлого. Теперь этому не бывать никогда. Ты *умер*. Эта мысль снова поразила меня, словно удар в живот. Я все еще не могла поверить.

Пока Ник был в душе, я спустилась и поставила на плиту чайник. В кухне стоял леденящий холод, несмотря на полы с подогревом, поэтому я повернула регулятор и, с радостью ощутив тепло под замерзшими ногами, протерла небольшой участок запотевшего стекла. Снег, снег… Сегодня мне хотя бы не придется работать в саду. Даже Ник должен понимать, что значит снегопад на целый день. Я погрузилась в скорбь, хотя ему это и невдомек. Хотя какая разница, что я теперь знаю о твоей смерти, если я все равно никогда больше не увидела бы тебя? Но нет, раз ты умер, значит, ты не бросил меня. А что, если ты тогда ехал прямо к своей жене, собираясь все ей рассказать? Вдруг мы все же могли быть вместе? Я словно получила удар в солнечное сплетение. Нельзя было об этом думать. Нужно держаться. Ради ребенка.

Что это там виднеется на снегу? Следы… Какое-нибудь животное? Вдруг это Поппет вернулся? Подумав, как обрадуется Ник, я принялась стирать со стекла конденсат, не обращая внимания на холодные капли, и внезапно похолодела. На этот раз холод шел изнутри.

На глубоком снегу угловатыми буквами было написано одно-единственное слово: «Шлюха».

***

Ник решил, что я спятила:

— Ты не можешь выйти на улицу вот так! Там холодно.

Я пыталась сделать все, чтобы только он не выглянул в окно.

— Но там так красиво! — Боже, какой идиотизм. — Я только выскочу и сделаю снимок.

Это хотя бы прозвучало правдоподобно. Я надела ботинки, схватила телефон, отключила сигнализацию, выбежала на улицу и принялась затирать буквы на снегу. Сердце колотилось. Кто это сделал? Здесь никто не бывал, кроме меня, Ника и Норы. Но она так сочувственно ко мне отнеслась — зачем ей поступать подобным образом? Наверное, кто-то приезжал ночью.

Сначала я подумала на Дэмьена. Я до сих пор не могла вспоминать о том случае не краснея и не испытывая мук совести. Меня переполнял чистейший страх.

Ты спросил меня прямо. Вернее, сказал мне:

— Ты уже это делала.

— Э… Не совсем так.

Я не могла тебе соврать. Мне нравилась эта проверка. Врать Нику было так просто, что я не знала, могу ли остановиться.

— Я спала с одним человеком, — сказала я. — Не так, как с тобой. Это было один раз.

— Это был твой знакомый, — сказал ты без малейшей жалости.

— Ну…

— Не ври мне, Сьюзи. Никогда не ври мне, хорошо? Это единственное обещание, о котором я прошу. — Это было убедительно, верно? Ведь мы врали всем остальным.

— Коллега, — сказала я; пауза затянулась. — Дэмьен.

Дэмьен! Нет, это чушь чистой воды. Он живет далеко, в Восточном Лондоне, и я уже несколько месяцев о нем не слышала.

Я вернулась в дом, вся дрожа. Ноги промокли в совершенно неподходящих для такой погоды ботинках. Ник одевался наверху, и я склонилась над плитой, чтобы согреться. И составить полную картину. Ощущение, что за мной наблюдают. Немые звонки, странная музыка, мертвое животное на клумбе. А теперь еще это. В какой-то момент мне в голову пришла безумная мысль, что это твои проделки, но ты мертв. Если это не Дэмьен, то это не мог быть никто, кроме нее.

Твоей жены.

Элли

Она трижды прибралась в комнате, прежде чем мурашки перестали бегать по коже. Этот отвратительный тип осмелился прийти в ее дом и рассказывать такую чушь. Патрик никогда не стал бы занимать деньги. Он был старшим консультантом в родильном отделении. Он очень много зарабатывал! Она не знала точно сколько — уточнять было бы неэтично. Но достаточно, чтобы позволить себе этот хороший дом и четыре отпуска в году в бизнес-классе.

И все же… Отдельные моменты всплывали в памяти. Вот Патрик вошел и увидел сложенную аккуратной стопкой почту. *«Ты ведь не вскрывала конверты?»* Напряжение спало, когда она поклялась, что не вскрывала. *«Ты не подпишешь здесь, дорогая? Просто перебрасываю небольшую сумму — там проценты повыше»*.

При заселении в гостиницу не прошла оплата по карте. Глаза к небу — *«Проклятый банк!»* — и новая кредитная карточка.

Отпуск, отмененный в последний момент: *«У меня нет времени, дорогая. Слишком много пациентов. Не попросишь вернуть деньги?»*

Тогда она не придавала значения этим мелочам. Но сейчас, ползая на коленях по гостиной в желтых перчатках и с ведром мыльной воды, начала задумываться.

А начав, уже не могла остановиться. Она перерыла все бумаги в его кабинете — невероятную массу писем и справок, чисел, кодов. Она и понятия не имела о существовании всех этих счетов. Ничего особенного — некоторые суммы оказались меньше, чем она думала, но, если все раскидано по множеству вкладов, их незначительность легко объяснить. Нашла она и платежки из Суррейской больницы, но суммы заработка, указанные в них, показались ей слишком низкими. Она с трудом считала в уме и никак не могла разобраться с вычетами. Наверное, это из-за налогов или пенсионных отчислений. Он смыслит в таких делах.

Смыслил.

Тут ее осенило. Коробка! Содержимое его машины, которое вернула полиция. Его «ягуар» почти не получил повреждений. Только помятый капот, только удар головой о боковое стекло… Он, конечно, был пристегнут, и удар получился несильным, но все равно имел катастрофические последствия. Идея заглянуть в лежавшую где-то в гараже коробку казалась ей невыносимой. Было слишком тяжело держать ее в руках, зная, что внутри находятся вещи, которые были при нем в момент смерти. Может, на них даже остались капли его крови, хотя она была уверена, что полицейские не настолько жестоки. Или настолько? Она не знала.

Ключ от гаража нашелся в кружке в кухонном шкафу. Она открыла дверь и включила свет. Без черного «ягуара», который раз в неделю полировали до блеска, в гараже казалось совсем пусто. Сколько раз вечерами она наблюдала, как муж выходит из машины, как машет ей рукой, часто не отрываясь от телефона!.. В такие минуты в ее животе расплывалось тепло от осознания, что он вернулся домой.

Коробка стояла на металлической полке. В такие обычно упаковывают канцелярские товары или бумагу для принтеров. Она представила себе, как полицейский искал что-нибудь подходящее по всему отделению и, обнаружив эту емкость, сгреб в нее все, что оказалось в машине. Эти вещи ничего не значили ни для него, ни для нее, но пальцы Элли дрожали, когда она откинула картонную крышку. Вот обложка с документами на машину — кожаная, с приятным дорогим запахом. Пульт, открывающий ворота гаража. Его перчатки, тоже кожаные, ее рождественский подарок, мягкие, будто кожа младенца. Освежитель воздуха, чехол от телефона. Сам телефон ей вернули еще в больнице, но он был заблокирован. Стеклянная бутылка с водой, все еще наполовину полная. Она представила себе, как он прикладывался губами к горлышку, и на безумное мгновение ей самой захотелось припасть к нему губами. Ничего необычного. Ничего такого, что указывало бы, что ее муж был банкротом. Она не знала, что надеялась найти — выписки со счетов, письма кредиторов. Нет, конечно же. Скорее всего, Конвей соврал насчет денег.

Она сняла с полки пустую коробку, чтобы убрать ее, и услышала какой-то звук. Что-то прокатилось по дну. Она выудила предмет — небольшую розовую трубочку. Бальзам для губ, тонированный. Элли долго озадаченно разглядывала его. Он бы никогда ничего подобного не купил. Да и она тоже — это была дешевая вещь из супермаркета. Женская вещь. Ее разум начал медленно обдумывать возможности. Он подвозил коллегу. Кто-то голосовал на дороге. Но нет, машина неизменно отправлялась на мойку каждый четверг, и едва ли он успел подвезти кого за сутки между мойкой и аварией.

Она сжала в пальцах маленькую трубочку, такую легкую и прозрачную. Трубочка была немного липкая, и на ней виднелись какие-то ворсинки. Полиция могла бы, наверное, сделать анализ и выяснить, кому она принадлежала. Был ли кто-нибудь в машине вместе с ее мужем, когда он попал в аварию? На пустой дороге в прекрасный погожий день.

Сьюзи

Когда мы только переехали, я пару раз заикалась о покупке второй машины. «Маленькой тарантайки», как я ее назвала, хотя и понятия не имела, где подхватила это выражение.

Ник хмурился:

— Две машины — слишком нерационально. Подумай об окружающей среде.

И я, пристыженная, отступала.

В тот вечер под напором страха я возобновила борьбу, которую он, должно быть, давно считал выигранной. Это слово на снегу потрясло меня, и я решилась на то, чего обещала никогда не делать. Это была не путаница на панели управления и не игра воображения — кто-то действительно это сделал. Кто бы это ни был, он нашел меня в этом домике в глуши и хотел причинить мне боль. Я должна была рассказать кому-нибудь о происходящем.

— Я хочу завтра съездить в Лондон, — объявила я, поставив перед ним ужин — фазаньи грудки с пюре из корня сельдерея, и оставшись стоять, даже не положив еду себе.

— Что? — он потянулся к солонке, даже не попробовав. — Зачем?

— Я застряла здесь, Ник! — До ближайшей станции было пять миль, слишком далеко, чтобы идти пешком.

Я много думала об этой станции. Всего лишь крошечная боковая ветка дороги, холодный зал ожидания, даже без кафетерия, но это был путь к свободе.

Нить, связывавшая меня с Лондоном, с моим прежним «я». Только я не могла туда добраться.

Он посмотрел на меня с обычным озадаченным видом, словно говоря: *«Я дал тебе все это, а ты опять недовольна?»*

— Застряла в этом прекрасном доме, где у тебя появилось время писать картины?

— Нет, это понятно. Просто… я соскучилась по друзьям. Хочу повидать Клодию.

— Я уже купил тебе собаку, чтобы ты не скучала. — Невысказанное обвинение: *«А ты ее потеряла. Тебе было все равно».*

И шкряб-шкряб-шкряб вилкой по тарелке, раскладывая еду в аккуратные кучки — квадратики из мяса и овощей.

— Честно сказать, мне кажется, тебе без них лучше. Ты же знаешь, какая стерва эта Клодия. И она ненавидит детей, она против нашего выбора. За все это время она приезжала только один раз.

Я уставилась на стол — он был сделан из древесных отходов. А что, если он прав? Что, если Клодии, которую я считала лучшей подругой, действительно нет до меня дела?

— Просто… она пригласила меня пообедать. — Это было не совсем так — мне пришлось бы напрашиваться на приглашение.

— С выпивкой? — Ник вопросительно поднял брови. — Разве это уместно?

— Я не говорила о выпивке. К тому же мне все равно надо кое-что купить для ребенка.

— Я привезу все, что нужно.

Он снова взялся за солонку. Я смотрела, как крупинки падают на тарелку, словно снег за окном, но все же не хотела сдаваться. Вспышка паники… Будут ли ходить поезда? Поедет ли сюда такси?

— Мне нужна одежда для беременных. Ты же не сможешь ее примерить вместо меня, верно? — я слегка рассмеялась, чтобы свести свою настойчивость к шутке. — В общем, я еду.

Что он мог мне на это ответить? Запретить? Не рискнет. Это была бы еще одна пересеченная черта. Он сказал:

— Это будет дорого — с поездом и такси. Ты не присядешь?

— А… Я не голодна. Я же говорила, мне еще слишком рано ужинать. К тому же беременным не стоит есть дичь.

Он никогда не настаивал, чтобы мы садились за стол и ели вместе, лишь бы ужин был готов к его возвращению домой. Я ходила за спиной Ника, протирая варочую поверхность, и видела, как его раздражает необходимость оборачиваться для разговора со мной.

— Если бы у нас была вторая машина, мне не приходилось бы тратиться на такси…

Как бы это облегчило жизнь нам с тобой! Я могла бы ездить куда угодно, чтобы встречаться с тобой, хотя, думаю, он бы стал проверять пробег.

Ник вздохнул:

— Не начинай снова. Тебе что, плевать на нашу планету?

— От одной машины большой разницы не будет.

— Скажешь это нашему ребенку! — он грохнул солонкой по столу. — А если все решат так же? Он вырастет в мире, который уйдет под воду из-за изменения климата. — Мы еще не знали пол ребенка, но я заметила, что Ник несколько раз говорил именно «он».

— Но ты же ездишь на *своей* машине, — весело сказала я.

Рабочая поверхность была чиста, но я продолжала ее протирать.

— По-другому не добраться до работы! Сьюзи, да что с тобой сегодня?!

— Да ничего, милый. Просто поддерживаю логичную беседу. Знаешь, если тебе не нравится далеко ездить, мы всегда можем перебраться обратно в Лондон. А этот дом оставить как берлогу на выходные.

«Берлога» — еще одно слово, которое я раньше не говорила.

Я и так зашла слишком далеко для одного вечера. Ник посмотрел на меня обиженно и растерянно, потом вернулся к своему пюре и доел его в полной тишине. На следующий день я нашла на столике возле кровати пятьдесят фунтов бумажками. Хватит на такси и поезд, но больше почти ни на что (Ник прав, ездить в Лондон довольно дорого). Пересчитывая деньги, я подумала о других женщинах, которые, проснувшись, находят на тумбочке банкноты. И не увидела между нами большой разницы.

***

Я едва добралась до города — таксист опоздал на двадцать минут, виня во всем обледеневшие дороги, а потом поезд задержали из-за заносов на путях. Но мне это все же удалось. Клодия работала в центре Лондона, недалеко от Олд-стрит. Стоило выбраться из метро, как на меня навалился город: шум, гудки машин, запахи бензина и еды и бездомный, сидевший возле станции. Я бросила фунт в его кружку, пробормотав что-то вроде извинений. Здесь, в круговороте жизни, мои тревоги казались абсурдными. Жаловаться, что я не знаю, как пользоваться дорогущей акустической системой? Что мне одиноко в прекрасном доме и без необходимости работать? Что из-за моей собственной беспечности пропала собака? Но то слово на снегу… Оно было настоящим. Устало бредя по городу, я с удивлением обнаружила, что он уже украшен к Рождеству, и это напомнило мне — время идет. Мы с Ником почти не обсуждали, что будем делать на праздниках. У меня было страшное предчувствие, что он хочет пригласить в гости мать.

Когда мы с Ником познакомились пять лет назад, не ожидая ничего особенного от назначенного по интернету свидания, я была довольна собой, уверена в собственных силах и рвалась к успеху. И, кроме Ника, больше ни на кого не смотрела. Мы легко съехались, образовав собственный замкнутый мирок. Моя карьера продвигалась. Я набрала с десяток килограммов, перестала заниматься живописью. Потом мы поженились, потому что именно так и поступают люди, когда они счастливы и уже купили на двоих голубой тостер в стиле «ретро». В день свадьбы Клодия, помогая застегнуть платье с таким тугим корсетом, что в нем едва можно было дышать, шепнула мне на ухо: *«Ты уверена, детка?»* Я раздраженно ответила, что уверена. Теперь надо было как-то сказать ей, что я ошибалась.

***

Клодия явно не горела желанием встречаться. Она ответила: *«Не знаю, детка. На неделе могут быть сложности. Мы работаем без обеда»*. Но я настаивала, позабыв обо всякой гордости. Мне нужно было поговорить с кем-нибудь, кто не застрял в сельской глуши. С кем-нибудь, кто знал прежнюю Сьюзи, а не эту новую, привязанную к дому и похожую на кита версию меня. Поэтому мы назначили встречу в ресторане неподалеку от ее офиса — долгие расплывчатые ответы подруги практически заставили меня выбрать это заведение. Добравшись до места, я поняла, что заведение совершенно не подходит для задушевной беседы: слишком много блеска, слишком много стекла и стали, слишком шумно — в таких местах голоса отражаются от стен и разносятся по всему помещению.

Клодия опоздала на восемь минут и открыла дверь плечом, не переставая набирать что-то в телефоне. Я помахала ей рукой. Надо сказать, с излишним энтузиазмом. Она рассеянно улыбнулась в ответ и села, не переставая печатать.

— Привет, дорогуша. Извини. Просто безумный день.

— Нужно сделать заказ.

Я пододвинула к ней меню — толстый помятый бумажный лист. Сама я выбрала, что буду заказывать, еще до поездки, по интернету.

Минута проходила за минутой, Клодия попеременно смотрела то в меню, то в свой телефон… Я попыталась подозвать официантку, но та лишь скользнула по мне взглядом. Клодия посмотрела на часы:

— У меня мало времени.

Я вспомнила, как в университете мы часами торчали в кафе, болтая о парнях и растягивая чайник чая на пару часов. Как мы дошли до такой жизни? У моей ближайшей подруги — а подружки с работы отвернулись от меня после Дэмьена — не нашлось для меня лишнего часа.

Я разрывалась между желанием начать разговор, на который почти не было времени, и необходимостью позвать официантку.

Наконец, я бросила в ее направлении громкое: «Простите, можно сделать заказ?», привлекая к себе любопытные взгляды. Девица лениво приблизилась и приняла заказы, не записывая, что вызвало у меня приступ иррационального беспокойства.

— Спасибо. Простите, пожалуйста, — улыбнулась официантке Клодия.

Я поняла, что она пытается загладить мою грубость, и от этого захотелось расплакаться.

— Ну! — бодрым голосом начала Клодия, когда угрюмая официантка удалилась, покачивая забранными в хвост темными волосами. — Как там жизнь в деревне? Поверить не могу, что ты уже на таком сроке.

— А… Ну, там… сама знаешь. Тихо. Иногда кажется, будто я умерла и меня закопали, — я принужденно рассмеялась.

Клодия как-то странно посмотрела на меня. На ней были свободные темно-синие брюки в стиле семидесятых и кремовая шелковая блузка. Ногти ее покрывал красный гель-лак — даже не помню, когда я сама в последний раз делала маникюр. Это тоже якобы могло повредить ребенку. Один ноготь у меня до сих пор был черным после того, как я сломала его, защемив палец садовой калиткой. Я спрятала ладони под салфетку.

— Все хорошо, да? — спросила Клодия.

Нет, не хорошо. У меня был роман, и мой любовник погиб. Я беременна, вероятно, от него. Я открыла рот, чтобы сказать что-нибудь — сама не знаю, что именно, — и тут уловила ее ласковый, обеспокоенный взгляд, из рассеянного вдруг ставший внимательным. И с ужасом почувствовала, что у меня начинает свербеть в носу.

— Ох… Детка, что с тобой?!

— Ничего. Боже, как глупо. Просто гормоны разыгрались из-за беременности. — На нас смотрели люди, я промокнула глаза салфеткой. — Просто тяжело оставлять все в прошлом.

— Ну, это точно. Но я думала, ты этого и хотела? Начать все с нуля?

— Я… — Этого хотел Ник. Может быть, я когда-то и говорила об этом вскользь, но вовсе не имела этого в виду. Ужасно, когда тебя ловят на слове. — Я иначе себе это представляла. Там так одиноко. Я даже до станции могу добраться только на такси — «Убера» нет, ничего нет.

— Боже… — пробормотала Клодия: мысль о месте, где нет «Убера», явно привела ее в ужас.

— Ник целыми днями на работе, а я сижу дома одна. Там так тихо. Наверное, я просто привыкла к тому, что за окном постоянно шумят машины, торгаши и пьяницы.

— Если ты по этому скучаешь, можешь приезжать ко мне с ночевкой в любой день недели, — ухмыльнулась она, закатив глаза, хотя я знала, как она любит свою квартирку в Энджеле, такую крошечную, что даже диван ей пришлось делать на заказ.

— Господи, как же медленно здесь обслуживают! — проворчала я, когда она снова начала проверять телефон. — Извини. Надо было выбрать другое место.

— Ладно, ничего страшного. Только скажи мне, у тебя с Ником все в порядке?

Я пожала плечами:

— Он много работает. Мне приходится просить у него деньги, а он ожидает, что я буду готовить, прибирать в доме и все такое к его возвращению.

Ее бровь удивленно изогнулась:

— Боже, в самом деле? Тебе не кажется, что это немного старомодно?

— Наверное, потому, что сижу целый день дома… В Лондоне он часто готовил.

Иногда мне казалось, что здесь мы были совсем другими. Словно Ник и Сьюзи, жившие в деревне, были нашими клонами с другой личностью. Какая из двух версий — настоящая?

Принесли еду — маленькую порцию замысловатого салата для Клодии и исходящую паром тарелку пасты для меня. Клодия ковырнула вилкой в тарелке раза три и снова схватилась за телефон.

— Господи! Все просто с ума посходили. Сама знаешь — Рождество на носу. Прости, милая.

Может, позвонишь мне как-нибудь вечером? Поболтаем как следует.

И Ник будет слушать каждое мое слово.

— Конечно. Извини, у меня все в порядке. Просто гормоны. И немного одиноко.

— Этого стоило ожидать при таком переезде. Вся твоя жизнь изменилась, Сьюз! Это всегда пугает.

— Да, ты права.

Остаток нашего краткого обеда я задавала вопросы о ее личной жизни — там был бурный роман с каким-то парнем с «Тиндера», у которого даже собственной спальни не было, и он ночевал под лестницей в доме, который снимал вместе с приятелями; о ее работе — «Сельма все наседает по поводу длины юбки на весенний сезон, а я так запарилась, что вместо мини назвала трапецию»; о ее общественной жизни — зумба, цирковое искусство, дегустация джина. Я казалась себе столетней старухой. Вскоре Клодия ушла, на прощание едва коснувшись губами моей щеки. Я предложила оплатить обед, поскольку она спешила.

— Спасибо, детка. В следующий раз — за мой счет, ладно?

Я не думала, что следующий раз состоится. Да и Ник, увидев списание с карты, спросит, почему так много и почему я угощала Клодию, если у нее есть работа, а у меня нет. Будет спрашивать, что мы ели, заказывали ли вино. Даже мысли об этом меня утомили.

Я расплатилась — душераздирающая сумма за такой заказ — и снова вышла на улицу. У меня была еще пара часов, чтобы успеть приехать домой к моменту появления Ника. Но стоило подумать о поспешном возвращении в тихий одинокий дом, как у меня перехватило дыхание.

Мы обедали недалеко от моего старого офиса у Ливерпул-стрит. В прежние времена (а ведь еще года не прошло!) мы с Клодией после работы заходили выпить по бокальчику. Я еще не успела определиться с планами, как обнаружила, что мои опухшие ноги сами несут меня в том направлении.

***

В Лондоне я не могла избавиться от странной тревоги. Было слишком легко представить, что из-за угла вдруг может выскочить моя прежняя версия — вечно опаздывающая, на высоких каблуках, с телефоном в руке, поблескивающей моими фирменными серебряными кольцами. Я уже несколько месяцев не могла их надевать — так распухли пальцы. Офис выглядел по-прежнему. Три года я приходила сюда каждый день, иногда даже по выходным. Пальцы на уровне мышечной памяти сложились для набора кода на входной двери. Он же не изменился?

Я посмотрела на часы: всего половина второго, поскольку выбирала время, подстраиваясь под Клодию. И тут вспомнила, что Дэмьен ходил на обед поздно, нарочито по-континентальному, и любил выбегать на улицу на перекур. Может, если я подожду, он выйдет.

Я чувствовала себя частным детективом в засаде, только я была страшной, беременной и совсем не могла никого преследовать. Я была удивлена, и даже приятно удивлена, что хозяин итальянского кафе на другой стороне улицы все еще помнил меня:

— Мисс! Почему так долго не заходили?

— А… Мы переехали за город, — неловко ответила я.

Его кустистые брови удивленно поползли вверх:

— Почему вы решили уехать из Лондона?

«Ну, не я так решила…»

Аромат кофе дурманил, но я заставила себя заказать зеленый чай. Ник всегда ворчал, что я должна пить его ради здоровья, но меня тошнило от одного запаха этой резаной травы. Я грела руки о чашку, глядя на двери офиса, на которых было модными строчными буквами выведено «*graphix box*» (глупое название!), опасаясь пропустить его выход. Еще меня тревожила возможность встречи с кем-нибудь еще из бывших коллег после того, как я с таким позором ушла с работы. Я все еще помнила взгляды, которыми меня встретили, когда я вошла в офис после того случая в переулке, как затихали разговоры, стоило мне появиться в комнате отдыха. Люди знали, что я натворила. Возможно, кто-то из них и рассказал Нику. Я бы с ума сошла, пытаясь вычислить, кто это мог быть. Проще было уйти, оставив заваренную кашу в прошлом.

Дэмьен вышел на улицу минут через двадцать и закурил, даже не дождавшись, пока закроется дверь. На его шее болтался бейдж, рукава рубашки были закатаны. Мое сердце дрогнуло, чуть свело живот. Я собрала вещи и поднялась, стараясь не спешить, но и не желая его упустить. Светофор на переходе переключался целую вечность. Я надеялась, что Дэмьен не успеет меня заметить и мне не придется неловко махать ему рукой и идти навстречу. А может, он быстренько ушмыгнет в офис. Расстались мы не очень хорошо.

В результате я подошла к нему и постучала по плечу прежде, чем он обратил на меня внимание. Да и узнал он меня не сразу — я заметила это по глазам.

— Мать честная! Сьюзи?!

В иных обстоятельствах мне бы доставило удовольствие его потрясение. Словно ему явилось привидение.

Нора

Я прождала у здания совета графства почти час. Я никогда раньше не бывала в Севеноуксе и обнаружила, что это милый городишко, полный дорогих магазинов и зданий из красного кирпича. Было холодно, ледяной ветер пощипывал пальцы и лицо, но мне это не мешало. У меня снова появилась цель, новый план. Никаких сомнений, никакого отказа от того, что я приготовилась сделать.

Наконец ровно в час дня Ник вышел на улицу. Он кутался в длинное черное пальто, вокруг его шеи был намотан шарф, явно из дорогих. Кожаные перчатки, какие часто носят душители. Меня он не заметил. Никто не замечает неухоженных женщин среднего возраста, какой я позволила себе стать. Горе покрыло мое лицо морщинками, а волосы поседели. Я набрала вес, заполняя внутреннюю пустоту сладким и жирным.

Я следовала за Ником всю дорогу вдоль главной улицы. Сердце колотилось от боязни, что он может обернуться и узнать меня, хотя я глубоко натянула вязаную шапку с помпоном и надела несколько свитеров, чтобы изменить фигуру. Эта примитивная маскировка позволила мне встать через одного человека от Ника в очереди в кафе, куда он зашел. Это было модное местечко, в котором подавали разные салаты и фалафели в вощеных картонных коробках, «полученные из этичных источников» кофе, чай и маття, что бы последнее слово ни значило. Я-то привыкла считать себя искушенной, объездившей весь мир с концертами. Но я почти ничего не видела, кроме концертных залов и гостиниц при аэропортах, а за те годы, что я послушно провела дома, мир шагнул далеко вперед.

Ник заказал набор из курицы с тремя видами салата и морковно-яблочный сок. Это было странно, потому что я знала, что он заставлял Сьюзи каждый день собирать ему обед. Частенько она забывала это сделать, и ей, беременной, приходилось вскакивать с постели, пока он принимал душ, и нестись босиком на холодную кухню. Должно быть, он выбрасывал эту еду. Его обед обошелся в двенадцать фунтов. Потом обслужили женщину передо мной (жидкий кофе холодной заварки), и мальчишка за прилавком вдруг уставился на меня:

— Что вам угодно?

Ник был совсем рядом и ожидал заказа, уткнувшись в телефон. Говорить было нельзя. Я взмахнула рукой, показывая, что еще не решила, и сделала шаг назад, оказавшись за его спиной. В мою сторону Ник даже не взглянул, но мне с этого места был отлично виден экран его смартфона. Картинка с камеры наблюдения — судя по всему, из домашней системы безопасности.

От удивления я едва не сбила с ног женщину с кофе. Я поняла, что он смотрит видео с камеры в собственном доме. В кабинете Сьюзи. В углу экрана была маленькая табличка: «Прямой эфир».

— Заказ для Ника, — произнесла девушка за прилавком — до боли молодая, с чистой смуглой кожей и темными вьющимися волосами.

Ник сделал шаг вперед, на секунду оставив телефон на высоком столике, возле которого стоял. Он обменялся парой слов с девушкой — как мне показалось, игриво, но мимоходом — и повернулся к прилавку с приборами и салфетками. У меня было всего несколько секунд.

— Вот ты где! — в кафе вошла женщина в плаще и поприветствовала Ника; первая рассеянная мысль в моей голове — с такими бледно-рыжими волосами и белой кожей она очень похожа на Сьюзи. — Так меня и не дождался.

— Думал, ты еще на совещании по бюджету. Как все прошло?

— Просто ужасно…

Пока они болтали и его взгляд был сосредоточен на ней, мои пальцы коснулись металлической грани его телефона. Такая маленькая коробочка… Но она расскажет мне все, что нужно. Я огляделась — Ник кивал в ответ на какие-то слова женщины, держа в руке деревянные приборы.

С бешено стучащим сердцем я сунула телефон в глубокий карман куртки и вышла из кафе, втягивая в себя холодный воздух. Возможно, у них есть камеры. Меня могут поймать, даже арестовать. Хотя, конечно, это будет не в первый раз.

Я не могла устоять перед такой возможностью. На удачу — а удача оставила меня уже очень давно — телефон еще не успел встать на блокировку. Быстро шагая по улице подальше от кафе, я нажала на клавишу возврата и увидела картинки с целой кучи камер. Похоже, это были камеры наблюдения, и все они были направлены на комнаты в доме Ника и Сьюзи. Сьюзи там не было — я видела, как она уезжала в тот день на такси в очередную таинственную поездку. Я снова нажала на возврат и оказалась в приложении, называвшемся просто «Дом». Оно контролировало температуру, музыку, свет, дверные замки.

Оставалось проверить еще одну вещь. В «Найти друзей» — приложении, которое я обнаружила в телефоне мужа и пользу которого оценила, было четко обозначено местонахождение Сьюзи. Она находилась в Лондоне, где-то в Сити. Он мог следить за каждым ее шагом. Знала ли она об этом? Наверняка нет. Мне вдруг стало страшно за нее. Она понимала, что должна быть осторожной, но знала ли, насколько осторожной? Знала ли она, как много доступно его взгляду?

Сьюзи

Мы с Дэмьеном завернули за угол и отправились в небольшой общественный сад, который не пустовал даже в морозную погоду. Неловкость заставляла нас держаться в нескольких футах друг от друга, и я думала лишь о том разговоре, который состоялся у нас в прошлый раз, в тот день на офисной кухне. *«Я этого не хотела»,* — сказала я. Было ли это изнасилование, как ты утверждал, когда я рассказала тебе? Не знаю. Мне было слишком стыдно причислять себя к настоящим жертвам, к женщинам, которых затаскивали в кусты по дороге домой, зажав рот ладонью. Я сама на это напросилась.

Мы прохаживались, засунув руки в карманы, чтобы согреться. Дэмьен спросил:

— Что ты здесь делаешь? Возвращаешься на работу?

— Нет... Я пока не могу, — я положила руки на живот в попытке использовать его как броню для защиты от нахлынувших воспоминаний.

В животе урчало. Меня мутило от непереваренной пасты и зеленого чая. От запаха того переулка. От влажных прикосновений его губ к моей шее. *«О боже, Сьюзи!»*

— Мне просто... нужно было с тобой поговорить. Помнишь, какое-то время назад кто-то разбил твою машину?

— Да, но... — нахмурился он. — Разве ты тогда уже не переехала? Это было, кажется, летом.

— Я просто… увидела в «Фейсбуке». В общем, со мной происходит что-то похожее.

Я рассказала ему о проблемах с сигнализацией и колонкой, о мертвом животном в саду, о словах на снегу (чуть сгладив их содержание). Он стал хмуриться еще сильнее. Мы перестали прогуливаться, и он принялся раскачиваться с пятки на носок. Дыхание на холодном воздухе вырывалось изо рта белыми облачками.

— Хрень какая-то…

Его гнусавый южно-лондонский акцент вернул меня к тем временам, когда мы вместе курили, выпивали после работы, задерживались поболтать на кухне. Бывало, мы садились вон на ту скамейку и обедали вместе. Казалось, моргну — и увижу нас, какими мы были раньше.

— Ты не думал… не думаешь, что это мог быть один и тот же человек? — спросила я.

Я не стала спрашивать, не он ли все это творил, хотя сначала думала именно так. По его реакции при виде меня стало понятно, что все эти месяцы он обо мне почти не вспоминал.

— Кто?

— Не знаю.

«Жена моего бывшего любовника? В смысле, другого моего любовника?» Но откуда ей вообще было знать о Дэмьене и какое ей до него дело? Картинка никак не складывалась. Я была уверена, что это ты разбил машину, но со мной ты бы так не поступил.

— Дело в том, Сьюз… — его старое обращение ко мне, учитывая обстоятельства, звучало жестоко. — Я все время думал, что это могла сделать ты.

— Что? Ты думал, я разбила твою машину?

— Ну, сама знаешь — оскорбленная женщина и все такое.

Я уставилась на него. Мы два года были с ним друзьями. И даже больше того.

— Я не была… ты не *оскорбил* меня. Господи, Дэмьен! Все было совсем не так. Мы переступили черту, и я очень страдала от этого. Я замужем, поэтому решила прекратить.

Он пожал плечами. По лицу было видно, что он подумал: *«Можешь убеждать себя в этом, если тебе так легче»*.

— В общем, ясно. Если случится что-то странное, я дам тебе знать. Написать в «Фейсбуке»?

Едва ли я могла сказать: *«Не связывайся со мной открыто, потому что Ник увидит, а если он узнает, что я говорила с тобой, мне придется очень и очень плохо»*. Я не могла признаться в этом. Только не ему, человеку, о котором я думала, что ему в самом деле есть дело до меня, а он уже через пять минут полез под юбку.

— Лучше на почту. Я завела новый ящик. Вот…

Я вбила свой тайный почтовый ящик в его телефон, испытывая неловкость от интимности этого жеста. Давать ему адрес, который мы с тобой использовали для тайной переписки, казалось мне изменой. Но тебя больше не было, и я никогда не получу от тебя весточки.

— Послушай, Сьюз… — он почесал затылок. — То, что ты тогда сказала…

Меня охватил страх. Я не могла вести такой разговор, только не сейчас, когда вокруг творится такое.

— Прости, если… если ты этого не хотела. Мне показалось, что хотела. — Это было признание?

Что я могла ответить?

— Мне… мне потом было так плохо.

— Знаю. Мне тоже. Думаешь, что это будет таким волнующим приключением, а вместо этого… просто чувствуешь себя дерьмом. Убожеством.

— Да, — я рискнула посмотреть на него, в его темные глаза, на рябинку возле губы, о которой я когда-то размышляла часами, предаваясь мечтам за своим компьютером.

Когда-то мы были хорошими друзьями. Могли бы, наверное, оставаться и сейчас, если бы не тот переулок. Если бы не то, что случилось. Случилось по моей вине.

Он кивнул на мой живот:

— Кстати, поздравляю. Надеюсь, все идет хорошо.

Можно ли представить себе более нелепый разговор, чем разговор о беременности с человеком, с которым когда-то переспала? Подходит ли здесь слово *«переспала»*? Мозг увильнул от ответа. Мне хотя бы не грозила опасность. Дэмьен никогда не захотел бы меня такую — растолстевшую, в деревенской одежде. Но когда мы неловко распрощались и я побрела к метро, я поняла, что в глазах стоят слезы утраты. Утраты той, какой он меня когда-то видел. Утраты того человека, каким я когда-то была.

***

В тот день удача была не на моей стороне. Когда я добралась до вокзала Виктория, сразу стало понятно, что народу на нем больше обычного. Люди стояли вокруг, досадливо ворчали и глазели на огромные экраны, словно на оракулов. В воздухе витали паника и злость. Напротив всех поездов в Кент значилось — «ЗАДЕРЖИВАЕТСЯ». Разумеется, из-за снегопада нарушилось сообщение. Я посмотрела на часы — если повезет, я едва успею приехать домой раньше Ника. Есть ли в доме еда, чтобы приготовить ужин? Может, метнуться в «Маркс энд Спенсер», купить что-нибудь и придать этому вид домашней стряпни? Наверняка он догадается. Казалось, ему известно все, что я делаю.

Мне ужасно не везло. Номер платформы появился на табло после того, как я простояла полчаса, боясь отойти хотя бы в кафе и присесть, чтобы не пропустить поезд, если он вдруг возникнет по волшебству. Я добрела до платформы, совершенно запыхавшись, забралась в поезд и потащилась по вагонам — другие пассажиры отводили глаза, опасаясь, что им придется уступить мне место. В конце концов какая-то добрая молодая женщина сделала это — почему так всегда поступают именно женщины? — и я едва не расплакалась. Я прижалась головой к холодному стеклу, и поезд пополз на юг. В пути он постоянно останавливался, а возле Отфорда проторчал едва ли не двадцать минут. Я играла на телефоне, и батарея опять почти сдохла. Следовало сообщить Нику о моем опоздании, но еще оставался шанс, что он задержится и я успею раньше. Я увидела сообщение от Клодии, которая, наверное, почувствовала себя виноватой: *«Звони мне в любое время. Крепись. Целую».* Сообщение я удалила — не хотелось, чтобы Ник его увидел.

Неизбежно я снова начала переживать то, что произошло у меня с Дэмьеном. В который раз.

Я рассказала тебе о нем, когда ты спросил. Новенький на работе, встреча взглядов и долгая улыбка, когда его привели познакомиться с коллективом, болтовня в офисной кухне, когда чайник уже давно вскипел; флирт по электронной почте, пьяные вечера в пабе, когда мы придвигались все ближе и ближе друг к другу, обмениваясь шутками, холодные капли, стекающие по моему стакану джина с тоником… Потом та последняя ночь, его рука на моем бедре под столом, возбуждение, никого вокруг… Так поздно, что я опоздала на метро… И вдруг — переулок, холодный камень под спиной. Его язык у меня во рту. Его рука между моих ног. Трусики исчезли. В переулке воняло, а вдали, через его раскачивающееся плечо, я видела идущих по улице людей. Я этого не хотела — нет, прежде я этого не хотела… Но останавливать его было уже поздно. Потом — боль. Потом все закончилось. Я, тяжело дыша, уткнулась в его плечо.

— О боже… — выдохнул он.

Потом он вышел, и я принялась дрожащими от осознания произошедшего руками нащупывать свое нижнее белье. Выйдя на улицу, он отвлекся на телефон.

— Мне пора бежать. Последний поезд вот-вот уйдет…

И он оставил меня. Мне пришлось искать такси, а потом, поскольку налички у меня не было, останавливать машину у банкомата. Тогда я увидела шесть пропущенных звонков от Ника на мобильном и только с третьей попытки сумела набрать сообщение для него: *«Пропустила поезд. Уже еду»*. Вернувшись домой, я на цыпочках прошла в ванную и подмылась. Принимать душ было бы слишком подозрительно. Когда я залезла в постель и затаила дыхание, Ник произнес в темноте:

— Ну, спокойной ночи?

— М… Прости. Я просто опоздала на метро.

Пауза.

— От тебя разит спиртным, — сказал он и отвернулся.

Я же дожидалась утра. И наказания. На следующий день, подобрав сумочку на лестнице, я почувствовала запах мочи, въевшейся в кожу в том месте, которым она лежала на земле, и никак не могла избавиться от этого запаха, сколько бы ни оттирала.

Когда я рассказала тебе об этом, ты замер:

— Если он еще раз к тебе приблизится, я его убью.

Как же я любила тебя за это. За твой гнев. Я обвила руками твою шею — мы были в гостинице, где обычно встречались. Безвкусная, даже неприятная комната, становившаяся почему-то идеальной в твоем присутствии.

— Как бы ты его убил?

— Для врача это проще простого! — Ты перевернул меня и оказался сверху, а потом и внутри меня. Я застонала. Мне хотелось, чтобы ты трахал меня так, чтобы забылось все: Дэмьен, переулок, даже Ник. — Нам подвластна жизнь человека. Мы можем сделать так, чтобы это походило на несчастный случай, на сердечный приступ, на инсульт — на что угодно.

Спустя несколько дней я поднялась в туалет. Телефон был при мне — я взяла привычку всегда брать его с собой ради безопасности. Сидя на унитазе, я лениво просматривала «Фейсбук».

Разумеется, там мне пришлось остаться в друзьях у Дэмьена. Если бы я его заблокировала, он мог и отомстить. Я видела все его фотографии с соревнований по вейкбордингу и из пивных. Он обновил статус, и новый статус гласил: *«Ветровое стекло вдребезги. Краска поцарапана. Какого черта?! У нас же вроде "спокойный район"»*.

У меня затряслись руки. Я вышла из «Фейсбука» и очистила историю. Совпадение? Но после разговора в гостинице мне так не казалось. Это был ты? Взял кирпич или еще что-нибудь и разнес его машину? Откуда ты узнал, где он живет? Я едва могла в это поверить. Я вошла в наш тайный почтовый ящик. Ты никогда не писал по вечерам — слишком рискованно. Я отправила сообщение: *«Машина Дэмьена. Твоя работа?»*

Ответа я не ожидала, но неожиданно получила и вздрогнула: *«Не понимаю, о чем ты;). Спокойной ночи, милая»*.

— Сьюзи? — раздался голос Ника прямо за дверью. — Что ты делаешь?

Кран все еще был открыт.

— Просто мою руки.

— Ты же знаешь, это лишняя трата воды, — пауза. — Еще пять минут, и я выключаю свет.

Я прикрыла глаза:

— Хорошо. Сейчас буду. Обещаю.

Я уже знала, что не сдержу обещания.

***

Когда такси подъехало к нашему дому, машина Ника уже стояла там. Я затащила покупки в дом.

— Прости, пожалуйста. Это всё поезда — я выехала еще за несколько часов, — к глазам подступили слезы. — Просто… Просто ужасная получилась поездка, поэтому, пожалуйста, не ругайся.

К моему удивлению, он ответил спокойно:

— Я и не собирался. С тобой все в порядке? Садись.

Он принял у меня сумку с продуктами, лишь поднятой бровью прокомментировав тот факт, что я собиралась накормить его готовым ужином.

— Вот поэтому я и не хотел, чтобы ты ехала. Сейчас столько задержек в дороге — это плохо для ребенка.

— И для меня, — пробормотала я.

— Да. И для тебя тоже. Я так и сказал.

Он принялся суетиться, убирая продукты, включая печь. Почему-то от его доброты стало только хуже, и это, в сочетании с усталостью, встречей с Клодией и Дэмьеном и всеми воспоминаниями, окончательно меня сломало. Он спросил:

— Ты мне писала? Я потерял телефон, или его сперли. Какая досада… Завтра куплю новый, а пока… Что с тобой?

— Ох… *Ник!* — я всхлипнула и прикрыла рот ладонью. — Я… Я так больше не могу. Все так плохо, мы никогда не говорим, ты всегда сердишься на меня… Прости! Я пытаюсь! В самом деле пытаюсь!

Дальнейшие слова утонули в потоке слез. Ник опустился передо мной на колени:

— Эй, эй, все хорошо.

— Не хорошо! Между нами такие проблемы… То есть так ведь? — Господи, неужели он не понимал? Он думал, что мы счастливы?

Он долго не отвечал, просто глядя на меня с озабоченным видом.

— Знаю, переезд дался тебе нелегко.

— Мне так одиноко, Ник. Так… у меня нет работы, нет денег, такой отстой… — Он открыл рот, несомненно, чтобы сказать, что деньги у меня есть. — Я знаю, что твое — то мое. Но мне приходится все время у тебя просить, так ведь? Я не могу просто выскочить из дома и снять наличные, а ситуация с машиной…

Снова полились слезы, и я поняла, что мы снова скатываемся к прежним ссорам. Неужели так и выглядит конец брака — словно ты застрял в мрачной версии «Дня сурка»?

— Я думал, ты будешь здесь счастлива, — сказал Ник, вставая. — В Лондоне… мне казалось, я тебя теряю. Ты всегда была на работе или на вечеринках.

Между нами, правда лежала неглубоко — словно бурная река под тонким слоем льда. Я могла рассказать ему. *«Ник, я переспала с Дэмьеном. Я не хотела, но… так получилось. Прости, пожалуйста. Я очень об этом жалею».*

Но как потом объяснить остальное? Ах да… У меня был другой любовник, но он умер? Он мог посчитать. Он мог догадаться, что ребенок не от него. Но как решиться на такое разоблачение?! Я утерла слезы ладонью.

— Прости. Я так часто проводила вечера вне дома. Знаю, я была к тебе несправедлива. Я… я хочу измениться. Но, пожалуйста, Ник! Ты больше ко мне даже не прикасаешься. Не смотришь на меня.

Он медленно кивнул:

— Ты кажешься такой далекой.

— Это не так. Я здесь.

— Говоришь, хочешь попытаться? Хочешь, чтобы между нами все наладилось?

— Конечно!

— Пойми: все, что я делаю — беспокоюсь, куда ты ходишь, что ты ешь, — я делаю потому, что люблю тебя. Тебя и ребенка.

Я тоже встала и прошла несколько шагов, разделявших нас. Я осторожно обняла его, ощутив его надежность, тепло, исходящее из-под шерстяного джемпера. Пожалуй, я и сама уже несколько месяцев не касалась его.

— Я понимаю. Но прошу тебя — не надо все время меня критиковать. Я буду стараться, обещаю!

— Хорошо, — он расслабился, потом обнял меня так крепко, что едва не задушил в объятьях. — Я люблю тебя, Сьюзи.

Я заставила себя ответить:

— Я тебя тоже люблю.

Когда-то так и было. Может быть, получится снова.

***

Потом мы прибирались. Для разнообразия — вместе. Он мыл посуду, я протирала поверхности. Ник спросил:

— Кстати, как все прошло? Я об обеде.

— А… Впопыхах. У Клодии почти не было времени. Поели и разбежались.

— Хм-м… да… — он открыл кран и задал невинный вопрос: — С работы ни с кем не виделась?

Мне вдруг стало дурно, руки затряслись:

— С работы? Нет, а что?

Он предельно рассудительным голосом ответил:

— Да так. Просто подумал, что ты могла туда забежать. Это ведь недалеко от офиса Клодии, верно?

Он не мог этого знать. Это невозможно.

— Вообще-то нет.

И тогда он сказал, словно походя:

— Кстати, чуть не забыл. Я звонил в полицию по поводу телефона — не сказал бы, что они горели желанием его искать. Но они упомянули, что собирались поговорить с нами.

У меня загудело в ушах:

— Что? Ты не знаешь, о чем?

Ведь именно это и тревожило меня в последние дни — телефонный звонок, машина на узкой дороге, останавливающаяся у нашей двери. Что им известно? Что они сказали Нику? Но я никогда не думала о том, что они могут прийти в тот момент, когда дома будет он, а не я.

— Думаю, обычные формальности. Какая-то авария на съезде. Ты ничего не слышала об этом?

Я отвернулась, раскладывая тарелки в шкафу.

— Кажется, нет. Давно?

— Несколько месяцев назад. Погиб человек.

О боже! Боже-боже-боже! В жилах похолодело, словно сам страх струился в них.

— Какое горе… А от нас им что нужно?

— Просто проверяют, не слышали ли мы чего. Может, перезвонишь им? Они оставили номер.

— Конечно. Но не думаю, что это им поможет.

Ник посмотрел на меня, и мне снова захотелось расплакаться. Подруги из меня не получилось, работницы тоже. Мне ничего не осталось, кроме этого постылого дома и брака, и даже тут я все делала не так.

— Послушай, у тебя усталый вид, — озабоченно сказал он.

Я потерла глаза, едва не плача.

— Я устала. Совсем забыла, как тяжело ездить так далеко.

— Думаю, пока больше никаких путешествий в Лондон, — сказал он, и я согласилась с ним и с тем, что больше никуда не поеду одна.

Вот как легко оказалось запереть собственную темницу. Изнутри.

***

Когда мы только переехали за город, я как-то спросила у Ника, что означают дорожные указатели «Место для обгона». Он показал мне. Мы обогнали другую машину, а потом он притормозил, пропуская ее, и водитель помахал нам рукой. Мне это показалось милым. Потом мне подумалось, что именно это мы с Ником и утратили — никто из нас не был готов притормозить и пропустить вперед другого, а в результате мы оба застряли, без толку сигналя и моргая фарами.

Элли

Женщина. С ним в машине была женщина. Значит, все это время она была права? Всякий раз, когда он говорил: *«Дорогая, у тебя опять странности начались? Ты принимаешь таблетки? Ты же не становишься... ну... как твоя мать?»* Всякий раз, когда он отрицал это, заставляя Элли считать себя сумасшедшей, у него на самом деле была другая женщина?

Она старалась не сидеть без дела после похорон. Перемывала весь дом сверху донизу, звонила в банк, в электрическую компанию, на кладбище — занималась всеми теми рутинными мелочами, с которыми необходимо как-то справляться, переживая самую страшную боль в своей жизни. Ближе к вечеру того же дня была назначена встреча с юристом, и это давало ей возможность сосредоточиться хоть на чем-то. Юрист подтвердит, что у них было много денег. Что ее муж не являлся банкротом и не занимал денег у всяких сомнительных типов. Что все, что она считала истиной, было на самом деле так. Но в то же время в груди мелкой пташкой билось чувство тревоги, не давая ей ни есть, ни спать, ни сидеть спокойно дольше пары минут.

Женщина, которая была с ним в машине. Возможно, ей известно, что с ним случилось. Возможно, она даже стала причиной произошедшего, схватившись за руль, устроив какую-нибудь сцену. Может, он пытался порвать с ней, а она решила скорее поступить так, чем потерять его. Или она сказала ему что-то такое, что потрясло его, заставило съехать с дороги. Эта женщина, кем бы она ни была, могла стать причиной его смерти. Бросила его умирать, вместо того чтобы бежать за помощью. Элли знала, что скорую вызвала пожилая пара, проезжавшая мимо места аварии через некоторое время. Эта женщина, эта безликая женщина не только сбила Патрика с пути праведного, заставив его изменить жене. Возможно, она была ответственна и за то, что Элли овдовела.

Она стояла в гостиной, где не осталось ни единой пылинки, держась за мраморную каминную полку, и смотрела на их свадебную фотографию. Вот она, молодая и стройная, алые губы, черные волосы. Он — такой красавец! Оба смеются. Были ли они тогда счастливы, или это ей просто казалось? Был ли он когда-нибудь счастлив? Можно ли любить кого-то и при этом изменять? Как он мог так с ней поступить?

«Можно подумать, тебя вообще кто-то мог полюбить».

Она ощутила новое чувство, которым ее вены наполнялись по капле, словно чашка — кофе из кофемашины. Злость. Ярость, несущаяся по венам в самое сердце. Оживляя его, словно разряд электричества, пропущенный через мертвую плоть. Только что она чувствовала себя потерянной, стоящей на краю собственной могилы, сбившейся с пути. Теперь у нее появилась цель. Найти эту женщину и разрушить ее жизнь точно так же, как была разрушена ее собственная.

Раздался звонок в дверь, и за стеклом Элли увидела приземистую округлую фигуру юриста, услышала, как он кашляет на холоде. Ах, да, деньги. Они казались почти несущественным делом теперь, когда у нее появился смысл жизни, появилась цель. Она выслушает его, даст указание сделать всю необходимую бумажную работу, а потом приступит к своему делу.

Она открыла дверь, впервые за последние недели по-настоящему улыбаясь:

— Здравствуй, заходи.

У него был ошарашенный вид:

— Элли, дорогая, боюсь, у меня плохие новости.

Сьюзи

— Все будет хорошо, — спокойно сказала Нора.

Казалось, в моем положении ее не тревожило ничто — ни роман, ни ребенок, который, вероятно, был не от Ника, ни то, что полиция хочет со мной поговорить.

— Роман на стороне — это не преступление, даже если полиция догадается, что ты была там.

Мы сидели у меня в гостиной, а на улице снова шел снег. Стояла полная тишина — толстые окна и стены со звукоизоляцией глушили любой шум. Я была рада, что Нора здесь. Если бы я оставалась одна, не думаю, что сумела бы это выдержать.

— Но они же не знают, что я вышла из машины раньше. Они могут подумать, не знаю, что я сбежала с места аварии. Или даже что я была за рулем! То есть это ведь странно, да? Как можно врезаться в дерево на чистой дороге в солнечный день?

— Это странно, да. — Красивые пальцы Норы ощупывали неровную поверхность дорогого кофейного столика из переработанной древесины, купленного Ником. — А в больнице ничего не знают о причинах?

— Они ничего не сказали. Думаю, что-то случилось в мозгу, или сердечный приступ, или, не знаю, его что-то напугало.

Она уставилась на меня серыми глазами, обрамленными пурпурными от бессонных ночей веками. Морщинки разбегались от них во все стороны, словно контуры на карте. Когда-то она была очень красивой, это было заметно. Интересно, что ее так состарило — скорбь или долгое пребывание вне дома? Или так всегда случается после сорока? Неужели через несколько лет и я стану такой же?

— Ты вышла до того, как это произошло.

— Да! Господи, конечно! Иначе я позвала бы на помощь. На вид с ним все было в порядке. Ну, то есть он был слегка в замешательстве и взволнован. Я только что сказала ему, что беременна, но он был счастлив.

— Ты уверена, что он был счастлив?

Я обиженно посмотрела на нее.

— Прости, что спрашиваю. Просто... он мог запаниковать, сделать какую-нибудь глупость. Такое непросто переварить. Говоришь, он планировал уйти от жены?

— Он обещал. Он даже искал подходящую квартиру. А тогда собирался поехать домой и сразу все ей рассказать, а я бы рассказала Нику. Боже! Хорошо, что я этого не сделала.

— Знаешь, а если бы сделала, возможно, ты уже жила бы совсем другой жизнью. Без него.

Я нахмурилась. Сегодня Нора вела себя странно. Таких советов я от нее прежде не слышала.

— Но где бы я стала жить? Работы у меня нет. К тому же Ник хорошо разбирается во всяких юридических тонкостях. Он нашел бы способ заполучить ребенка.

Нора раздраженно фыркнула:

— Сьюзи, на дворе двадцать первый век. Детей уже не отнимают у матери, — она чуть помолчала. — Если, конечно, она не в тюрьме.

Я вскочила, едва не опрокинув чай. Нора успела удержать чашку.

— Боже! Меня ведь не посадят в тюрьму, правда? Я ничего не сделала! Он просто высадил меня незадолго до смерти!

— Но они-то этого не знают.

— Верно. И что мне теперь делать? Пожалуйста, Нора. Ты такая здравомыслящая, а я… у меня в голове словно комок ваты. Что мне делать?

— Тебе действительно нужен мой совет?

Я наклонилась ближе к ней, думая о том, как странно, что эта женщина, которую я едва знала, стала вдруг для меня спасительной соломинкой, единственным человеком, которому я могла довериться, который был способен помочь мне выбраться из того кошмара, который я сама же и создала:

— Пожалуйста, Нора. Скажи, что мне делать.

***

Я прождала весь день. Паника постепенно утихла, перейдя в тупую боль. Я вскакивала всякий раз, когда по дороге проезжала машина, когда звонил телефон — снова мать Ника, страховая. Из полиции не звонили. Наверняка, если бы они знали обо мне, они бы приехали раньше. Ты погиб несколько месяцев назад. Наверно, я все же не оставила следов в твоей жизни. Будто меня и вовсе не существовало. Будто ничего этого и не было — если не считать полоски в тесте на беременность.

На улице мороз пробирал до костей, но я несколько часов бродила по окрестностям, снова разыскивая Поппета, однако не нашла и следа пса. Щиколотка болела при каждом шаге, живот тянул к земле, но я заставила себя идти дальше, пытаясь искупить вину. Не только за пропажу пса. За все. Страшно было подумать, как пустынны были эти места. Если не считать Норы, до ближайшего жилого дома нужно идти целый час. Вокруг не было ничего, кроме полей и чахлых перелесков, и чувство одиночества усиливалось с каждым шагом. До сих пор я и не представляла себе, какой отличной компанией был пес, каким бы надоедливым он мне ни казался. Теперь не было никого. Ни единой живой души, кроме меня самой.

Нора считает, что мне надо уйти от Ника. Или, скорее, заставить его уйти от меня. Сказать ему, чтобы убирался и оставил мне дом. И оказаться в полном одиночестве. Безумие. Я просто посмотрела на нее, потом пробормотала извинения. Мне по-настоящему нужно было всего лишь выяснить, кто знал о нас, кто мог оставить это сообщение на снегу. Если это написала твоя жена, то почему она не обратилась в полицию? Или она как-то узнала, что я была с тобой в машине, и именно потому полиция стала задавать вопросы? Жизнь могла пойти под откос в любой момент. И идея раскачивать лодку, разрушая собственный брак, казалась мне скверной. Просто плохой. Нет, я должна была найти ее. Твою жену.

Как найти женщину, о которой мне почти ничего не известно? Только отдельные детали. Ты как-то рассказал мне, — очень неохотно и, наверное, только потому, что не мог игнорировать мои настойчивые вопросы, — что она старше тебя.

— Как прогрессивно… — презрительно фыркнула я, испытав укол ревности.

— Хм… — ты не хотел говорить о ней.

Мы снова встретились в гостинице. Моя блузка, чуть приспущенная с плеча, открывала кружевной черный лифчик, который я надела для тебя. После этого я стала одержима той неизвестной мне женщиной, как это всегда бывает с женой любовника. Был ли в мире кто-то более ненавистный мне, чем она, хотя это я уводила тебя у нее? Хотя она, скорее всего, даже понятия не имела о моем существовании. Помнится, я спросила:

— Какого цвета у нее волосы? У твоей жены?

Ты не хотел отвечать и сказал не сразу:

— Темные. Черные.

В те месяцы, пока мы с тобой встречались, я все чаще подумывала, что было бы неплохо, если бы она о нас узнала. Тогда мы могли бы перестать прятаться, перестать притворяться. Мне, разумеется, не пришло бы это в голову, если бы все складывалось как-то иначе, но ведь оно было так, как есть. Я думала о постыдных вещах. «Случайно» послать тебе сообщение, когда ты точно должен быть дома. Даже написать письмо ей самой. Но как мне с ней связаться? Что я о ней знала? Только фамилию, если предположить, что она взяла твою, да то, что у нее черные волосы. Ты даже имени ее не называл.

Когда мы были вместе — как же редко это случалось, на самом деле! — я иногда задавала вопросы о твоей жизни. Невинные на вид, вроде: «А в твоем доме есть лестница?» Ты замолкал и смотрел на меня так, словно я устраиваю тебе ловушку. Пожалуй, так и было. Но ты ловко ускользал от прямого ответа. Впрочем, мне все равно удалось ухватить некоторые детали. Я знала, что в твоем саду растет дерево с красными листьями — ты даже как-то прислал мне его фотографию, романтично сравнив их цвет с цветом моих волос. Я знала, что подъезд к твоему дому вымощен брусчаткой, потому что однажды тебе пришлось специально звонить, чтобы ее почистили. Камни брусчатки покрылись мхом, а твоя жена боялась поскользнуться, потому я решила, что она слабая, хрупкая. В статье о твоей смерти, которую я нашла в сети, говорилось, что ты жил в Гилфорде (не там, где говорил, разумеется), на Карнейшн-драйв. Я была вполне уверена, что смогу отыскать твой дом, если приеду туда.

Становилось слишком холодно, все тело болело. Распухшие щиколотки, надувшийся живот, ощущение, будто воздух никак не может наполнить легкие. В «Плюще» не горело ни единой лампочки, и я удивилась, куда это подевалась Нора и почему она не сказала, что куда-то собирается. Я почувствовала смутную обиду от того, что меня бросили здесь одну. Как смешно! Подходя к дому, я с удивлением обнаружила, что жалюзи подняты, а в окнах горит свет. Это я сделала перед уходом? Или Ник вернулся? Хотя еще слишком рано — всего три часа, правда, уже начинало смеркаться. Но пульт сигнализации светился красным, не в режиме «дома». Значит, Ник не мог вернуться. Озадаченная, я осторожно ввела код — ошибочно нажатая клавиша не пискнула ни разу — и вошла в дом. Внутри было тепло, уютно, все лампы горели, играла мягкая музыка. Неужели это я все сделала перед уходом? Я попыталась припомнить все свои действия: как надевала куртку, как искала плащ, как включала сигнализацию. Я не могла вспомнить и поспешила выключить все, чтобы избавиться от навязчивой мелодии.

«Сьюзи... Сьюзи...» В тишине кухни разнеслось мое имя. Звенящий, электронный голос, по которому невозможно было определить, мужчина это или женщина, машина или человек. Боже, как же я ненавидела эту штуку!

***

Разумеется, поехать в Гилфорд оказалось непросто. Машины у меня не было, и приходилось объяснять необходимость каждой поездки. Снова предлогом послужил ребенок. Я хотела поехать взглянуть на кроватки, колыбельки и прочие подобные вещи. Я притворилась, что собираюсь в Лондон, потому что Ник решил бы, что ехать в такой далекий город довольно странно.

Ник вытирал тарелку полотенцем. Он начал тянуть с ответами на мои слова о том, куда я собираюсь (я не должна была спрашивать разрешения, но по сути делала именно это).

— Лондон. Опять?

— Просто хочу подготовиться. Нам понадобятся вещи для ребенка! Много вещей!

— Но я хотел бы поехать с тобой. Чтобы мы вместе выбирали. — Я знала, что он может так ответить.

— Понимаю, но я просто хочу съездить немного заранее. Не отказывай мне в возможности посуетиться! И ты же меня знаешь, я могу целую вечность выбирать! — Конечно, пустоголовая глупышка

Сьюзи. — Помнишь, как мы с тобой по выходным ходили на рынок Спиталфилдс?

Он улыбнулся, вспоминая, какими мы были в те золотые лондонские воскресенья, когда покупали всякий старый хлам в нашу крошечную квартиру, выкладывая по пятнадцать фунтов за тост с авокадо и кофе.

— Ага… Ну, хорошо. Только сильно не убегайся.

Я взяла вытертую им тарелку, едва не вскинув руку в победном жесте. На этот раз я его поймала. Утром он уехал, оставив мне побольше наличных. Я оделась чуть тщательнее, чем обычно. Это было нетрудно: выбрала новый джемпер и джинсы для беременных. Потом расчесала волосы. Я даже глаза накрасила. Я не знала почему, но сердце в груди забилось сильнее. Пришлось напомнить себе, что тебя там не будет. Никогда. Тебя больше нет.

***

В Гилфорде было ужасно людно. Сезон рождественских покупок был в самом разгаре, и остатки снега под ногами прохожих превратились в серую кашу. Прошлым вечером, раз уж у нас намечалось примирение, Ник впервые заговорил о праздниках и, как я и предполагала, предложил пригласить его мать (моя, к счастью, собиралась в круиз). Я подумала об очередной неделе, когда Джоан будет вставать в пять утра, чтобы послушать «Радио-4», перемывать за мной посуду и постоянно протирать столы; опять придется искать достопримечательности, которые она еще не успела посетить, и отказаться от просмотра тех телевизионных программ, которые мне интересны, потому что она начнет неодобрительно качать головой при любых признаках жестокости, секса или сквернословия. Придется подумать еще и о подарке для Ника, хотя я представить себе не могла, что ему нужно. Это утомляло. Я подумала было вызвать такси или «Убер» до твоего дома, но ощутила смутный приступ паранойи — Ник может проверить, как-нибудь просмотреть через сеть и увидеть, что я поехала туда, где мне совсем не положено быть. Это было не так уж и невероятно. В городе я, не раздумывая, купила несколько вещей — распашонки и шарф для Ника — на случай, если потом буду слишком расстроена, чтобы заниматься шопингом. Только нужно будет спрятать чеки с адресами магазинов. Женщина из «Детских товаров» улыбнулась, взглянув на мой живот:

— Когда рожаете?

— А… — Почему-то у меня в голове не сложилось, что я покупаю распашонки для собственного ребенка, что скоро я буду натягивать этот мягкий хлопок на крошечные ручки и ножки — моя жизнь была в подвешенном состоянии, и все это казалось таким абстрактным. — В феврале.

Господи, как же это скоро! Почему я позволила всему этому так затянуться?

— Как здорово! Весенний ребенок.

Я даже представить себе не могла, что когда-нибудь наступит весна. Буду ли я жива и с Ником?.. Я скривила губы в улыбке, больше напоминавшей гримасу, и покинула магазин.

Бумажные пакеты стучали по бедру, когда я зашагала в сторону Карнейшн-драйв. Город закончился, и вокруг было так скучно, так провинциально.

Фасады в стиле «под Тюдоров», по две машины на площадках, снег, убранный в аккуратные кучки. Угловатые живые изгороди, мощеные подъездные дорожки. Я начала уставать, и мне очень захотелось в туалет. *Только не сейчас!* Я спросила себя, зачем мне все это, какой прок от того, что я увижу твой дом. Я понятия не имела. Просто мне казалось, будто что-то здесь не так. Я не могла смириться с тем, что ты погиб как раз тогда, когда я, судя по всему, носила в себе твоего ребенка, который теперь давил на мой мочевой пузырь.

Я не знала номера дома, поэтому искала тот, перед которым были дерево с красными листьями и дорожка, выложенная брусчаткой. И нашла его в середине улицы. На дереве еще оставалось несколько листьев. Твой ли это дом? Он казался таким обычным, таким аккуратным — подстриженная изгородь, свежая краска. Стал бы ты, такой страстный и жизнелюбивый, жить тут? Дверь была черная. Почтовый ящик и ручка блестели хромом. Перед домом стояла табличка «Продается». Машины не было.

Почему-то мне это раньше не приходило в голову. Твоя жена, вернее, твоя вдова решила переехать. Слишком больно. Или, возможно, ей не хватало денег — ты несколько раз упоминал, что она не работает.

Дверь начала открываться! Я едва устояла на ногах. А если это она? Вдруг она догадается, кто я? Я прижала ладонь к груди. Но это, как, впрочем, и следовало ожидать, оказалась агент по недвижимости. Женщина в брючном костюме, крашеная блондинка. Только теперь я обратила внимание на ее машину с логотипом фирмы, припаркованную на улице. Она показывала дом молодой паре — на груди у мужчины висела переноска с ребенком. Они с любопытством посмотрели на меня, проходя мимо, и открыли дверцы припаркованного чуть дальше автомобиля. Женщина сказала мужу:

— Жаль. На фотографиях он казался не таким мрачным. Как насчет того, с тремя спальнями, который я пересылала тебе утром?

Значит, этот дом они покупать не собирались. Агент перебирала большую связку ключей, отыскивая нужный. Это был мой шанс. Не тратя времени на размышления, я подошла к ней и бодро сказала:

— Здравствуйте! А нельзя ли мне тоже взглянуть? Я просто проходила мимо, но присматриваю что-нибудь в этом районе.

Блондинка поморщилась:

— Обычно мы просим записываться заранее в нашем офисе.

— Ой, конечно. Но раз уж я здесь, и вы здесь… Я только быстро осмотрюсь, — я погладила себя по животу. — Видите ли, переезд становится совсем срочным.

Беременность дает право на всевозможные послабления. Агент взглянула на часы и неохотно кивнула, а потом нашла ключ и впустила меня, и только тогда мне пришла в голову мысль, что твоя жена все еще может быть там.

Элли

Денег не было.

Сначала она отказывалась это понимать. Юрист что-то говорил — она видела, как движется его большой, словно у лягушки, рот. Но это была какая-то бессмыслица:

— ...Не так, как ожидалось... Значительные снятия со счетов...

Элли прервала его. Это было грубо, и мать, наверное, отчитала бы ее, но она просто не понимала:

— Прошу прощения, я не... В каком смысле?

Его добрые темные глаза смотрели на нее:

— Мне очень жаль, Элли. Денег не осталось. Я продолжу искать какие-нибудь тайные счета или сбережения, но... пока ничего нет.

Секунда текла за секундой.

— Но... есть же все эти сберегательные счета, документы на доверительное управление.

Он работал с ее семейным бизнесом много лет, ему все это было известно. Он знал об огромном наследстве, которое после отца досталось ей, единственному выжившему ребенку, существовали еще страховки родителей, страховка за дом. Компания долго не хотела выплачивать последнюю сумму, учитывая все неприятные для Элли слухи, но в конце концов деньги все же пришли.

— Там должно что-нибудь быть.

— Элли... Как тебе известно, мы ведем твои финансовые дела. Но это твои деньги, и ты вольна ими распоряжаться. Мы не вмешиваемся в снятия денег со счетов, пока они проходят все проверки по линии безопасности.

Не мог же он говорить о *всех* деньгах! Наверное, он что-то неправильно понял. А как насчет ее заработков, тех тысячах, что она получила за концерты? Денег было так много, что она просто перестала следить за счетами, зная, что может позволить себе все, что захочет.

— Да, но…

— За последние десять лет было много больших снятий средств. Почти всегда чуть ниже того предела, после которого мы были обязаны позвонить тебе для перепроверки. Это, если ты помнишь, двадцать тысяч фунтов. Денег на счетах было много… Но они быстро утекли из-за непомерных расходов.

— Но… я их не снимала, — она все еще цеплялась за эту надежду. — Может, какая-нибудь ошибка? Или мошенничество?

Разве государство от этого не защищает?

— Или подлог?

Юрист выглядел откровенно жалко.

— Элли, дорогая… твой муж тоже имел полный доступ ко всем счетам.

Тут она наконец поняла. Она осторожно спросила:

— На что были потрачены деньги?

Он выложил перед ней стопку распечаток с явным облегчением от того, что может показать что-то конкретное. Она принялась просматривать крошечные цифры, расползавшиеся по бумаге, точно муравьи. Отпуска. «Ягуар», менявшийся каждые два года. Стрижки, одежда, массаж. Ужины в ресторанах, о которых она ничего не знала, бары, даже ночевки в гостиницах. Вероятно, он еще тратил деньги и на *нее*. На ту женщину. Деньги Элли.

— Но… я не понимаю. Он же был врачом, много зарабатывал.

Она цеплялась за последнюю соломинку. Хотя муж тратил больше, чем ей было известно, намного, намного больше, он должен был и получать. Она видела его платежки, хотя суммы в них были незначительные. Может, это были заработки за неделю, а не за месяц, или платежек было несколько?

Юрист замялся:

— Я связался с администрацией его места трудоустройства, чтобы узнать о пенсии и прочем. Элли… Да, он работал в Суррейской больнице, но не был врачом. Боюсь, дорогая моя, он… вводил тебя в заблуждение.

Сьюзи

— Значит, здесь никого нет?

Конечно, нет. Иначе агент сначала постучала бы. В доме пусто, по стенам тянутся кабели от телевизора и интернета. Эхо разносило мой голос по пустому дому.

— Да, жильцы уже освободили дом. Можно внести аванс и въехать.

— Прекрасно... прекрасно... — притворяясь, будто меня интересует состояние бойлера и гаража, я расхаживала по твоему дому. Я была в твоем доме. Конечно, тебя здесь больше не было, но когда-то ты здесь жил. Иногда стоял у дверей во внутренний дворик, разговаривая по телефону, и любовался садом. Он был до боли ухожен, трава и деревья аккуратно подстрижены — значит, твоя жена уехала совсем недавно. Я прошла на кухню — большую, с мраморной столешницей посередине. На полу точно такая же плитка, какую хотели купить мы с Ником. Я открыла шкаф — в углу обнаружилось случайное рисовое зернышко. Мне захотелось взять его с собой, если бы была возможность сделать это, не показавшись сумасшедшей. Наверху — три комнаты с кремовым ковровым покрытием, залитые светом.

— У хозяев были дети? — с невинным видом спросила я. — Просто тут такая лестница...

Ты мог соврать мне и об этом. Я бы не удивилась существованию нескольких детей, сводных братьев и сестер моего малыша. В тот момент я уже была готова поверить чему угодно.

— Нет, не было. Только они вдвоем. — Блондинка не упомянула ни об аварии, ни о твоей смерти, наверное решив, что это может меня отпугнуть.

Я решила немного прощупать почву:

— А почему они решили продать дом? Знаете, вдруг что-то не так с соседями или какие-нибудь проблемы.

— Насколько мне известно, они решили купить что-то поменьше. Это слишком большой дом, когда нет малышей, — агент улыбнулась, обманывая меня, но эта улыбка осталась только на ее губах, не коснувшись глаз. — У вас будет первый? — она кивнула на мой живот.

— Третий! — сказала я, сразу придумав себе еще пару детишек. — Поэтому нам и нужен большой дом. Мне здесь нравится.

— Да, это прекрасный дом. Прежние хозяева им очень гордились и, как видите, содержали в образцовом порядке.

— Но кремовые ковры… Мои бы перепачкали их в пару секунд! — мне начинала нравиться эта моя альтернативная личность, жизнерадостная мать почти троих детей, которая, наверное, любила печь и лишь со смехом закатывала глаза, когда малыши рисовали на стенах.

Я прошла в комнату, в которой сразу узнала твою спальню. Дверцы встроенных шкафов раздвигались в стороны, но за ними было пусто. Не знаю, что я ожидала там увидеть — костюмы, ботинки или еще что-то.

— Как мило…

Блондинка продолжала бормотать что-то о пространстве и давлении горячей воды, а я просто вдыхала твой запах. Ты бывал здесь. Тобой все еще был наполнен этот воздух.

В ванной она повернулась ко мне спиной, чтобы проверить свой телефон, и тут я что-то заметила. Что-то лежало в подвесном угловом зеркальном шкафчике. Но выяснить, что это за вещица, можно было, только запустив в него руку. Наверное, твоя жена наняла уборщиков, а они сработали недостаточно тщательно.

Я притворилась, будто проверяю лампочку — агент на меня даже не глядела — молниеносным движением сунула пальцы в шкафчик, вытащила маленький прямоугольный предмет и сунула его в сумочку. Блондинка взглянула на меня, но я прикрыла лицо дверцей шкафчика.

— Что ж, тут определенно есть над чем подумать. Наверное, я вернусь вместе с мужем. — Интересно, как его зовут? Пусть будет Гэри.

— Давайте я запишу ваши данные, чтобы мы могли с вами связаться. Напомните, пожалуйста, как вас зовут?

— Э… Лидия, — сказала я, вспомнив девчонку, с которой когда-то ходила в школу, бесстрашную проказницу, которая однажды вломилась в учительскую и украла коробку с печеньем. — Лидия Хаттон.

Она спросила мой адрес электронной почты, но я ответила, что у меня ее нет:

— Своего рода луддизм, ха-ха… — и выдала ей выдуманный телефонный номер; кому бы он ни принадлежал, им придется получать весь тот спам, который рассылают агенты по недвижимости, с домами, которые вчетверо дороже названного тобой бюджета и совершенно не соответствуют требованиям, которые были указаны.

— Я бы поторопилась с покупкой. Та пара, что была перед вами, проявила большой интерес, — заметила блондинка.

Интересно, как эти агенты по недвижимости умудряются так убедительно врать? Их этому учат или сразу набирают тех, кто уже умеет? Впрочем, я и сама научилась обманывать — это совсем несложно, если можно потерять слишком многое, сказав правду.

Выйдя на улицу, я ощутила жар и смущение, будто мне только что сошла с рук какая-то проделка. Едва агент — я тут же забыла ее имя — уехала, я остановилась на тротуаре и принялась выискивать в сумочке ту вещь, которую вытащила из шкафчика. Это оказалась пустая коробка из-под таблеток с рецептом на имя миссис Элинор Салливан.

***

Мне казалось, что я схожу с ума. Ты не был врачом, даже твое имя было не тем, которым ты представился, ты жил не там, где говорил. Твою жену звали Элинор. У меня в сумочке лежал ее рецепт.

Когда я приехала домой на такси, истратив почти все деньги, которые оставил Ник, дом, к моему облегчению, был тихим и темным. Перед отъездом, не доверяя себе, я убедилась, что ничего не включила. В доме Норы тоже было темно, и я не видела ее знакомой фигуры у окна. Возможно, она возилась в саду, хотя уже сгустились сумерки. На этот раз не было никакой странной музыки, и я сразу правильно ввела код сигнализации. Но в доме стояла просто ужасная духота — такая, что буквально было нечем дышать. Я подошла к регулятору, но он показывал девятнадцать градусов. Девятнадцать! Мне полагалось, наоборот, мерзнуть. Наверное, это все из-за беременности, влиявшей на гормоны. Сняв и куртку, и джемпер, и футболку, я осталась в одной лишь майке, обтягивавшей живот, прошла в студию и включила большой «Мак». Экран так засиял, что мне пришлось зажмуриться. Потом я начала искать название препарата, который принимала твоя жена. И быстро нашла, что это такое. Лекарство, прописываемое при различных формах психозов. Когда я это прочитала, меня начал бить озноб, несмотря на жару. О боже! О боже мой!

Мне нужно было срочно поговорить с кем-нибудь, рассказать о своей находке, о своем страхе. Не раздумывая, я схватила джемпер и направилась к входной двери. Наплевав в этот раз на правила, установленные Ником, я не надела куртку, не включила сигнализацию — идти было недалеко и ступила за порог с одним лишь ключом в кармане. Обжигающее прикосновение ледяного воздуха подстегнуло меня. Я бросилась через узкую дорогу, поглядев налево и направо, как всегда поучал меня Ник, и, на долю секунды потеряв равновесие на обледенелом участке, еле устояла на ногах. Представляю, что сказал бы Ник, если бы я снова упала.

Дотронувшись до двери Норы, я услышала какой-то шум. Совсем рядом, чуть дальше по дороге, возле развалин «Остролиста». Не то рычание, не то вой — наверное, какой-то зверь. Кожей чувствуя сгущающуюся темноту, я постучала. Ответа не было. Меня пробрала дрожь, и я ощутила приступ паники. Какой бред! Мне очень нужно поговорить, но не с Ником. Где же она? Я не знала, что Нора вообще выходит из дома, если не считать прогулок. В моей голове зародилось ужасное сомнение. *Элинор.* Нет, это невозможно.

Я вспомнила наш разговор перед первой прогулкой. Тогда Нора, кладя ключ под цветочный горшок, спросила, зачем я всегда включаю сигнализацию. Местные никогда не запирают двери — так говорил Гэвин, агент по недвижимости, когда мы впервые приехали сюда. Но Ник был иного мнения. Он установил самые дорогие замки, которые только можно было купить за деньги. Тогда я не задумывалась зачем. Чтобы не впускать людей или чтобы не выпускать меня? Убеждая себя в том, что хочу лишь кое-что проверить, я принялась ощупывать пространство под горшком, пачкаясь в земле, пока не наткнулась на ключ. Я вытащила его, поместила в замочную скважину, повернула и оказалась в доме Норы. Внутри было тихо. Я слышала собственное тяжелое дыхание и стук сердца.

— Нора?

Ни звука в ответ. И ни огонька. Да, следовало сразу же уйти, но что-то заставило меня остаться. Наверное, дело было в том, что соседка знала о моей жизни практически все, а я о ней — почти ничего. Она никогда не показывала мне фотографии мужа и не рассказывала о своей семье, о том, где выросла. А если она вернется домой и застанет здесь меня? Придется оправдываться тем, что мне примерещился в окнах «Плюща» свет, и я решила, что это воры. Было темно, и я осознала вдруг, насколько затхлый в доме воздух. Совсем не как в нашем, от которого при перестройке остались только стены. Возможно, купив сырую хижину подсобного рабочего, со всеми населяющими ее туберкулезными палочками, со всей плесенью, и превратив ее в блестящий «дворец» для среднего класса, мы совершили нечто постыдное. Что мы наделали? Зачем мы вообще сюда приехали?

Я вошла в гостиную. Все в ней кричало: *«Вдова!»* — будто Нора была лет на сорок старше, чем на самом деле. Очки для чтения, сложенные на книге. Кружка, помытая и аккуратно поставленная на сушилку. И запах сырости. Безнадежности. В гостиной я прошлась по кругу, сама не зная, что ищу. Задержав дыхание, поднялась по лестнице, покрытой старым вытертым ковром, и повернула ручку двери спальни, слишком поздно задумавшись об отпечатках пальцев. Какая нелепица! Нора даже не узнает, что я заходила сюда. А если и узнает, я легко смогу все объяснить. В комнате стояла односпальная кровать, плотно, как застилают монашки, затянутая белым покрывалом. На туалетном столике — немного косметики и расческа. Скудный набор, при виде которого я вздрогнула. Нора была ненамного старше меня, а я все еще считала себя молодой.

В ящике прикроватного столика обнаружилась еще одна книга и крем для рук — я узнала название дорогой марки. Клодия как-то подарила мне такой на день рождения, а я потеряла его, когда пьяная возвращалась домой на метро. Кроме этого была только фотография в тяжелой старомодной серебряной рамке. Я взяла ее и поднесла к окну, хотя в этой глухомани уличного освещения просто нет — я не понимала, что такое настоящая темнота, пока не переехала сюда, — но как раз взошла луна. И мне удалось разглядеть изображенных на снимке людей. Молодая Нора, с длинными блестящими черными волосами, в белом кружевном платье с голыми плечами. Свадебное фото. Ее лицо сияет любовью и радостью. За ее спиной — мужчина в черном костюме и белоснежной рубашке, нежно положивший ладони на ее обнаженные руки… Ты!

Я услышала шум шагов и отшатнулась, ударившись запястьем об оконную раму. Кто-то шел к дому.

Нора

За последние несколько дней я изрядно узнала о Нике Томасе и возвращалась домой в бодром расположении духа. Даже купила себе небольшой подарок — так мне понравилось новое увлечение. Было на удивление освежающе наблюдать за ним с очень близкого расстояния — ежедневно в обед идти все в то же кафе, после работы посещать шумный, набитый тренажерами зал на центральной улице или прогуливаться по соседнему оленьему парку, где ему составляла компанию та женщина в плаще, — и не попадаться. Они пили кофе из стаканчиков, а я смотрела. Ник уже купил себе новый смартфон; я видела, как он смотрел на экран, дожидаясь латте с куркумой, что бы это ни было. Из позаимствованного мной его телефона я выяснила, что он постоянно следит за Сьюзи, фиксируя каждый ее шаг через камеры наблюдения в доме и через «Поиск друзей». Что он установил какие-то шпионские программы на ее телефон и ноутбук и ему известно каждое нажатие клавиши, даже виртуальной. Интернет просветил меня на этот счет — оказалось, такие программы очень просто купить, стоят они недорого, их легко поставить — и я подумала, что все могло бы пойти по-другому, если бы я узнала о таких штуках раньше и испробовала их на своем муже. Я установила также, что Ник может удаленно управлять «Ивой»: регулировать температуру в доме, включать музыку и менять код дверного замка. Скажем, ему не составило бы труда при желании оставить Сьюзи на улице — на верную смерть вдали от людей. А еще он всякий раз получал уведомление, когда включалась или выключалась сигнализация, и потому точно знал, когда она покидала их «уютное гнездышко» и возвращалась в него.

По дороге домой, объезжая сугробы на дороге, я прокручивала все это в голове, словно условия увлекательной задачки. Как же использовать эти новообретенные знания, чтобы получить то, чего я больше всего хочу? Конечно, следовало бы предупредить Сьюзи, что Ник узнает все, что бы она ни задумала, но как объяснить ей, откуда мне все это известно?

Когда в тот вечер я вернулась домой, «Плющ» выглядел особенно мрачно и негостеприимно. В окнах «Ивы» свет тоже не горел, и мне стало интересно, дома ли Сьюзи, а если нет, то где она. Скорее всего, опять нарывается на неприятности. Я нагнулась к горшку, под которым прятала ключ, и почувствовала, как меня черным покрывалом окутывает тоска: вопреки всему, мне нравилось бывать в городе, среди людей, света и музыки. Возможно, было ошибкой переехать сюда и жить среди безмолвия и запаха сырости, неизменно встречавшего меня в этом мрачном доме. Ключа на месте не оказалось. Пальцы скребли по земле. Я подняла глаза и с неприятным предчувствием обнаружила, что ключ торчит в замке, а дверь открыта. Может, я слишком увлеклась новой игрой и не потрудилась запереть дом? Внутри было темно и уныло, меня никто не ждал, свет не горел, и еда на плите не стояла.

Но я ошиблась, решив, что дом пуст. Когда я потянулась к выключателю, чья-то рука схватила меня за запястье. И тихий голос произнес мое имя:

— *Элли...*

ЧАСТЬ ТРЕТЬЯ

Элисон

Февраль, два месяца спустя

Женщина, открывшая дверь «Плюща», казалась усталой, а по ее лицу разбегались бесчисленные морщинки, хотя по данным полиции хозяйке дома шел пятый десяток. И Элисон решила начать пользоваться ночным кремом, который мама подарила ей на Рождество — более непрозрачного намека не стоило дожидаться.

Когда Элисон попросила разрешения войти, женщина, некая Нора Холском, отступила в прихожую со словами:

— Конечно. Я видела, что по дороге туда-сюда ездили машины. Что-то случилось?

В доме было сыро и не очень тепло; Элисон чувствовала, как сквозит из щели под неплотно пригнанной рамой.

— Недалеко отсюда у дороги в снегу нашли труп.

— Да? Какой ужас. Чаю?

— Э… нет…

— Пожалуйста, с молоком и две ложечки сахара.

Элисон гневно посмотрела на Тома, который ее перебил. Тот пожал плечами. Он был готов на все ради дневной порции кофеина — обычно он выпивал не меньше четырех чашек кофе и съедал как минимум пару шоколадных батончиков из автомата в участке. Элисон от чая отказалась. Что-то в этом доме ее настораживало.

Нора засуетилась, принесла чайник, достала бутылку молока с плавающими в ней комочками. Элисон с ухмылкой посмотрела на Тома.

— Миссис Холском… Миссис — верно?

— Мисс, — ответила та с поразительной твердостью.

— Простите, мисс. Я должна спросить: не видели ли вы чего-нибудь подозрительного? Или, может, слышали? Скрип тормозов, неровный ход автомобиля?..

Они рассматривали две версии: тело выкинули из фургона или салона машины, или, напротив, кто-нибудь прямо тут сбил пешехода. Как еще труп мог оказаться в таком месте, на этой редко используемой сельской дороге?

— Нет, ничего такого. Бедняга. Это мужчина или женщина?

Элисон переглянулась с Томом — нет ли подвоха в вопросе?

— Пока не могу сказать. Мисс Холском, можно расспросить вас о соседях? Николас и Сюзанна Томас, верно?

— Он Томас. Она Мэтьюз. Они поженились, но сами знаете, как иногда бывает.

— Понятно, — Элисон сделала пометку, а Том принялся пить чай, ничуть не смущаясь подкисшего молока. — Не знаете, они уехали? Похоже, дома никого нет. В прихожей целая куча почты. Может, они в отпуске?

Нора поморщилась, потирая одну потрескавшуюся ладонь о другую. Чай она себе налила, но пока к нему не притронулась.

— Боюсь, я не знаю. Мы не особо близки.

— В самом деле? Вас здесь всего трое!

— Он много работает. Сьюзи я иногда вижу, и мы просто здороваемся.

Это было совсем некстати. Их коллеги-полицейские уже установили, что Ник Томас не вышел на работу в местном совете после Рождества, но за несколько недель до этого он брал длительный больничный, и коллеги полагали, что он все еще серьезно болен гриппом или восстанавливается после болезни.

Что же касается его жены, то она, похоже, никуда не ходила и ни с кем не встречалась. На нее попытались выйти через мать, но та оказалась в кругосветном круизе, и связаться с ней не было никакой возможности.

— Простите, больше ничем помочь не могу. Надеюсь, вы узнаете, кто это, — сказала Нора, провожая их до двери.

Уже у самого выхода Элисон вздрогнула от неожиданного звука. Детский плач? Где-то в доме захныкал ребенок.

— О, простите, — улыбнулась Нора, и ее лицо стало мягче и привлекательнее. — Простите, мне нужно к ней.

Элисон шагнула за порог и словно нырнула в озеро с ледяной водой.

— Не думал, что у такой могут быть дети, — заметил Том. — А она не старовата?

— Теперь и в пятьдесят рожают, — проворчала Элисон. — Давай. Возвращаемся в участок, тут нам больше ничего не светит.

Элинор

Декабрь

Мы всегда думаем об именах как о чем-то постоянном, неизменном. Помню, в «Суровом испытании» был персонаж, который, крича, что имя — все, что у него есть, отправлялся за это на смерть. Но это не так. На протяжении жизни можно примерить на себя множество имен. Женщине это проще проделать — просто выйди замуж, забудь свою прошлую жизнь, потом начни использовать прозвище, и не успеешь оглянуться, как станешь совсем другим человеком.

На меня вешали самые разные ярлыки. Мать называла меня *Элинор* — крутое сильное имя, подходящее для такой женщины, какой она хотела меня видеть. Когда я сбежала, то избавилась от него и стала *Элли* — милой и легкомысленной. На концертах я была *Елена Ветриано* — это имя я придумала по названию итальянской улицы, и оно очень подходило темноволосой красавице, в которую я превратилась. Я притворялась, будто в моем происхождении было что-то более экзотичное, чем английская деревня. Художники, писатели — им всем сходят с рук псевдонимы, хотя для других людей это считается признаком хитрости. Муж тоже называл меня Элли. Элли-красотка. Теперь я стала Норой Холском — по матери. Я родилась с другой фамилией, и это было еще одно мое воплощение. Я все еще пыталась понять, кто такая Нора, на что она способна. Как далеко она может зайти.

***

Когда я нашла тот бальзам для губ в вещах из машины мужа, а потом получила двойной удар, узнав, что он не только растратил все мои деньги, но и не был — никогда не был — врачом, меня начало бросать то в жар, то в холод. Меня трясло. Я долго не могла понять, что испытываю. Гнев? Шок? Ревность?

Думаю, это было облегчение. Наконец-то мне было кого винить. Я не могла заставить себя ненавидеть его, даже зная, что все это время была права и у него действительно была *другая*. Его не стало, и боль утраты затмила все прочие чувства, которые я могла испытывать к нему. Я готова была отдать правую руку за то, чтобы вернуть его, даже зная о его неверности. Но теперь нашлось и объяснение, почему он вылетел с дороги в тот безоблачный день. Конечно — он же был не один. С ним ехала та женщина, и она каким-то образом стала причиной катастрофы, спровоцировала ее. Я снова и снова рассматривала на картах «Гугла» участок дороги, на котором он погиб, и на многие мили впереди там ничего не было — просто неасфальтированный проселок. Поля. Она наверняка была в машине, когда что-то случилось. А потом, скорее всего, подло сбежала с места аварии. Возможно, позвони она в скорую, тебя могли бы спасти. И ты вернулся бы ко мне. Эта женщина была преступницей. Мало того, она предала собственного мужа (я была уверена, что она тоже замужем — так было проще) и оставила меня вдовой. Я решила непременно разыскать ее и заставить страдать так же, как страдала я.

***

Но как найти невидимку? Я не знала. Ни имени, ни описания — ничего. Лишь то, что она была владелицей липкого дешевого бальзама для губ из тех, которые можно купить в любой аптеке. Мне даже спросить было не у кого, кроме Конвея, к которому я вовсе не собиралась обращаться. «Ребята» из больницы даже не приехали на похороны Патрика, несмотря на все вечера, что он проводил с ними за выпивкой.

Потом до меня дошло — конечно, и это тоже было вранье. Те вечера он проводил *с ней.* Даже когда я считала, что мне известно все, в чем-то я продолжала себя обманывать.

С давних пор, после того, что случилось со мной в подростковом возрасте, после пожара, Аплендса и побега из него, после того, как я заново открыла себя, я знала — деньги могут решить почти любую проблему. Я знала, что для связи с ней Патрик наверняка пользовался своим смартфоном. Он не стал бы заводить для этого отдельный телефон — ему нравилось писать ей сообщения, пока в соседней комнате я накрывала к ужину. Я вспоминала, как он улыбался, видя, что я за ним наблюдаю, и получая удовольствие от риска.

Так началось мое обучение цифровым премудростям, и я открыла для себя целый мир, который муж от меня скрывал. Я узнала, что есть способы забраться даже в заблокированные гаджеты — всякие лазейки, хитрости и коды. Телефон Патрика был привязан к его электронной почте, из которой он не вышел на домашнем компьютере. Пароль я знала, хотя использовала машину только для покупок через интернет. Сама электронная почта была совершенно невинной — ничего, кроме рассылок, рекламы и электронных чеков, и меня вновь поразило, насколько обезличена была жизнь моего мужа. Через почту мне удалось сбросить настройки блокировки на смартфоне. Теперь, когда большая часть нашей жизни, прячась за паролями, ушла в цифровой мир, важно уметь добираться до информации. Или получить к ней доступ. Я, к сожалению, не знала кодов управления кондиционером, настройки сигнализации и даже цифрового телевидения. Бог с ними, с завещаниями, но такие вещи мы должны оставлять любимым на случай, если внезапно их покинем.

Не прошло и часа, как я обнаружила секретное приложение, спрятанное в папке «Инструменты» вместе с калькулятором, шагомером и прочей дребеденью. Оно называлось «ЭйрЭйс» — скучное техническое название. Однако очередной запрос в «Гугл» показал, что это приложение при выходе автоматически удаляло все данные, которые в нем просматривались. Выяснить, что просматривал мой муж, было невозможно. Я вцепилась в плавно изогнутый край компьютерного стола, чувствуя, как меня охватывает отчаяние. Как же разыскать эту женщину?

Тут мне в голову пришла идея. В последний день она была в его машине. Значит, он должен был где-то ее подобрать. И вполне возможно, звонил или писал ей, чтобы назначить встречу. Если он был за рулем, у него могли не дойти руки удалить историю звонков до аварии. Дрожащими пальцами я пролистала список номеров. А вдруг она ответит? Вдруг окажется, что я говорю с ней, той самой женщиной? Скажу, что ошиблась номером, хотя могу и не совладать с собственным гневом. Но попробовать следовало.

Я сразу обратила внимание, что в тот день было необычно много звонков. Как и большинство людей, муж в основном пользовался смартфоном для переписки и доступа в интернет. Один из номеров не ответил — обслуживание прекращено. Следующий соединил меня с каким-то очень шумным местом, словно это был склад, или рынок, или что-то в этом роде; там положили трубку, когда я поздоровалась. Последний номер — по нему звонок был за час до аварии — переключился на голосовую почту. *«Привет! Это Сьюзи Мэтьюз. У нас на новом месте не ловит телефон, поэтому оставьте сообщение!»*

Сьюзи. Сьюзи Мэтьюз. Громкий жизнерадостный голос с легким налетом мидлендского акцента в гласных. Я была уверена — это она. Та самая женщина, что бросила тебя умирать.

***

Она сама дала мне подсказку в голосовом сообщении. Она сказала «на новом месте» — значит, недавно переехала. И «*мы*», то есть, скорее всего, была замужем, как я и думала. И опять — совсем чуть-чуть денег, и можно поискать Сьюзи на сайте Кадастровой службы. Так я и поступила, хотя и не знала, как правильно пишется ее полное имя: Сьюзи, или Сюзи, или Сьюзен, или Сюзанна. Как оказалось, последнее. Заодно узнала и имя мужа. Николас Томас. Увидев адрес — глухая, негостеприимная местность, куда зимой сложновато добраться из-за снежных заносов, я поняла, что это судьба. К тому же прямо по соседству сдавался в аренду дом. Нужно было лишь отказаться от нашего с мужем особняка. Но мне в любом случае нужно было подыскать себе жилье подешевле, поэтому решиться было нетрудно.

Несколько недель спустя, последний раз закрыв дом на ключ, я поехала на кладбище. Камень сиял чистотой и свежестью, солнце играло на его отполированных гранях. Выглядело это отвратительно. *«Любимому мужу»*. Не отцу. *«Он им так и не станет»*, — подумала я, оставляя дешевый букетик из подкрашенных хризантем в пластиковой обертке. Теперь мне не по карману было обратиться к хорошему флористу, который изготовит чудо из крупных свежих роз и бережно упакует его в хрустящую бумагу, закрепленную изящным шпагатом. И уехала.

В тот момент я собиралась раздавить Сьюзи. Причинить ей боль. Возможно, физическую. И уж точно — моральную. Полностью разрушить ее жизнь. Но не с помощью задушевной беседы с ее мужем — это было бы слишком просто. Заставив ее разрушить свою жизнь собственными руками.

Я не учла две вещи. Во-первых, что она беременна. Это я поняла сразу, как только увидела эту нахальную девчонку — джемпер Патрика, который я сама ему и покупала, прикрывал ее округлившийся живот. Я предположила, что это ребенок Патрика, и она намекнула сама, что считает так же. Это была ошеломляющая мысль. Он умер, но оставил ребенка, словно неожиданный дар. Малышку или малыша с его темными волосами и синими глазами — такого, как я представляла себе все эти годы в детской пастельных тонов, которая давно стояла наготове. Его ребенок. Если я сломаю Сьюзи, разнесу в клочья ее жизнь, возможность оказаться рядом с ребенком, когда он появится на свет, станет призрачной, нереализуемой. А мне так хотелось подержать его на руках. Закралась мысль: а вдруг Сьюзи вовсе не хочет этого? Ребенок погибшего любовника, случайность. Зачем ей это? Когда я познакомилась с ней поближе, эта мысль только укрепилась. Сьюзи совершенно не годилась в матери. Она была неорганизованная, суматошная, вечно недовольная. Их дом, несмотря на все современные навороты, совершенно не годился для воспитания малыша. Я продолжала наблюдать, все больше и больше убеждаясь в своей правоте.

Другой вещью, которую я не учла, стало чувство жалости к ней. В какую же ловушку загнала себя эта девчонка, связавшись с помешанным на контроле, пассивно-агрессивным мужем, настолько обессиленная, что решила, что не сможет от него уйти. Она даже не знала, что Патрик погиб, и, наверное, считала, что он просто предпочел исчезнуть из ее жизни. Брошенная и беременная. Я знала, каково это, когда кто-то срывает на тебе свое раздражение, говорит, что ты спятила, что ты ни на что не годишься, что ты слабоумна. Поэтому, заняв место ее услужливой новой соседки и наперсницы, я составила новый план. Изучить Ника Томаса и выяснить, какие скелеты таятся в его прошлом. Убедить Сьюзи расстаться с ним до того, как родится ребенок. Дождаться, когда дитя родится, и сделать все, чтобы оно осталось со мной навсегда.

***

В тот вечер, когда кто-то схватил меня за руку в собственном доме, я закричала. Я попыталась отбиваться:

— Вон из моего дома! Убирайся!

— Спокойно, Элли, — раздался голос возле самого моего уха. — Не шуми. Я просто хочу поговорить.

Я нащупала выключатель и разглядела человека, прищурившегося от яркого света. Джеймс Конвей. Я почувствовала запах перегара.

— Какого черта ты здесь делаешь?

Сьюзи

После всего, что произошло, едва ли стоило удивляться тому, что я ничего не знала. И все же мне было трудно поверить в то, что я видела собственными глазами. Нора, моя новая подруга, которой я доверила все свои тайны, была твоей женой. Твоей вдовой. Элинор. Нора. Одно и то же лицо. *«Нет*, — утверждал мой мозг. — *Быть такого не может!»* Это какая-то ошибка. Зачем она здесь? Наверняка для того, чтобы причинить мне боль. Чтобы уничтожить меня. Боже! Что она задумала? Она знала, что я спала с ее мужем и что, возможно, ношу его ребенка. Меня бросало в дрожь от одной только мысли об этом, словно кто-то обрушивал раз за разом мне на голову ведра холодной воды. Сколько раз я думала, так ли будет плохо, если твоя жена обо всем узнает, и вот я получила ответ — да, это ужасно. Я потеряю все. Ник обо всем узнает. Она может повредить мне, повредить ребенку. И хуже всего — я это заслужила. Ведь я это делала расчетливо, я неоднократно спала с ее мужем. Но если она знала о романе, то почему до сих пор ничего не сделала? В чем ее план? Почему мы трое, я, она и Ник, все еще живем в этом богом забытом месте?

Услышав, как кто-то, подойдя к дому Норы, продирается через сад и пробует открыть заднюю дверь, я выскочила через переднюю и бросилась в темноту за дорогу. Я не знала, кто это, и слишком боялась обернуться. Машин поблизости я не заметила. Забежав к себе в прихожую, я некоторое время стояла в темноте, трясясь от прилива адреналина, страха, шока — всего сразу. Нора. Элинор. Твоя жена жила в соседнем доме. Это безумие. *Что ей нужно?!*

Я не знала, что делать. Ник скоро должен был вернуться с работы, и я никак не смогла бы ему объяснить, почему расхаживаю взад и вперед в темноте. Прошло, наверное, минут десять, и я увидела подъезжающую машину Норы — значит, это не она меня спугнула. Интересно, тогда кто? Забавно, если это и в самом деле был взломщик, которого я собиралась использовать в качестве предлога, если бы она застала меня в своем доме. Я увидела, как она посмотрела в сторону моего окна, и пригнулась — глупо, ведь при выключенном свете она не могла меня увидеть. Нора, которая бывала в моем доме, в доме которой бывала я, с которой я вдвоем гуляла по пустынной местности, стала воплощением ужаса. Я вспомнила о мертвом кролике. О слове на снегу. О том моменте, когда я упала и увидела, что она не сразу решилась мне помочь. Но та странная музыка в моем доме — разве она могла это сделать?

Я не знала, что мне теперь делать. Клодия дала понять, что ей немного не до меня, а рассказать всю историю маме я не решалась. Был только один человек, к которому я могла обратиться, практически незнакомый, но отнесшийся ко мне с участием. Человек, который в каком-то смысле тоже стал твоей жертвой. Оставалось только надеяться, что он согласится мне помочь.

***

Телефон звонил долго. У меня в голове проносились слова: *«Все это звучит безумно... Простите, что беспокою, но... мне кажется, кто-то меня преследует».*

— Алло? — мой голос звучал неестественно высоко. — Доктор Холт?

— Я вас слушаю...

Мягкие интонации, но с ноткой раздражения. Я удивилась, что он сам ответил на звонок; обычно попытка дозвониться кому угодно из государственной службы здравоохранения превращалась в путешествие по лабиринту добавочных номеров в духе Кафки.

— Я недавно была у вас. Я... я сказала, что меня зовут Нора.

Похоже, он вспомнил сразу:

— Ах да... Подруга Патрика Салливана, моего *alter ego*.

Странная вышла история... Зачем тебе, сотруднику финансового отдела, понадобилось идти на медицинскую конференцию? Это не имело никакого смысла. Или ты на подобных мероприятиях клеил женщин? Или проделывал что-нибудь еще?

— Я подумала... Просто странно, что он назвался вашим именем.

— Я знаю. В том-то и дело. Он, кстати, должен был заниматься регистрацией на той конференции. А я не говорил, что собираюсь, это точно. А еще... сейчас в отделении проводится какая-то внутренняя проверка. Определенно не могу сказать, но вроде обнаружена утечка средств из бюджета или что-то подобное, а за это как раз он и отвечал. Нора…

Я перебила его:

— Простите, но это не мое имя. Меня зовут Сьюзи.

— Так… — не сразу отреагировал он.

— Мне очень жаль, — извиняющимся тоном продолжила я. — Я могу это объяснить. Мы не могли бы встретиться за чашкой кофе, например?

Конечно, это было опасно. Но и альтернативы я не видела. Ты постоянно обманывал меня — почти всегда. А этот человек выступал связующим звеном между твоим враньем и твоей настоящей жизнью и был знаком с доктором Конвеем, который явно знал что-то о происходившем между нами. Ты как-то раз сказал, что вести двойную жизнь — это все равно что наполнить презерватив водой и начать искать, где он протекает. Доктор Конвей был потенциальной утечкой. Возможно, единственным, кто мог связать мое имя с мертвецом из Суррея. И мне очень хотелось узнать, много ли ему известно. Может, тогда даже удастся выяснить, что за чертовщина творится в моей жизни.

— Хорошо, — ответил он.

Голос у доктора Эндрю Холта был приятный. Спокойный, глубокий, каким твой не был никогда. Мы договорились встретиться в Гилфорде на следующий день — мне оставалось только придумать, как добраться туда еще раз. Я повесила трубку, пытаясь определить, насколько виноватой себя чувствую. Намного меньше, чем думала. Наверное, существует некий предел самобичевания. Или у эмоций есть какая-то своя иерархия, но сейчас меня переполнял ужас — безграничный, отупляющий ужас.

Снаружи послышался шум машины. Ник? Я подбежала к окну, но ничего не увидела. Шум двигателя затихал вдали. Наверное, гость Норы припарковал машину дальше по дороге, где я обычно ждала тебя. Теперь в ее доме за опущенными шторами горел свет, и мне стало интересно — не стоит ли она там, наблюдая за мной, пока я наблюдаю за ней.

Элинор

— Что ты здесь делаешь? — спросила я снова, вывернувшись из объятий Конвея.

Я заметила, что он успел приложиться к небольшой бутылочке бренди, которую я держала на кухне, и мое отвращение к нему только усилилось. Как можно быть таким скотом?! Но как он меня здесь нашел?

— Ты смылась, — заявил он, омерзительно улыбнувшись. — Не успела похоронить мужа, как все продала и съехала. И даже адреса не оставила для друзей. Повезло еще, что в больницу сообщила.

У меня сердце упало. Он был прав. Эдди связывался с ними и уточнял информацию о пенсии Патрика; какой бы скромной она ни была, я нуждалась даже в этой небольшой сумме. Должно быть, Конвей как-то залез в систему. Я отступила от него на шаг. Меня тошнило от его прикосновений.

— Что ж, ты меня нашел. Что тебе нужно?

— Что мне нужно? Посмотрим… Деньги, которые занимал у меня твой муж.

— У тебя нет никаких доказательств, — я сняла куртку и ботинки, показывая, что это мой дом и ему здесь не место.

— Разве? — он снова подошел ближе. Человек, понятия не имеющий о личном пространстве! А от мысли о том, что он имел доступ к анестезии, меня чуть не вывернуло. — Мы можем все уладить по-тихому. Просто ты мне заплатишь, и я исчезну.

— С чего бы это? Ты больше ничего не можешь нам сделать. Патрик мертв. А мне больше нечего терять.

— А если я скажу той девчушке через дорогу, кто ты такая? — Я заморгала; я даже и не думала, что ему известно о Сьюзи. — Это ведь ребенок Пэдди у нее в животе, верно? — Он еще раз попал в цель.

Конвей знал намного больше, чем я предполагала. Может, ему рассказал Патрик? Я представила, как мой муж с нежностью говорит о Сьюзи, и у меня стало тяжело на сердце.

— Конечно, нет. Послушай, шантаж — это преступление. Если ты немедленно не уйдешь, я обращусь в полицию.

Он рассмеялся:

— Пойдешь в полицию? Расскажешь им, кто ты такая на самом деле? Не думаю, *Нора*.

Я помолчала немного, обдумывая следующий ход, словно играла в шахматы:

— Сколько он тебе должен?

— Двадцать штук.

Было крайне сомнительно, что сумма настолько велика, даже если мой муж что-то и занимал. Но я была у Конвея на крючке. Одно слово Сьюзи о том, кто я такая, и она скроется, забрав с собой ребенка. Ребенка Патрика.

— Мне понадобится время, чтобы их найти, — сказала я, стараясь контролировать эмоции. — Видишь ли, Патрик оставил меня практически ни с чем.

— Говорят, совсем тебя обчистил. Но что-то же осталось. После того, как твоя семья погибла в том пожаре… Какая жалость, бедняжка Элинор! И какое совпадение — она жива и здорова, а остальные — пшик! И твоя удачная карьера пианистки. Денег должно быть достаточно.

«Элли! Элли! Мне страшно!» Бледное лицо в окне.

Я должна была сохранить спокойствие. Этот ублюдок не мог об этом знать. Никто не мог.

— Он растратил все, — сказала я, злясь от осознания правды. — Он разорил меня, Джеймс. Прости, если он аналогично поступил и с тобой, но что я могу сделать? Денег нет. А он погиб, врезался в дерево и умер, поэтому я едва ли смогу заставить его все вернуть.

Конвей улыбнулся мне ужасной, хитрой улыбкой. Как же я ненавидела его в этот момент! Будь у меня под рукой что-нибудь тяжелое, так и ударила бы его по голове.

— Ты ведь на самом деле в это веришь, да?

— Ч-что? — опешила я.

— Сама подумай. Он ведь хороший водитель, верно? — снова в настоящем времени — только за это уже хотелось его убить. — У него хорошая, крепкая машина, которая стоит целое состояние. Но он врезается в дерево на тихой дороге? И ты думаешь, что это было случайно? Очнись, дорогуша…

Меня замутило, комната поплыла перед глазами:

— Что ты имеешь в виду? Скажи. Говори, что тебе известно!

— Деньги вперед. — Конвей осушил стакан моего бренди, и я поняла, что выброшу стакан сразу после его ухода. — Достань их, и я расскажу тебе правду о твоем муженьке. Пэдди-Шоне-Эндрю…

как бы его ни звали. Ты и половины всего не знаешь, дорогуша.

Эндрю? О чем это он?

— Скажи сейчас же, что ты имеешь в виду, или я пойду в полицию.

Я старалась держать себя в руках. Нужно было выяснить, что ему известно. Голова кружилась, и я чувствовала, что теряю рассудок, утрачиваю контроль, который с таким трудом восстановила, изо всех сил подавляя воспоминания. Мой муж с другой женщиной. Дом, объятый бушующим пламенем.

— Не… ты не пойдешь. Приходи ко мне — даю тебе срок до пятницы. Гилфорд, Герфорд-Гарденс, квартира 7. Буду дома сразу после восьми, — он угрожающе ткнул в мою сторону пальцем, словно стреляя из пистолета, и сделал шаг в сторону двери. — А ведь черта с два найдешь это место, верно? Еще немного снега, и здесь можно просто застрять.

Интересно, почему я не заметила его машину? Наверное, он припарковался дальше по дороге, за поворотом. А я пришла прямо в его ловушку.

При звуке закрывшейся двери меня охватило чувство облегчения. Этот ужасный человек ушел. Я осталась одна. Я могла думать, дышать, могла взять себя в руки. Но что он имел в виду? Неужели хотел сказать, что с этой аварией Патрика все не так просто? Я тоже об этом задумывалась. Как он мог въехать в дерево на пустой дороге? Это было уму непостижимо. Что известно Конвею?

Сьюзи

Неотвратимо надвигалось Рождество. Стоило мне оказаться в центре Гилфорда, и огни и шум большого города снова ошеломили меня. Я скопила достаточно денег, чтобы оплатить эту поездку, не обращаясь к Нику, и даже этот небольшой глоток свободы дал мне понять, в какой ловушке я оказалась. Я бродила от магазина к магазину, упиваясь огнями, музыкой — *всем.* Захлестывающая волна всего того, что нам, как считается, необходимо. Я всегда любила это время года и даже мечтала о сельском домике с увитой остролистом дверью, переливающимися огоньками по карнизам, свечами в каждом окне. А на крыше бы толстой шапкой лежал снег. Теперь у меня все это было, но реальность оказалась холодной и мрачной. Я даже представить не могла рождественское утро с Ником: как мы обмениваемся подарками, поднимаем бокалы (в моем — ни капли алкоголя; Рождество еще не означает, что мне будет позволен хотя бы глоток шампанского). А с годами — ребенок, радостно запрыгивающий на нашу кровать. Я просто не могла нарисовать себе эту картину. Наверное, страх затуманивал будущее. Стоит Норе сказать слово, и я потеряю все. Но почему она до сих пор молчит? Зачем дружить со мной, подталкивать к рассказам о том, как я любила тебя? Я не понимала, в чем состоит ее план, и это меня пугало. Да и она ли стоит за всеми этими странностями, музыкой, мертвым кроликом?

Этой ночью я плохо спала, думая о том, что через дорогу от меня живет Нора. Твоя жена. В душе я все еще не могла в это поверить. Я начала осознавать, что у меня хорошо получается отрицать очевидное.

***

Доктор Холт пришел раньше. Он был в джинсах и красивой темно-синей рубашке с закатанными рукавами. Он встал, когда я вошла в «Коста кофе», подставил мне стул. Как мило!

— И снова здравствуйте.

— Здравствуйте. Извините, в прошлый раз я была… в общем, не совсем в себе.

Он отмахнулся:

— Вы были в шоке. Мне очень жаль, что вы обо всем узнали вот так.

Он спросил, что я буду пить, и, несмотря на мои протесты, сходил за заказом. Я выбрала что-то с кучей сахара и пряностей — веселый праздничный напиток — в надежде, что это хоть немного согреет мои промерзшие кости. Я наблюдала, как он болтает с молодым бариста. У доктора было открытое, дружелюбное лицо. Как бы я хотела быть замужем за таким человеком. Не таким подозрительным и требовательным, как Ник. И не таким, как ты, скользким, словно уж.

— Спасибо! — Я поторопилась, и наполнивший рот сладкий шоколад обжег мне язык.

— Так о чем вы хотели со мной поговорить? — спросил он.

Я не знала, с чего начать.

— Просто все оказалось… так странно, да? Что Шон, то есть Патрик, воспользовался вашим именем.

Он взболтал остатки имбирного латте.

— Да, мне это показалось странным. Если кто-то представляется моим именем, это может быть опасно для моей карьеры. У меня ведь есть определенная профессиональная репутация. Странно, что никто на конференции не спросил его об этом.

— Возможно, он и не ходил на саму конференцию, — признала я.

До сих пор я не хотела об этом думать, но конференция была идеальным местом, чтобы клеить женщин. И что это означало — я не такая уж особенная? Ты проворачивал это и раньше?

Мне не хотелось даже думать об этом.

— В самом деле?

Он чуть склонил голову набок, и его добрые карие глаза уставились на меня, а меня снова охватил стыд от осознания того, с какой легкостью я прыгнула к тебе в постель. О чем я думала? Какое же отчаяние довело меня до такого?

— Послушайте, Сьюзи… Я вовсе не хочу никого осуждать. Вы с ним… вы были близки?

Чуть помедлив, я кивнула.

— Но вы замужем, — сказал он мягким голосом, бросив взгляд на мой безымянный палец, на котором в распухшую плоть впивалось золотое кольцо.

— Да.

— Ладно. А не показалось ли вам, что он привык представляться моим именем? Я довольно рассеянный человек. Возможно, я просто раньше за ним такого не замечал…

— Не исключено. Он очень старался выглядеть настоящим специалистом. Причем успешным.

— Что ж, очень мило с его стороны, — нахмурившись, пробормотал доктор Холт. — Еще… простите, что задаю вам этот вопрос, Сьюзи. Вы не знаете, были ли у него до этого… другие подруги? Такие, как вы?

Он хотел спросить, заводил ли ты романы до меня. И я вспомнила, как умело ты все провернул, зная все уловки, зная, на чем можно попасться.

— Думаю, да, — ответила я; в глазах выступили слезы, и меня бросило в пот от смущения. — Простите.

Как глупо. Какой смысл так переживать, если ты с самого начала не был моим?

Некоторые мужчины впадают в панику при виде женских слез. Доктор Холт был не из таких. Он вынул из кармана пиджака упаковку бумажных салфеток и передал мне, коснувшись при этом моей руки. От такой нежности я расплакалась еще сильнее.

— Бедная… Такое несчастье.

— Я сама виновата. Я изменяла, лгала, — я в бессилии стиснула салфетку в кулаке. — Я даже вам солгала насчет имени. Наверное, вы считаете меня ужасной женщиной.

Неужели я такая же плохая, как ты?

Он помолчал немного:

— Сьюзи, по работе мне приходится встречаться с самыми разными людьми. Я как-то начал понимать, что мы все просто стараемся быть хорошими в меру своих сил. Никто из нас на самом деле не хочет создавать проблемы или причинять боль другим.

Я должна была сказать то, что тревожило меня больше всего, как бы безумно это ни прозвучало.

— Доктор Холт… вероятно, вы сочтете меня немного не в себе, но мне кажется, что его жена — жена Патрика… что мы с ней знакомы. То есть эта женщина некоторое время назад сняла дом по соседству с нашим. Мы подружились.

Я рассказала ему о том, как нашла в твоем доме упаковку из-под таблеток, как увидела твою фотографию в спальне Норы. И еще о странных вещах, которые со мной происходили. Он внимательно слушал, пытаясь понять.

— Вы уверены, что это не просто сходство в имени, что это не просто похожий на него человек?

— Я понимаю, как это звучит. Я понимаю, что выгляжу… — мне не хотелось говорить это слово; я вспомнила о визите к врачу, о том, что в моей карте значилось, что я склонна к галлюцинациям, к выдумкам. — Я… не знаю, возможно, это все пустяки.

Он озабоченно посмотрел на меня:

— Зачем кому-то это делать? Переезжать поближе к вам?

— Не знаю. Понимаю, что это звучит диковато.

Я и сама уже начала сомневаться. Действительно ли в ее доме спрятана твоя фотография? Было темно, а я ужасно нервничала. Действительно ли это такое уж убедительное доказательство? *Нора* и *Элинор* — это вообще одно и то же имя?

— Если вас это беспокоит, надо пойти в полицию.

Я уставилась в грязную чашку. Я не могла пойти в полицию — это значило признать, что в тот день я была в твоей машине. Это была ловушка.

Он чуть подумал и мягко поинтересовался:

— Сьюзи… Все эти истории с сигнализацией, с музыкой. Ваш муж… Простите, что спрашиваю, но заботиться — мой долг. Вы напуганы. А это…

Он осторожно коснулся моего запястья, на котором виднелся бледный синяк от удара о раму в доме Норы, и я инстинктивно отпрянула, спрятав его под рукав куртки. Вдруг Ник как-то выяснит, что я была здесь, в кафе с привлекательным мужчиной и позволила ему дотронуться до моей руки? Но в глазах доктора Холта я видела лишь озабоченность.

— Точно больше ничего не происходит?

— О нет. Ничего подобного. Он меня ни разу и пальцем не тронул.

Но ведь я действительно *жутко нервничала*. Настолько, что едва могла усидеть на месте или сосредоточиться на задаче больше чем на пять минут. Да, я боялась, что Ник узнает, но не боялась его самого. Или боялась?..

— Если вас не бьют, это еще не значит, что вы не подвергаетесь насилию.

Мне показалось, что его специально учили, как помогать женщинам, состоящим в отношениях, связанных с чем-то жестоким. Но это был не мой случай. Мой брак просто был несчастливым.

— Вероятно, это вам покажется неуместным, но… я кое-что принес.

Он положил на стол блестящую брошюрку с логотипом Государственной службы здравоохранения. «Как распознать контроль через принуждение». Фотография плачущей женщины, запертой в ванной, за дверью которой стоит орущий на нее мужчина.

— Просто в тот день в больнице было что-то такое в вашем поведении. Вы очень нервничали. А во время беременности риск домашнего насилия выше всего.

Я заморгала:

— О… это не… — и замолчала.

Ник никогда не кричал, никогда не махал кулаками. Но все равно я находилась под его контролем. Я не могла никуда ходить и ни с кем встречаться без его ведома. Он знал, что я ела, когда я спала, когда выходила из дома. Казалось, ему были известны все места, где я бываю, словно я находилась под его неусыпным надзором.

Выражение лица доктора Холта изменилось, и я поняла, что он собирается сказать что-то трудное.

— Понимаю, Сьюзи. Я знаю, что это не всегда выглядит так, как принято считать. Ушибы, синяки. Но это может быть ничуть не лучше. Только на прошлой неделе в Медуэе был случай — муж задушил жену. Все говорили о том, каким хорошим человеком он был, как сильно заботился о семье.

Я посмотрела на брошюру. Нельзя было брать ее с собой — Ник бы сразу заинтересовался, откуда она.

— Спасибо, — сказала я наконец. — Я подумаю об этом.

Да, не исключено, что мне придется бежать, если Нора действительно та, кем я ее считаю.

Он посмотрел на часы:

— Вот черт! Я опаздываю в клинику. Я серьезно, Сьюзи. Если вам понадобится помощь, мы можем кое-что сделать. Я пойду в полицию вместе с вами, и мы расскажем об этой Норе, если вас это действительно беспокоит.

Я видела, что он мне не поверил. Он считал, что я отрицаю, игнорирую реальную жизненную проблему.

— Могу я хотя бы записать ваш номер на случай, если узнаю что-нибудь еще о Патрике?

Я задумалась. Как объяснить Нику, что мне звонит какой-то чужой мужчина? Но он был врачом. И он готов мне помочь.

— Хорошо, а я запишу ваш, — сказала я и передала ему свой телефон, чтобы он набрал номер, а потом сделала короткий звонок, чтобы мой номер остался у него; это было рискованно.

— Пожалуйста, — сказал он, возвращая телефон. — Если что-то понадобится, просто позвоните.

Я задумалась об этом на секунду — бросить дом, бросить все свои вещи и укрыться в каком-нибудь общежитии, полном перепуганных женщин. Родить в таком месте ребенка. Я понимала, что ничего подобного не сделаю. Пока не смогу. Но чего же я жду? Наверное, надеюсь на лучшее. Надежда — опасная штука. Она заставляет бежать вперед даже тогда, когда любой реалист уже давно бы сдался и свалил.

Доктор ушел первым, то и дело оглядываясь на меня, а я взяла телефон и сохранила его номер под именем «Андреа Х.», как научил меня ты. Еще один обман, еще один шаг от того, чтобы мы с Ником могли все уладить. Выходя из кафе, я выбросила буклет в урну.

***

Я возвращалась домой, совершенно выбившись из сил. Еще одно дорогое такси, и от моих накоплений почти ничего не осталось. Расплатившись с водителем, я осталась одна в темноте на холодной сельской дороге, по обочинам которой лежал снег. Я увидела свет в доме Норы. Абсурдное чувство одиночества охватило меня, когда машина уехала и ее огни быстро поглотила тьма. Я немного постояла, пытаясь принять решение. Там, за глухими окнами «Плюща», была Нора. Она знала, кто я такая. Но она не знала, что мне тоже известно, кто она. Стоит ли мне встретиться с ней лицом к лицу, или оставить все как есть? Может, сначала придумать план побега?

Я поймала себя на том, что иду к ее дому. Зачем? Сама не знаю. Что я ей скажу? *«Прости»*? Или *«какого черта»*? Или *«оставь меня в покое, ревнивая карга»*? Все не то. Приближаясь к дому, я услышала, как из него над неподвижной дорогой разносится музыка. Это была прекрасная мелодия — колыбельная, вроде той, что играла в тот день в моем доме. Музыка была так хороша, что я решила, будто это запись. Но, заглянув в окно, я, к своему удивлению, увидела Нору играющей на пианино, которого точно не было еще вчера. Я отлично ее видела — занавеска осталась поднятой. Маленькая сырая комната казалась даже уютной, стоило в ней оказаться настольной лампе, зажженной свечке и Норе, игравшей с закрытыми глазами, с улыбкой на губах. Ее пальцы, узловатые, покрасневшие от работы в саду, порхали над клавишами, и на мгновение я поняла, как мало знала о ней. Я ничего о ней не знала, но все же открыла свое сердце и выдала все свои тайны. Какой же я была дурой!

Она заметила меня. Я отпрянула, но было поздно — она подошла к двери. Меня охватила паника, но она высунулась на улицу, и я увидела, что она, как всегда, улыбается.

— Сьюзи!

— Ой, прости. Просто услышала музыку, — пролепетала я. — Не думала, что ты играешь.

— А… Да. Вообще-то, когда-то я играла профессионально.

— Это заметно. Получается просто чудесно, — я попятилась.

— Сто лет не играла, но тут подумала — почему бы снова не купить пианино? С рук оказалось совсем не дорого. Его привезли сегодня. Не зайдешь?

Неужели ей все известно? Неужели я что-то перевернула или оставила какой-то след своего пребывания в доме? Я подумала о таблетках, которые нашла, и поняла, что дрожу. Я постаралась ответить как можно спокойнее:

— Нет-нет, мне пора готовить ужин.

Она укоризненно покачала головой:

— Ник должен больше тебе помогать. Нельзя так много хлопотать по дому на третьем триместре, — в ее голосе звучала какая-то угроза, но я не могла понять, в чем она заключается.

— Я… э… да. Я ему передам. До свидания, Нора.

— До свидания.

Я едва ли не бегом припустила через дорогу, так и не решившись высказать ей все, усомнившись в собственных суждениях, чувствах и рассудке. Усомнившись во всем.

Когда мы с тобой были вместе, все те несколько месяцев, мир казался ярким. Лето, птицы на деревьях, звоночки твоих сообщений, приходящих на секретный почтовый ящик. Возможность другой жизни.

Вот и обратная сторона всего этого. Похмелье после вечеринки, кризис после бума. Я дома, беременная и перепуганная, в ожидании прихода полиции, в ожидании удара со стороны Норы. Теперь, когда я потеряла тебя, мне казалось, что нет ничего труднее, чем столкнуться с необходимостью жить без человека, к которому привязано твое сердце. Каждый день приходилось напоминать разуму и телу, что я больше никогда тебя не увижу. Напоминать коже, что она никогда больше не ощутит твоих прикосновений. Напоминать ладоням, что я никогда больше не дотронусь до твоей спины, пока ты спишь. *Никогда*. Пожалуй, люди не созданы для того, чтобы полностью понимать значение этого слова. Я убеждала себя, что можно перенести это легко. Нужно всего-навсего вернуться домой, закрыть дверь и прожить остаток жизни без тебя.

Элинор

Сьюзи снова целый день не было дома, и она не сказала мне почему. Я потихоньку злилась из-за того, что у нее по-прежнему есть секреты от меня, Норы, ее услужливой и понимающей подруги. Глядя, как она переходит дорогу, я подтянула к себе ноутбук, радуясь, что купила его, хотя мне пришлось основательно опустошить свои скудные финансовые запасы. Он определенно облегчал мне работу. А мои изыскания стали и в самом деле напоминать работу.

Визит Конвея подстегнул меня. Этот мерзкий тип тоже стал угрозой. Не только для меня, но и для Сьюзи, а значит — и для ребенка. Я не могла этого допустить. Слишком часто я представляла себя рядом с малышом. С ребенком Патрика. Конвея требовалось остановить любым способом. Мой разум был занят его намеками. Что он имел в виду? Что Патрик погиб неспроста, что его смерть была преднамеренной? Самоубийство? Или даже убийство? Но кому понадобилось его убивать? Это следовало выяснить. Измышления Конвея пустили глубокие корни в моем мозгу, они шевелились, точно луковицы в зимнем грунте, стремясь пробиться к свету. Может быть, он имел в виду что-то другое? Нет, это какая-то фантасмагория. Здесь, в одиночестве и полной темноте, надо держаться за правду, за реальность жизни. Надо держать себя в руках.

Войдя в «Фейсбук», я увидела, к своему удивлению, что бывшая подружка Ника, Лиза Рагоцци (итальянка, решила я, возможно, только по отцу), ответила на мое сообщение. Она осторожно спрашивала, почему я хочу разузнать о Нике.

«Это трудно объяснить», — ответила я, сидя одна в гостиной. В глубине души мне было жаль, что Сьюзи отказалась зайти. Ее теплое суматошное общество после визита Конвея мне бы не помешало. Я набрала: *«Моя подруга с ним, а он — кажется, он в последнее время стал слишком строгим».*

«В каком смысле “строгим”?» Я видела маленькие точечки, показывавшие, что Лиза остается в сети, и почувствовала азарт.

«Ну, как бы это сказать. Стал собственником, наверное. Все время спрашивает, где она была, что собирается делать. Не дает ей денег, и все в таком духе».

Я решила выложить все: *«Она беременна, поэтому не работает. Я очень беспокоюсь за ребенка. Просто кажется... дальше будет хуже. Ну, сами знаете».*

Я не называла свой страх, но Лиза должна была понять. Как и любая женщина.

Снова появились точки. Потом исчезли. Потом Лиза написала: *«Думаю, нам надо поговорить. Вы правильно беспокоитесь».*

Мы быстро условились встретиться завтра в Лондоне в ее обеденный перерыв (она работала в кадровом агентстве). Она могла подумать, что «подруга» — это на самом деле я сама, но это не имело значения. Напротив, оказалось бы полезным. Я пораньше легла спать, чтобы набраться сил перед грядущим днем. Разузнаю побольше о Нике, а потом займусь Конвеем. И разберусь с ним.

Сьюзи

В тот вечер Ник вернулся в негостеприимный дом. Я не закрыла жалюзи, не зажгла свет, не включила спокойную музыку, как обычно делала для него по вечерам, и, что печальнее всего, на плите его не ждал ужин. Прямо от Норы я отправилась к компьютеру.

Ник появился в дверях моей студии:

— Где ты была? Ты не говорила, что сегодня куда-то собираешься.

— Нет.

Я не стала отвечать на его вопрос. Разве я обязана? И как он узнал, что меня не было? Думаю, благодаря сигнализации.

Ник удивленно заморгал:

— С тобой все в порядке?

Нет. Я обнаружила, что мой любовник, вероятный отец моего ребенка, погиб вскоре после нашей последней встречи, врезавшись на машине в дерево в ясную сухую погоду. Может, в этом виновата я? А его жена, его вдова, въехала в соседний дом, подружилась со мной и, похоже, решила разрушить мою жизнь, медленно сведя с ума музыкой, светом, мертвыми тварями и словами на снегу. Меня бросало в дрожь, стоило подумать обо всем, что я ей рассказала. Дэмьен. Ты. Все те способы, которыми мы обманывали твою жену. И которая оказалась тем человеком, которому я все это выложила. Мне до смерти хотелось знать только одно: что она теперь будет делать. Расскажет Нику? Почему она этого не сделала до сих пор, если ей известно, кто я? Что Нора задумала?

— Как насчет ужина? — жалобно спросил Ник.

— Я не очень голодна. Плотно пообедала.

Я знала, Ник имел в виду, что я должна была приготовить ужин для него, но мне было плевать. Страх и возбуждение охватили меня, когда я поняла, что нарушаю правила, играя с огнем.

— Ты не закроешь дверь? Сквозит.

Чуть замявшись, Ник вышел, закрыв дверь с чуть большей силой, чем требовалось. Какая-то часть меня была испугана, но другая — нет. Я собиралась пересечь еще одну черту — начать искать в интернете опасные вещи, пока Ник был дома. Я хотела разузнать побольше о Норе Холском, также носившей имя Элинор Салливан.

С пианино мне очень повезло, потому что первое, что я выяснила — тихая, неряшливая Нора когда-то была успешно концертировавшей пианисткой. Тогда она выступала под псевдонимом Елена Ветриано. Я нашла в «Классик таймс» старую статью с откровенной фотографией, на которой она в красном вечернем платье склонилась над «Стейнвеем». Ее темные длинные волосы блестели, как вороново крыло, а полные губы были чуть приоткрыты. В статье хвалили ее за редкое трудолюбие и виртуозность, благодаря которым любая пьеса «превращается в музыкальный экстаз для слушателя, что, впрочем, неудивительно, учитывая трагическое прошлое мисс Ветриано». Я навострила ушки. Какое трагическое прошлое? Итак, Нора пользовалась как минимум тремя известными мне именами. Должно быть еще одно. Имя, которым нарекли ее при рождении и которое она, скорее всего, носила во времена того «трагического прошлого». Но как мне его узнать? Я ни секунды не сомневалась: твоя вдова сделала все, чтобы как следует его скрыть.

Открылась дверь, и на пороге показался Ник. В руках он демонстративно держал тарелку с нарезанной вареной морковью и толстым куском мяса, кажется, говядины. Я поборола желание свернуть экран.

— Думал, ты проголодалась. Что ты делаешь?

— Так, ищу кое-что, — я отодвинула принесенную им тарелку — жесткое мясо, вялые овощи — на край стола. — Пожалуйста, закрой дверь. Я занята.

Ник постоял немного с видом беспомощного негодования, потом ушел, смиренно выполнив мою просьбу. Впервые за несколько недель я едва не улыбнулась.

***

Я продолжала щелкать кнопками до позднего вечера. Я прочитала столько статей о Елене Ветриано, молодой пианистке-виртуозе, что, казалось, узнала о ней все. Я видела бесчисленные фотографии ее хмурого, затравленного лица с серыми глазами — точно такими же, какие скрывались за толстыми линзами очков моей соседки. Я узнала, что она получала награды, стала самой молодой британской пианисткой, исполнившей второй концерт Брамса на «Променадных концертах», а потом вдруг исчезла, выйдя замуж. *«Утрата музыки, находка для любви»*, — разглагольствовал автор одной статьи, сопровождавшейся фотографией Елены в белом кружевном платье. Той самой фотографией из спальни Норы. Ты стоял рядом с каменным лицом, одетый в пошитый на заказ костюм. Не удивилась бы, если бы узнала, что журнал оплатил свадьбу ради этих фотографий. *«Талантливая пианистка оставляет музыкальную карьеру, чтобы выйти замуж за врача».*

Но ты не был врачом. Даже странно, что тебе удавалось так долго всех дурачить. Как часто люди проверяют то, что им говорят? Единственное, чего я до сих пор так и не узнала, — настоящее имя Елены Ветриано, имя, данное ей при рождении. Около одиннадцати я услышала, как Ник отправился спать, пассивно-агрессивно топая по лестнице. Мне было все равно. Я искала пианистку из Сассекса, поскольку в одной из статей утверждалось, что она родом оттуда. Я набирала: *«Нора пианистка Сассекс»*, *«Элинор пианистка Сассекс»*. В конце концов, откатившись на много лет назад, я добилась своего. Юная «Пианистка года» Западного Сассекса. На газетном снимке — бледная темноволосая девочка в простом сером платье возле рояля высотой больше нее; в руках с тонкими длинными пальцами сертификат. Она выглядела бесконечно несчастной, а в глазах ее плескалась боль. Это точно была Нора. Как ее тогда звали? Тредвей. Элинор Тредвей из «Стиплтопс», Фримлингтон. Дом с собственным названием, без номера. Похоже, семья Норы была богата. Больше в сети упоминаний ни о ней, ни о ее родных не нашлось.

День промелькнул, толком и не успев начаться, как бывает после долгого перелета или на Рождество.

Когда мы встречались с тобой, когда ты был частью моей жизни, дни, казалось, тянулись вечно, и золотистый свет падал сквозь ветви деревьев до десяти вечера. Я думала, что у нас будет еще много времени и любви. Если бы я знала, как мало оставалось и того, и другого, я бы держалась за тебя изо всех сил.

Элинор Тредвей. Твоя жена, безликая женщина, к которой я так долго ревновала тебя. Мне казалось, она крадет тебя у меня. Я злилась всякий раз, когда ты тайно писал мне письма из садоводческого центра, из дома или из магазинов. Меня терзали мысли о том, что я никогда не смогу оказаться рядом с тобой в цветочной лавке или в «Икее». Я привыкла проверять тайный почтовый ящик, пока Ник расплачивался за кофе или заправлял машину, прикрывая экран ладонью или волосами, надеясь прочитать там что-нибудь новое. Мне совершенно не хотелось вести ту жизнь, что я вела. Это была ежедневная боль. Вроде как ходить со сломанной ногой, не зная об этом. Понимаешь, новый любовник — как зеркало. Невозможно от него оторваться. Твой запах, ощущение твоих мышц под бархатистой кожей, твое затаенное дыхание, когда ты обнимал меня в те редкие моменты, когда мы бывали вместе — *«О боже, Сьюзи!»*. Словно, произнося мое имя, ты говорил: *«Я выбираю тебя, тебя и никого больше»*. Именно это мы говорим себе, начиная любовный роман. Хотя, конечно, мы не оказались бы в том безликом гостиничном номере, если бы не зависели от других людей — Ника и твоей жены. И потому я пребывала в смешанных чувствах. Мне очень хотелось забыть о них, только никак не удавалось. Но когда мне удавалось не думать о реальности… по таким моментам я скучала больше всего.

Тогда я знала о ней так мало — черноволосая женщина за сорок. Мне казалось, что она неухоженная и злая. Мне казалось, тебе нужно уйти от нее ко мне. Мне казалось, что она — жутковатый призрак. Теперь я знала, какая она. Эта бледная напряженная девочка с фотографий носила столько имен. Нужно было выяснить, что произошло с ней в прошлом. Я чувствовала, что это подскажет мне, насколько велика опасность.

Элинор

Я давно не бывала в Лондоне, и потому меня удивил прилив энергии, который я ощутила, проезжая на поезде по мосту Блэкфрайерс над широкой мутной Темзой, наблюдая за сотнями людей, спешащих по важным делам. Это напомнило мне, что у других людей есть работа, дети и глупые переживания по поводу потеков в ванной и оплаты счетов за газ. А не эта мелодрама, в которую решила броситься я. Переехать поближе к любовнице мужа? О чем я только думала? Я почти свихнулась от горя, злости и боли. Но, ступив на этот путь, я пришла к совершенно неожиданному результату, и теперь нужно было двигаться дальше, ведь на кону оказалась жизнь ребенка.

Я встретилась с Лизой Рагоцци в «Кафе Неро» недалеко от ее офиса в Боро и мысленно поблагодарила ее за выбор. Место было уютным, однако позволяло сохранить анонимность, затеряться в потоке студентов с ноутбуками, озадаченных иностранцев, пытавшихся разобраться в картах из путеводителя, перевернутого вверх ногами, и офисных работников, для которых самой важной задачей было всячески избегать контактов с другими людьми в течение всего получасового перерыва.

Я сразу обратила внимание, насколько Лиза красива. У нее были густые темные волосы, опускавшиеся до ворота белоснежной рубашки, и темные глаза, только вот скулы слишком выпирали, а ноги в колготках были трогательно тонкими, похожими на веточки.

— Нора? — неуверенно спросила она.

Нервная женщина. Возможно, кто-то когда-то причинил ей сильную боль.

— Добрый день, Лиза. Спасибо, что согласились встретиться.

Она была слишком вежлива, чтобы откровенно разглядывать меня, но в ее лице я уловила мимолетное выражение — *«это точно не она»*. Теперь она поверит, что я действительно беспокоюсь за подругу, и, возможно, будет более откровенна.

— Пожалуйста, присаживайтесь.

Я взяла в руки дурацкий высокий стакан с кофе и устроилась на стуле, глядя на нее. Вокруг нас образовался пузырь тишины в море фонового шума, отражавшегося от стен.

— Наверное, вам это кажется странным.

— Не очень, — костяшки ее пальцев, сжимавших чашку чая с мятой, побелели. — Мне всегда было интересно, чем для него все закончится. Я немного поискала после вашего сообщения. Он женился? Это и есть ваша подруга?

Стоило предположить, что она отправится за информацией в интернет.

— Она ужасно разозлится, если узнает, что я встречалась с вами. Она полностью все отрицает.

Проще говоря: *«Не пытайтесь связаться со Сьюзи»*.

Она кивнула:

— Конечно, я сама долго была такой же.

— Не расскажете мне?

И она, уставившись в стынущий чай, поведала мне свою историю, пока я, сгорая от стыда, поглощала смесь сливок и сахара. Лиза морила себя голодом, будто святая мученица. Не то для того, чтобы на нее больше не взглянул ни один мужчина, не то для того, чтобы ее не замечали вовсе. Она рассказала мне, как познакомилась с Ником на первом курсе Ноттингемского университета; он учился на втором. Как ее поразили его знаки внимания: прочие парни, которых она знала, хотели только переспать с ней, а потом даже не заговаривали на людях. Тяжело переживая разрыв после романа с регбистом, длившегося целый семестр, она встретила доброго, внимательного Ника — невысокого, ладного, со скорее приятным, нежели красивым лицом. Просто спасение.

— Он пригласил меня на обед! Это было неслыханно. Казалось бы, простая пиццерия, но я была так польщена. И он помнил все, что я ему рассказывала: имена всех моих преподавателей и кота, который был у меня в детстве, и прочие разные мелочи. Я и оглянуться не успела, как мы начали жить вместе.

— В студенческом общежитии?

Она покачала головой на хрупкой шее:

— Только вдвоем. Отец Ника, кажется, оставил ему довольно солидное состояние. Я казалась себе такой взрослой. Мы даже наняли уборщицу! Но потом…

Ах да. То самое *«но потом»*. Интересно, у всех наступает такой момент, когда ты понимаешь, что у твоих идеальных, блестящих отношений, у твоей великой любви есть оборотная сторона? Ты словно переворачиваешь камень. Для меня такой момент настал, когда я нашла бальзам для губ в вещах из машины мужа.

— Да?

— Он начал ревновать. Мы с одним парнем занимались совместным проектом, неплохо ладили, но Ник был таким подозрительным. Он звонил мне, пока я была на учебе, иногда по тридцать раз за час. А если я задерживалась хоть на минуту — например, дольше обычного шла из библиотеки, заглянув по дороге в магазин или куда-нибудь еще, он хотел знать почему. Потом он стал запрещать мне ходить куда-то с подругами. Они вовсе не были тусовщицами — обычные прилежные студентки. Мы пошли тогда на концерт, и я надела… — она снова уставилась в чашку, и от тяжелых воспоминаний ее голос зазвучал глуше. — Я надела топ-корсет. Они тогда были в моде. И он просто взбесился! *«Для кого это ты вырядилась, если меня там не будет? Ты еще с кем-то встречаешься?»* В конце концов я переоделась в футболку. Так было проще.

К концу второго курса Ник и Лиза никуда не ходили по отдельности, кроме занятий — да и то он иногда сопровождал ее на учебу под предлогом защиты от уличных хулиганов — и спортзала.

— Он это поощрял, — добавила она с горькой усмешкой. — Никогда прямо не говорил, но постоянно подталкивал к этой мысли. Однажды он прочитал какую-то статью о том, что девушки часто набирают вес в первый год университета.

Я посмотрела на выпирающие косточки Лизиных ключиц, и мне захотелось сделать Нику очень больно. Он разлучил ее с друзьями и семьей — даже ее бойкие итальянские родители перестали звонить, потому что Ник всегда брал трубку и говорил, что ее нет дома, о чем она, конечно же, узнавала только потом. Если она сама звонила им, он начинал дуться: *«Зачем ты так долго висишь на телефоне? Разве я — не твоя семья?»*

— И еще он заставил меня перестать принимать противозачаточные, — завершая на этом свою историю, Лиза покраснела. — Убедил, что хорошо родить ребенка в молодости, пока я еще фертильна. А у меня выпускные экзамены были на носу! К счастью, ничего не вышло.

Морить себя голодом — тоже *достаточно* эффективное средство контрацепции.

— Мне очень жаль, Лиза, — сказала я совершенно искренне. — Надеюсь, сейчас все стало лучше.

— У меня есть друг, — она неосознанно коснулась безымянного пальца на левой руке, на котором не было кольца. — Но такое просто не забывается. Такие вещи оставляют шрамы, — она посмотрела прямо на меня. — Ваша подруга… с ней он поступает так же?

— Думаю, да. Только теперь он… не торопит события. Осторожничает.

Потому что Сьюзи — особа с более норовистым характером, чем эта застенчивая женщина. Чтобы сломать ее, ушло больше времени, потребовались более хитрые средства. Ник дождался, пока она не совершит что-то, за что ей будет стыдно, а потом умыкнул в сельскую темницу. Интересно, сколько времени он вынашивал этот план и готовил почву для переезда?

Распрощавшись с Лизой возле Лондонского моста, я долго смотрела, как шагают прочь ее тоненькие ножки. А глубоко в моей груди разгоралась ненависть к Нику. За последние несколько недель она каким-то образом сумела затмить мою ненависть к Сьюзи. Ник контролировал ее, использовал газлайтинг, презирал. А я даже не могла радоваться, как прежде, что мне повезло и мой муж был совершенно другим. Потому что он был точно таким же. Он убедил меня, что я схожу с ума и все его романы — плод моего больного воображения. Он врал мне в лицо целых десять лет. Он совершал и другие отвратительные поступки. Крал. Изменял. А может, если прислушаться к намекам Конвея, творил и кое-что похуже.

Сьюзи

Сначала надо было подготовить почву. Когда я решу разнести свою жизнь в клочья, мне потребуется укрытие. Место, где можно спрятаться. И кто-то, кто окажется на моей стороне, раз уж Нора перекочевала в лагерь противников. Я сказала Нику, что хочу повидаться с матерью. Снова пришлось прибегнуть к магии беременности:

— Когда собираешься стать матерью, хочется немного побыть со своей мамой. К тому же в этом году она не приедет к нам на Рождество.

Он, как обычно, медленно заморгал:

— Обычно ты с ней ругаешься. Это не повредит ребенку?

— Надеюсь, мы сумеем свести на нет наши разногласия. Отчасти потому я и хочу повидаться с мамой, ведь скоро у нее появится внук или внучка!

Я изобразила счастливую улыбку беременной дурочки, и Ник, одобрительно кивая, предложил заказать билеты на поезд. Наверное, хотел убедиться, что я поеду именно в Оксфордшир. Вышло удачно: добираться туда самостоятельно очень уж утомительно.

***

Мама жила недалеко от Оксфорда, в одной из тех симпатичных деревушек, где в приходском центре всегда людно, а из-за дорогих ставней постоянно подглядывают местные кумушки. Пока мы ехали от станции, нам встретились три человека, с которыми мама была знакома, и всякий раз она сигналила им и махала рукой. Я подумала: *«Какая куча свидетелей для Ника»*, и едва не рассмеялась — так глупо все это выглядело.

— Обычно ты приезжаешь не одна, — сказала мама, сворачивая на узкую подъездную дорожку. Она жила в двухэтажном краснокирпичном доме в викторианском стиле, красиво увитом плющом. Отец умер, когда мне было пятнадцать. Вступить в новый брак мама так и не собралась, хотя регулярно получала предложения и ходила на свидания. Это были благоразумные, веселые отношения, обычно связанные с походами по Уэльсу или дегустациями вина в приходском центре. Обычно с вдовцами или с разведенными, у которых неизбежно оказывались свои дети. Любопытно, почему маме удается устраивать личную жизнь без какого бы то ни было драматизма, а я оказалась на это совершенно не способна.

— Он работает, — ответила я, вылезая из машины.

— Но обычно вы навещаете меня по выходным.

— Да. Я просто подумала, что на поезде будет спокойнее. И хотела повидать тебя до отъезда.

Мама собиралась провести Рождество в круизе с Найджелом, своим новым увлечением, и я, к собственному ужасу, поняла, что отчаянно ей завидую — как здорово было бы оказаться в тысячах миль от Ника, от Норы и от того кошмара, в который я превратила свою жизнь! Верхняя гостевая комната была завалена путеводителями, кремами для и от загара, купальниками и прочими вещами для комфортного путешествия.

— Это очень мило, дорогая…

Я чувствовала на себе пытливый мамин взгляд, надеясь, что она все поймет по моему состоянию — именно внимание к мельчайшим деталям сделало ее востребованным юристом. Я не знала, как начать разговор о своих проблемах, и мне хотелось, чтобы она спросила сама.

Как обычно, мама ловко заполнила повисшую тишину суетой. Она последовательно заставила меня разобрать вещи, хотя я взяла их с собой ровно на одну ночевку, очистить целую груду овощей для рагу, а потом просмотреть с ней программу местного литературного фестиваля, обводя все, что казалось интересным. Мама читала только интеллектуальную литературу и в юности отчитывала меня за «трату времени на ерунду», если заставала с Агатой Кристи или Джилли Купер.

За обедом она, клюя что-то, словно птичка, буквально запихивала в меня сыр и пирог. Это было мамино обычное поведение, из-за которого я к пятнадцати годам весила сильно за семьдесят. Наконец, с едой было покончено, остатки аккуратно уложены в лотки, посуда помыта, и мы сели рядом перед маленьким старомодным телевизором. Она надела очки для чтения и принялась просматривать программу в «Радио Таймс».

— Так, что ты хочешь посмотреть? Есть скандинавская драма, которая меня заинтересовала. Или повтор «Сирано де Бержерака».

Мама не подключала специализированные телеканалы, вероятно считая это слишком развращающим; смотри, что предлагают в программе, и радуйся.

— Мам… Я думала, мы поговорим.

— Поговорим? — она изящно изогнула бровь — ладная и стройная, в стильных очках, со светлыми с серебристой сединой волосами, элегантная дама. — У тебя все хорошо, дорогая?

Я замолчала. Самое время было сказать: «Нет, не совсем», и вывалить все сразу. Но, представляя себе ее разочарование: *«Ох, Сюзанна, как ты могла?»* и терзаясь чувством вины, глубокой вины, я не сумела выдавить ни звука. Их ведь не возьмешь потом назад, все эти обвиняющие меня же слова. И после паузы я спросила:

— Да. Просто… Когда вы ждали меня, папа не вел себя немного… странно? То есть он не слишком опекал тебя?

— Нет, дорогая. Твой отец был очень спокоен. Полагался на волю божью и на авось.

Я очень плохо помнила папу — сила личности моей мамы выгребла все из моей памяти, словно бульдозер. Но момент, чтобы начать меня расспрашивать, был самый подходящий. Только мама не стала этого делать. Мне предстояло вести этот разговор в одиночку.

— Просто Ник… он весь на нервах. Не любит, когда я куда-то хожу без него, делаю что-то или расстраиваюсь. Он постоянно следит, что я ем и пью.

Она шуршала страницами журнала.

— Кто-то же должен, дорогая. Я знаю, что бывает, если оставить тебя наедине с печеньем. И вином! Ты ведь не слишком много пьешь, верно?

От расстройства у меня закололо в подушечках пальцев. Мама изо всех сил старалась спустить на тормозах важный для меня разговор.

— Нет, конечно. Просто… теперь я не зарабатываю. Приходится просить деньги у него, а я этого терпеть не могу. Получается, что я никуда не могу пойти, не спросив его разрешения. А я там совсем одна.

Мама вздохнула:

— Я же говорила: не надо покупать тот дом.

Старое доброе «*я же говорила*» — можно ли придумать что-то более бесполезное, когда ты и сама признаешь, что ошиблась, и просишь о помощи?

— Говорила. Довольна, что оказалась права? — ответила я резко, и она посмотрела на меня.

— Дорогая, кажется, ты устала. Может, ляжешь спать пораньше?

— Я не устала. Я пытаюсь поговорить с тобой, а ты просто… избегаешь меня.

По удивленному выражению ее глаз я поняла, что она сама понятия не имела, что ведет себя именно так. Себе-то она казалась прекрасной, благожелательной, щедрой матерью.

— Я не избегаю. Что ты хочешь мне сказать? Что тебе нужны собственные деньги? Ты всегда можешь вернуться на работу после родов. Ездить в город.

Но *вернуться* я не могла, о чем мама и не догадывалась. Придется искать новую работу, объясняться на собеседовании, с чего это я бросила неплохое место, а потом, скрестив пальцы, надеяться на приличную рекомендацию от прежней начальницы, Дафны, которая наверняка наслышана о той истории со мной и Дэмьеном. Как-то ухитряться работать с младенцем на руках.

— Наверное…

Хотя, стоит мне это предложить, Ник посмотрит на меня с обычным печально-озадаченным видом: *«Но мы же переехали сюда ради тебя!»*

— ...Мне очень одиноко. Вокруг нет абсолютно ничего. Насчет этого ты была права. И поехать куда-нибудь днем я не могу. Мне нужна своя машина, но Ник говорит, что это плохо для экологии.

К тому же у нас появилась новая соседка, решившая разрушить мою жизнь. Когда я уезжала, Нора, как всегда, дежурила у окна своей гостиной. Странно, что раньше меня это не пугало.

Мама кивнула:

— Да, эта дилемма мучает всех нас, сельских жителей. Дорогая, ты уверена, что это не просто депрессия?

— Родов еще не было. Она случается после.

Мама задумалась. Ее взгляд перескакивал с предмета на предмет — ей совершенно не хотелось вмешиваться. Она вообще предпочитала, чтобы люди платили ей за решение их семейных проблем. Но я все-таки ее дочь и так расстроена...

— Уверена, Ник искренне заботится о тебе. Вы прошли вместе такой долгий путь, верно? Тебя что-то действительно беспокоит? Он что-то натворил?

Она имела в виду, не бил ли он меня? Нет, разумеется. Он просто ставил под сомнение любое мое действие. Просто говорил, что я схожу с ума, когда мне внезапно становилось невыносимо жарко в прохладной спальне, или звучала музыка, которую никто не включал, или мне не удавалось открыть входную дверь, чтобы выйти. Ему просто не нравилось, когда я выхожу из дома. Да и с чего бы ему это нравилось? Я врала Нику насчет Дэмьена, о чем он, скорее всего, знает. И продолжаю врать. На его деньги я разыскивала мужчину, с которым ему же изменяла, а теперь, узнав о смерти своего любовника и о том, кто такая Нора, отчаянно пытаюсь отыскать выход из безвыходной ситуации. Наверное, если смотреть на все это глазами Ника, нельзя не признать его правоту. И я испугалась, что мать встанет на его сторону, когда узнает, что я натворила. Это было невыносимо. Я приехала сюда в поисках союзника перед приближающейся бурей, если решу уйти от Ника, если пойду на конфликт с Норой и окажусь выброшенной на улицу за измену. Но теперь я поняла, что от матери помощи будет не больше, чем от Клодии, и сказала:

— Нет. Вовсе нет. Вероятно, мне трудно дался переезд.

Она вздохнула с облегчением.

— Вот и хорошо, милая. Ты просто пока не привыкла к загородной жизни. Когда родится ребенок, ты сможешь вступить в какой-нибудь клуб молодых матерей или что-нибудь в этом роде. Или пойти на курсы — Найджелу очень нравятся занятия по переплетному делу.

Похоже, до нее так и не дошло, что у меня нет машины. Я задумалась.

— Мам, если вдруг возникнет нужда, можно будет немного пожить у тебя? Только я и ребенок.

Ее молчание немного затянулось.

— Ну дорогая, конечно, можно! Только твоя комната сейчас завалена всяким хламом, там все мои швейные принадлежности и листовки в защиту зеленых насаждений нашей деревни. Придется многое перетаскивать. Но если тебе будет нужно, приезжай, мы все уладим!

Проще говоря — нет.

— Спасибо, — пробормотала я. — Посмотрим ту скандинавскую драму?

Убийство в скудно освещенных декорациях — как раз под настроение.

***

На следующий день я пустилась в обратный путь. Я проиграла по всем статьям. Мама четко дала понять — теперь это и есть моя жизнь: сидеть за толстыми стеклами и дверями с кодовым замком и нянчить ребенка, добиваясь расположения Ника. Если это вообще возможно. Поезда тащились еле-еле, и до дома я добралась только после пяти. Домик Норы снова стоял тихий и темный, и это меня тревожило. Прежде она никуда не отлучалась, а теперь вечно в отъезде. Неужели узнала, что мне известно, кто она? И снова всплыл вопрос, почти не выходивший у меня из головы с тех самых пор, как я выяснила правду. *Какого хрена ей нужно?*

Дома, естественно, обнаружился Ник, заготовивший очередную порцию претензий. Он сидел за кухонным столом, обложившись фотографиями Поппета, и распечатывал новое объявление. Еще одно напоминание о неприятности, случившейся по моей вине.

— Извини, — я слишком устала для того, чтобы оправдываться. — Просто… задержалась в дороге. И зашла в магазин.

Ник встал и принял у меня сумку с покупками. Бродя по проходам супермаркета, я поймала себя на мысли о том, что могу и не успеть доесть гранолу без сахара и банку арахисового масла. Если сбегу раньше. Но куда мне деваться? Точно не к матери. Ник хлопнул дверцей шкафчика.

— Разве я о многом прошу? Я работаю целыми днями и хочу, чтобы к моему возвращению в доме было тепло и уютно и ужин стоял на столе.

Я удивленно уставилась на него:

— Ты вернулся домой до пяти! Хочешь сказать, что ты собирался поужинать в такую рань?

Снова хлопок дверцей.

— Мне нужна жена, которая будет меня ждать.

— А я чем занимаюсь? И где мне еще быть? Я к маме ездила.

Ник стоял спиной ко мне, упираясь руками в стол. Я почувствовала, что он, ощутив, что ведет себя слишком неразумно даже по тем меркам, по каким мы жили в последнее время, пытается сменить тактику.

— Просто беспокоюсь за тебя. Ты беременна, а дорога была долгая.

— Это же ты завез меня сюда! — Я вытащила остатки покупок: пачку лапши, банку семян чиа, которые считались полезной для меня едой, и сунула их в шкафчик. Ник потом все равно расставит их так, как ему нравится.

Он поморщился:

— Пожалуйста, не говори так, Сьюзи! — предупреждение, что я зашла слишком далеко. — Мы сегодня вообще будем ужинать? Я голоден. Думаю, и ребенок тоже.

Я выждала несколько секунд, пока не пришла уверенность, что смогу заговорить, не сорвавшись на крик. Не самое подходящее время, чтобы разбивать собственную жизнь вдребезги. Сначала нужно выяснить, что задумала Нора.

— Конечно. Я собиралась приготовить болоньезе, но, если тебе не терпится, могу быстро пожарить что-нибудь в воке.

— Болоньезе — это хорошо, — смягчился он.

Еще один кризис миновал.

— Тогда сейчас приготовлю. Может, пока присядешь, пива попьешь?

Когда я забеременела, он переключился с вина на пиво — бутылочка на одного, — подчеркивая, что я способна приложиться к открытой бутылке, хотя мне не позволены и пары алкоголя.

— Хорошо, — проходя мимо, он слегка похлопал меня по животу — единственному месту, до которого теперь дотрагивался. — Кстати, как мама?

Я терпеть не могла, когда он так ее называл. Это моя мать, а не его.

— Как всегда. По уши в делах всяких деревенских комитетов и ждет не дождется развивающих лекций во время круиза.

Он поджал губы:

— Надеюсь, ты сказала ей, что мы рассчитываем на некоторую поддержку, когда появится малыш? Бабушка должна нести свою долю обязанностей. Обе бабушки!

Я представила себе лицо матери, впервые услышавшей об обязанностях бабушки. И ни одного дедушки на горизонте. Ни с той стороны, ни с другой.

Видно, в обеих наших матерях было что-то, сводившее мужчин в могилу до срока.

Нарезая овощи и выкладывая на сковородку фарш, от розоватых завитков которого мне становилось дурно — слишком уж они напоминали мозг, я посмотрела на другую сторону улицы. В доме Норы все еще не зажегся свет, и шторы по-прежнему подняты. Она уехала. Но куда?

Ник тихо вошел в кухню и, ополоснув пивную бутылку, чтобы сдать ее потом в переработку, походя, словно о каком-то пустяке, сказал мне в спину:

— Да, забыл тебе сказать. Сегодня снова звонили из полиции. Они все еще хотят с тобой поговорить.

Элинор

После гибели мужа я изучала вещи из его машины, словно историк — находки из гробницы какого-нибудь древнего фараона. Что они означали? Как Патрику удавалось так долго морочить мне голову? Он врал, и это, конечно, объясняло, почему никогда не бывало, скажем, вечеринок или ужинов с коллегами. Он всегда говорил, что предпочитает проводить время вне работы со мной. Меня это радовало. Но теперь, когда вскрылась фальшь моей жизни, я была просто обязана докопаться до истины.

Пару дней назад Сьюзи снова уехала, взяв с собой сумку с вещами и вызвав дорогое такси. Наблюдая за ней, я услышала через стекло голос Ника:

— Передавай маме привет от меня!

Понятно: она поехала к матери. Сьюзи говорила, что ее мама собирается на Рождество в круиз, поэтому в такой поездке ничего странного не было. Странным было охлаждение между нами — она не сказала, что уезжает. Более того, мы не общались с тех пор, как она услышала мою игру на фортепьяно. Интересно, что произошло? Мне стало не по себе, но я убедила себя, что она вряд ли могла выяснить, кто я такая. Мысли Сьюзи занимали ее собственные скорбь и страх, и едва ли у нее нашлось время думать обо мне.

Я снова и снова прокручивала в голове ту фразу Конвея: «*Ты и половины всего не знаешь, дорогуша*». Неужели он имел в виду то, о чем я начала подозревать? Идея, правда, казалась мне фантастической. Но некоторые нестыковки заставляли задуматься.

Мне сказали, что Патрик был в сознании, когда его привезла скорая. Что произошло после того, как его доставили в больницу? Кто-то должен был заняться его лечением — и не один человек. Сестры, врачи, регистраторы. Должен был остаться след. Если тогда он чувствовал себя хорошо, разве они не удивились, когда он умер? Разве это никого не встревожило? Или с ним что-то умышленно сделали?

***

Я ехала в Суррейскую больницу, удивляясь тому, что никогда прежде там не бывала. Несколько раз я предлагала Патрику пообедать где-то рядом, но он всякий раз заявлял, что слишком занят. Спасает рожениц, помогает младенцам появиться на свет. Чем больше я об этом думала, тем отчетливее понимала — так он меня и дурачил. Я никогда не бывала у него на работе, а он ведь выполнял какие-то обязанности в больнице, хотя и не был врачом. Никогда не встречала тех, с кем он работал. Ни разу не усомнилась в том, что он мне рассказывал. У него все полки были заставлены книгами по медицине. Я даже видела его фотографию времен обучения на медицинском факультете.

Сумма, которую я выложила за парковку, показалась мне заоблачной — состояние моего банковского счета впервые за долгие годы тревожило и расстраивало. А переступив порог больницы, я испытала шок из-за обилия впечатлений: яркий свет, топот бегущих ног, рев нескольких телевизоров и люди, множество страдающих людей. Из-за снегопадов стало больше травм и случаев тяжелых простудных заболеваний. Несколько хмурых усталых пациентов сидели в приемной, положив ноги на стулья.

От Эдди я знала, что Патрик был финансовым клерком при отделении акушерства и гинекологии — хоть в этом не соврал. Какая ирония судьбы: он не занимался спасением чьих-либо жизней, а брал с тех, кто в этом нуждался, деньги за отдельные палаты и подсчитывал расходы врачей! В общем, был обыкновенным кассиром. Я шла туда, где появляются на свет дети, готовясь увидеть рыхлые, раздутые тела беременных. Сьюзи стала одной из них не без его помощи, а мне, похоже, было не суждено.

И я убеждала себя: не велика потеря — в мире и без того достаточно людей, а не оставив потомства, я могла избавить его от ужасного наследия своей семьи, исключить из обращения ее испорченные гены. Но мое тело этого не понимало, и я едва не разрыдалась, когда какой-то малыш, пробегая мимо, схватился за мою ногу, чтобы не упасть.

— Тайлер! — неловко приковыляла его мать, вынашивающая мальчонке брата или сестру. — Простите. Он хватается за всех подряд.

— Ничего страшного…

Мне пришлось отвернуться, чтобы не видеть ярких смешливых глаз малыша, его ладошек, похожих на морские звезды, и попытаться возродить в себе праведный гнев — он исправно поддерживал мои силы, пока я жила бок о бок с женщиной, носившей ребенка Патрика. Но со мной осталась лишь пробиравшая до костей горечь потери. Сколько лжи… Больше, чем мне когда-то казалось. Суждено ли мне пробиться сквозь ее заслон?

— Вам помочь?

Мои бесцельные блуждания по отделению привлекли внимание дежурной, помахивавшей бейджем на шнурке, словно нунчаками.

— Ой… Прошу прощения. Просто… мой муж раньше здесь работал. Патрик Салливан.

Не доктор Салливан, как я долго считала. Неудивительно, что он не разрешал мне звонить ему на работу. Помнится, как-то раз я, не дозвонившись мужу по мобильному, набрала номер больницы. *«Кого? Здесь нет доктора Салливана»*. И потом он, явно злясь, сказал мне: *«Опять какой-то безмозглый стажер! Но им есть чем заняться и без личных звонков, Элли. Никогда так больше не делай»*. И я не делала.

Ее лицо смягчилось.

— Ах да. Его смерть была для нас утратой, миссис Салливан.

Он ей явно нравился. Он всегда нравился женщинам.

— Я надеялась взглянуть на его кабинет. Хочется посмотреть, где он провел большую половину жизни. Забрать его личные вещи.

Она задумалась. В моих глазах выступили слезы. Как ни странно, не притворные.

— Конечно, миссис Салливан, — сказала дежурная. — Пойдемте со мной.

***

Его кабинет оказался чуть больше кухонного шкафа. Дешевый стол, дешевый стул, полка с какими-то скучными книжками, правилами медицинской службы и руководствами по электронной системе учета. Никаких фотографий, никаких признаков семейной или вообще какой бы то ни было жизни. Дежурная ушла, и я устроилась на краю стула, представляя себе, как Патрик год за годом сидел за этим столом. Не спасая жизни, как думала я, а подшивая авансовые отчеты и вводя данные в электронные таблицы.

Не без волнения я принялась открывать ящики стола. В верхнем оказались несколько канцелярских скрепок, пара исписанных шариковых ручек и аккуратно свернутый синий шелковый галстук, оставленный здесь, вероятно, на случай совещаний. Я вспомнила, как покупала его на позапрошлое Рождество. Он обошелся в сто фунтов, а теперь просто пылился в ящике стола в неприметном кабинетике на задворках больницы. Я взяла галстук, провела пальцами по гладкой ткани. Позабытая всеми крошечная частичка жизни.

Во втором ящике нашлись почти пустая бутылка виски, флакон с дорогим, изготовленным на заказ лосьоном после бритья, зубная щетка во вскрытой упаковке, гель для душа. Не хотелось задумываться, зачем ему все это в кабинете. Я вспомнила, как каждый вечер, вернувшись домой, Патрик с постоянством маньяка сразу шел в душ. Чтобы смыть запах Сьюзи? Но она говорила, что они познакомились только в мае. А Патрик опаздывал, скрытничал и плескался в ванной, сколько я его знала.

Прогнав эту мысль, я взялась за третий ящик. Он оказался заперт. Я подумала было пойти законным путем и спросить, нет ли запасного ключа. Но на это, по моему больничному опыту, ушли бы часы. И мне не хотелось привлекать внимания. К счастью, я еще не утратила навыки, полученные в Аплендсе, где открыть хлипкий замок в ящике стола было детской забавой для полудиких девчонок, с которыми я провела полгода. Я распрямила одну из скрепок из верхнего ящика, и через пару минут замок поддался.

Внутри оказалась записная книжка — дешевый линованный блокнот. В нем были имена, записанные аккуратным полупечатным почерком моего мужа. Среди них я увидела имя Конвея. Рядом были числа, даты, небрежные пометки. Что-то вроде *«с девицей в баре на конференции»*, *«трехчасовой обед на двоих»*, *«расходы на лишнюю ночь в гостинице»*. Что все это означало?

Когда я стала перелистывать страницы, из блокнота что-то выпало. Зеленый листок бумаги — больничный рецепт без указания имени врача. Он был подписан неразборчивой закорючкой. Название лекарства тоже не было указано. Я вспомнила таблетки, которые привозил мне муж. Он, «врач», уговаривал принимать их, объясняя, что это нужно для лечения моей тревожности, для профилактики проблем с психическим здоровьем, как у моей матери. И я их, конечно, принимала, потому что верила, что у него есть медицинское образование. Неужели кто-то дал ему пустые бланки рецептов, чтобы он заполнял их по собственному усмотрению?

Едва до меня начало доходить, что это означало, как послышался шум и дверь в кабинет открылась.

— Вам помочь?

Сьюзи

Полицейские приехали на следующий день. Неудивительно — я ведь им так и не позвонила, чтобы сказать, что ничего не знаю, и очистить себя от подозрений.

Они были очень вежливы, аккуратно вытерли ноги о коврик и поблагодарили за чай, который я подала в фарфоровом чайнике, с шоколадно-имбирным печеньем на тарелке. Я извинилась, что не испекла его сама, потом одернула себя за излишнее усердие. В конце концов, для них я была всего лишь соседкой, которая никакого отношения не имела к аварии. Я лихорадочно прокручивала в голове придуманную историю в поисках дыр. Можно ли как-то нас связать? Наверное, да, если Нора сумела меня отыскать. Но я все еще не могла понять, как ей это удалось.

Их было двое — мужчина и женщина в одинаковой темной форме, с рациями, висевшими на поясах. Благодаря телевизору, я поняла: это значит, что ко мне послали не детективов — скорее всего, это обычное дознание. Мы сидели в гостиной, когда вдруг стало ощутимо прохладно.

— Простите за холод. У нас, должно быть, отопление… как его?.. — слово вылетело из головы — прямо как у ребенка. — Наверное, сломалось что-то.

— Из-за снега много проблем, — вежливо ответила женщина. — В это время года нам часто звонят из-за замерзших пожилых людей. Они экономят на отоплении, чтобы оставались деньги на еду.

Я завернулась в кардиган, устыдившись своего богатства и положения.

— Муж сказал, вы по поводу какой-то аварии? — я намеренно использовала слово «муж» словно щит: *«Я замужем. Я никакого отношения не имею к тому человеку, кем бы он ни был».*

— Верно. Месяца три назад произошла авария на боковой дороге, параллельной той, что проходит мимо вашего дома, в нескольких милях отсюда. Водитель врезался в дерево.

Я нахмурилась:

— Какой ужас… Кажется, я об этом не слышала.

А вдруг они выяснят, что это не так? А вдруг они могут проверить историю моих поисков в интернете и узнать, что я читала новости об аварии?

— Это, наверное, из-за льда? Здесь дороги песком не посыпают.

— Нет, это случилось еще до холодов. Было солнечно и сухо, и на дороге, насколько нам известно, не было никаких препятствий.

— Странно. И расследование до сих пор продолжается? — Почему им понадобилось столько времени, чтобы добраться до нас?

Они переглянулись:

— Дело не из срочных. Сокращения, сами понимаете.

Мне хотелось предложить объяснение — например, внезапный приступ, или аневризма, или еще что-нибудь, вроде потрясения, которым стали для тебя мои новости и завуалированная угроза… Но невинный очевидец не стал бы этого делать, и я промолчала.

— Вы ничего не слышали? — спросила женщина.

— Не припомню. Когда это было?

Она назвала дату, которая навечно запечатлена в моей памяти, и я притворилась, будто просматриваю календарь в телефоне. Интересно, могут они узнать, что в тот день меня несколько часов не было дома? А наша система сигнализации регистрирует время моего прихода и ухода? Неважно, прошло уже много времени. Никто не вспомнит. И Нора тогда еще не переехала сюда. Разумеется! Должно быть, твоя смерть подвигла ее на поиски. И она нашла меня, чтобы уничтожить.

Я решила подстраховаться:

— В ежедневнике ничего нет, а я уже не помню. Я стараюсь выходить на улицу почти каждый день, но гуляю в разных местах. И случаются перерывы, сами понимаете. А что было тогда… Простите.

Они собрались уходить, и у меня на душе полегчало от мысли, что это была все же обычная процедура. Ничего они не знают.

— Спасибо, миссис Томас.

Я не стала поправлять их: не все ли равно, какая у меня фамилия. Потом, когда мне уже задышалось свободнее в предвкушении момента, когда за ними закроется дверь, женщина сказала:

— Кстати, миссис Томас… Мы обратили внимание, что несколько недель назад был звонок в полицию с вашего адреса.

— Да?

«Какого черта?!» — в панике промелькнуло у меня в голове. Неужели Ник им что-то рассказал? Разве он знает?

— Кажется, по поводу пропавшей собаки.

Я облегченно выдохнула.

— А… Точно, точно. Конечно. Бедный Поппет. Я просила Ника не беспокоить вас такими пустяками.

— К сожалению, у нас не хватает ресурсов на поиски собак или еще каких-то питомцев, но ваш муж поступил правильно. В этом районе действуют банды, промышляющие кражей породистых животных. Вы ничего странного не замечали? За домом никто не следил?

Такое мне в голову просто не приходило. В конце концов, после всего произошедшего, было бы просто нелепо, если бы пропажа Поппета оказалась единственным настоящим преступлением в этих местах. Но что, если разные пугающие события вообще не имеют никакого отношения к нашим с тобой отношениям?

Я притворилась, что пытаюсь припомнить.

— Было несколько звонков, когда на другом конце никто не отвечал. Что-то в таком роде. Я тогда подумала, что кто-то может прощупывать наш дом, но у нас хорошая сигнализация, и не стала волноваться.

— Очень мудро с вашей стороны.

Они переглянулись, и у меня свело живот, словно на американских горках, когда думаешь, что все закончилось, и тут начинается новый круг. Как же глупо, самонадеянно с моей стороны было принимать их за простых служак. Они что-то знали. Наверняка знали. Это не просто рутинное дознание.

— Кстати, миссис Томас, наша система автоматически делает выборку по именам в базе данных. И мы не могли не обратить внимание, что ранее в этом году против вас выдвигалось обвинение в преступлении.

— Что?! — едва успев приподняться с дивана, я в ужасе рухнула обратно.

— Взлом машины в Восточном Лондоне…

Боже правый!

— …Пострадавший назвал вас в числе возможных подозреваемых. Некто Дэмьен Хендерсон.

Я уставилась на них с оскорбленным видом, в котором, как надеялась, они не увидят фальши:

— Дэмьен?!

— Вы с ним знакомы?

— Мы работали вместе. Я читала его сообщение о взломе машины, но… Мы переехали сюда гораздо раньше! Это бред!

— Вот и в полиции решили так же, поэтому тревожить вас не стали. Но, может, у вас есть предположения, почему он выдвинул такое обвинение, миссис Томас? — женщина посмотрела мне в глаза поверх блокнота.

Они знали! Наверное, они догадались, почему он мог так заявить и что я за человек.

— Я… — *о боже! Осторожнее, Сьюзи…* — Мы расстались не в лучших отношениях, вот и все. Но это было давно, а с тех пор мы не встречались.

Это была ложь. Я соврала, даже не собираясь этого делать. Черт!

Они снова переглянулись. Я даже немного позавидовала, что бывают люди, способные вот так обмениваться мыслями, не произнося ни слова. У меня какое-то время так было с тобой. Во всяком случае, мне так казалось. Но не с Ником. Темы для разговоров у нас иссякли давным-давно, и, даже решив поужинать где-нибудь в ресторане, мы оба утыкались в телефоны, едва договорившись их не доставать. Твой уход ощущался даже в мелочах.

— Хорошо. Спасибо за помощь.

Все? Или у них еще что-то осталось в запасе?

— Надеюсь, вы выясните, что случилось, — сказала я, провожая их до дверей. — Бедная жена. Наверное, для нее это трагедия.

Полицейские уже сели в машину, когда я вдруг поняла, внезапно похолодев, что они даже словом не обмолвились о жене.

***

Кровь кипела в жилах от ярости. Какого хрена Дэмьен сказал такое полиции?! Сдалась мне его вшивая машина!

Того, что я сделала дальше, делать не следовало. Это был еще один идиотский поступок, добавившийся к горе исполинских глупостей, которые я совершила за последние несколько месяцев. Я схватила телефон, вошла в свой тайный почтовый ящик и набросала сообщение.

«Ты не говорил, что назвал полицейским мое имя! Что за фигня, Дэмьен?! Да я и не думала о тебе с тех пор, как ушла с работы. И вообще отлично, что мы поругались, понятно? Я не хочу с тобой ни разговаривать, ни встречаться. Никогда! И если

ты им что-нибудь еще обо мне расскажешь, они выяснят кое-что и о тебе».

Я отправила сообщение прежде, чем сообразила, как это глупо. Я угрожала ему. Но чем? Обвинением в том, что произошедшее в переулке случилось не по обоюдному согласию? Разумеется, я жалела о том вечере и никогда не сделала бы подобного в трезвом виде. Но неужели я в самом деле собираюсь заявиться в полицию? Я подумала о том, что придется идти в суд, если это всплывет. Представила себе лицо Ника. Стыд от осознания, что называю себя жертвой, хотя добровольно пошла с Дэмьеном, жадно его целовала и флиртовала несколько месяцев. Даже если я и не хотела заходить дальше, кто станет мне сочувствовать?

Меня охватил холодный ужас, я вскочила и едва не расплакалась от отчаяния. Что мне делать? Никто не в силах мне помочь. Нора была твоей женой — наверняка она ненавидит меня, даже если и до сих пор не рассказала Нику правду. В ее прошлом произошло нечто ужасное. Я была в этом уверена. И она принимала лекарство от тяжелой психической болезни. Мне нужно спрятаться от нее, но к кому обратиться за помощью? Ник как минимум подозревал, что между мной и Дэмьеном что-то было. Кто-то — возможно, Нора — наблюдал за мной и, вероятно, украл пса. Я в опасности. И беременна. И наверняка допустила крупные просчеты в разговоре с полицией, запутавшись в собственном вранье. Вдруг они вернутся?

Я дрожала, стоя посреди дорогой кухни и вслушиваясь в шум дома. Системы, регулирующие температуру, проигрывающие музыку, поднимающие и опускающие жалюзи, включающие свет. Закрывающие двери, чтобы заточить меня в этом доме навечно. Я чувствовала себя птицей в клетке, перед которой сидит кошка, наблюдающая за каждым ее движением.

Элинор

Лицо человека, разыскавшего меня в кабинете Патрика (он представился доктором Эндрю Холтом, заведующим отделением ЭКО), показалось мне добрым. Я представила себе, как благотворно его вид влияет на беременных женщин. Голос у него был тихий, взгляд — спокойный. И все же, увидев меня в кабинете с записной книжкой в руках, он встревожился.

— Миссис Салливан, верно? Джемма сказала, что вы здесь.

— Да. Меня зовут Элинор.

— Точно, — его брови нахмурились еще сильнее. — Сочувствую вашей утрате. Могу я вам чем-нибудь помочь? Боюсь, я почти не знал Патрика.

«Я тоже не знала», — захотелось ответить мне.

— Доктор Холт, не знаю, как и сказать… Мне трудно принять произошедшее, его смерть. Просто в голове не укладывается, как он мог так разбиться.

Он сочувственно кивнул:

— Такое случается.

— Может быть, если мне удастся понять, что произошло после того, как его привезли сюда… после аварии… Его, наверное, в реанимацию повезли? Я понимаю, что его лечили не вы. Просто… не знаю, кого еще спросить.

— У меня пациент… — он посмотрел на часы и, похоже, принял какое-то решение. — Думаю, я смогу выяснить. Предлагаю пройти в мой кабинет. Это рядом.

Я проследовала за ним по нескольким коридорам, окрашенным в одинаковые оттенки красно-коричневого и лимонного. Кабинет у доктора Холта оказался побольше, чем у Патрика, но куда менее аккуратным. Куртка валялась комом на стуле, стол погибал под бумагами, стаканчиками с недопитым кофе и медицинскими журналами с загнутыми уголками страниц.

— Так, посмотрим... — Холт придвинул кресло к компьютеру и принялся нажимать на клавиши двумя пальцами. — Вот. В машине скорой помощи ваш муж был в сознании, сказал фельдшеру, что ударился головой. Да, сначала его доставили в реанимацию. Потом из-за жалобы на затуманивание зрения и провалы в памяти перевели в неврологию на обследование. К сожалению, потом его состояние ухудшилось, и вскоре он скончался. Такое случается при черепно-мозговых травмах.

— А разве мне не должны были позвонить, когда его привезли в больницу?

Мне все еще было неясно, почему об аварии я узнала только от полиции. Личность Патрика была установлена сразу — меня даже не просили опознать тело. На миг все вернулось. Тот ужасный момент, когда замечаешь отблески голубого маячка за окном. Понимаешь, что вот-вот произойдет то, что безвозвратно разрушит твою жизнь. А потом, когда представляешь себе, как он умирал там, один в палате, пока ты тут в полном неведении попиваешь вино, наваливаются скорбь и отчаяние.

— Да, обычно так и делают, — Холт покосился на экран. — Возможно, они не сумели найти ваш номер. Или мистер Салливан был в спутанном сознании. Он мог даже назваться не тем именем. Вы ведь живете здесь, в городе, как я вижу?

Скорее всего, в записях остался старый адрес.

— Я недавно переехала, — рассеянно ответила я. — Кто из врачей за ним наблюдал? То есть кто обнаружил, что он… умер?

Наверное, это был странный вопрос, потому что его белесые брови поползли вверх.

— Ну, если он находился на обследовании, за ним должен был присматривать ординатор в неврологии. Еще сестры. Только если его состояние ухудшалось стремительно, они могли и не заметить. У нас сейчас большой некомплект персонала. Когда он перестал дышать, они должны были прийти на помощь, но, вероятно, опоздали. Скорее всего, так и было. Мне очень жаль.

— Что ж…

Мой мозг лихорадочно работал. В это время он оставался один и, судя по всему, был практически здоров, а потом что-то произошло. Мог ли кто-то убить его? Но зачем? Я вспомнила о том, что нашла в его кабинете. Шифрованные записи в блокноте. И в голове совершенно мелодраматичным образом всплыло слово — *шантаж*. А почему бы и нет? Если там был Конвей или еще два-три человека, могли они убить его и представить это как случайность…

— Доктор Холт… Вам не приходилось слышать… Может, у кого-то из ваших коллег произошли неприятности? Из-за чего-то, что они хотели бы скрыть?

Вот теперь он точно посчитает меня сумасшедшей.

— Господи… Я даже не знаю. У каждого есть секреты, так ведь? — он посмотрел на меня. — Миссис Салливан… есть люди, с которыми вы можете поговорить. Нет ничего странного, что вам трудно, что вы… запутались.

Неужели я запуталась? Или впервые за долгие годы ясно осознавала все происходящее?

— Вы можете остаться здесь, если захотите, — продолжил он. — Отдохнуть.

Я поморщилась:

— Что вы хотите сказать?

Он встал, и его тень упала на меня:

— Только то, что вы, кажется, расстроены. Есть люди, которые помогут. Вам не надо ехать домой одной.

— Я не одна, — солгала я.

Он хотел сказать, что я спятила? Хотел положить меня в больницу? Ни за что! Это будет как с Патриком. И после того пожара в молодости. Меня постоянно пытались убедить, что я съехала с катушек, но я-то теперь знала, что это не так. Скорее, проблема была в том, что я слишком в своем уме. Я встала и взяла куртку и сумочку.

— Спасибо, что уделили мне время.

— Что ж, если вы в этом уверены, миссис Салливан…

— Совершенно уверена.

Он закрыл окошко на экране компьютера, и на секунду я увидела, что у него открыт почтовый ящик, в котором лежит несколько писем от Сюзанны Мэтьюз.

***

Я пошла к машине. Голова была полна мыслей, словно переполненный стакан. Того и гляди, потекут из ушей от неосторожного движения. Доктор Холт знал Сьюзи — наверное, он и был тем самым врачом, с которым она разговаривала, когда приехала в больницу в поисках Патрика. Но зачем ему переписываться с ней? Жаль, что я не взяла блокнот из стола Патрика. Не хотелось делать этого на глазах у доктора Холта. А вдруг я нашла бы его имя среди прочих? Что, если он замешан в делишках Патрика?

По пути к стоянке я прошла мимо врача в белой куртке. Симпатичный, седеющий. Стоял возле кофейного автомата и разговаривал по телефону игривым, смешливым тоном:

— Хорошо. Но у меня будет всего час. Хорошо?

Договаривается о свидании? С любовницей? На пальце у него поблескивало обручальное кольцо, и я подумала о его жене. Наверное, укладывает детей спать и недоумевает, почему мужа до сих пор нет дома. Наливает себе очередной бокал вина, совершенно лишний. Смотрит какой-нибудь детектив на «Нетфликс», что-нибудь о неверных мужьях, пока ее собственный благоверный крутит шашни за ее спиной. Когда слышишь истории о женщинах, которые были замужем за серийными убийцами, или о тех, чьи мужья умудряются втайне содержать еще четыре семьи, всегда недоумеваешь — как они могли этого не замечать? Не догадываться, не чувствовать? Но теперь я поняла: некоторые люди так хорошо умеют лгать, что ты им не просто веришь — ты изо всех сил поддерживаешь в себе эту веру. Ты так сильно хочешь верить, что они всегда говорят тебе правду, что начинаешь лгать за них.

Сьюзи

— Здравствуйте, Сьюзи…

Когда примерно через час после ухода полиции зазвонил телефон, у меня сердце едва не выскочило из груди. Слишком много было мелочей, которые могли меня погубить. По имени на экране я не поняла, кто звонит, но ответила на звонок, дрожа словно осиновый лист, и узнала голос доктора Холта. Ну конечно! Я же сохранила его номер под вымышленным именем, потому что не могла поступить иначе — такой я стала лгуньей.

— Э… Здравствуйте…

С чего это он решил мне позвонить? А если бы Ник оказался дома? Как бы я с ним объяснялась?

— С вами все хорошо?

— Не совсем…

С чего начать? С полиции? С Дэмьена? С Норы?

— Помните, я рассказывала вам о соседке, которая, как я думала, была замужем за Патриком? — Я все еще не могла поверить, что тебя звали так. — Так вот, я тут немного покопалась, и мне кажется, что в детстве она совершила нечто ужасное. Преступление. Понимаете, мне страшно за ребенка.

— Понятно, — осторожно ответил он.

Наверное, задумался, к чему это я. А потом сказал:

— Послушайте, возможно, вы правы. Насчет личности вашей соседки.

Он рассказал, что в больницу приходила некая Элинор Салливан и расспрашивала о муже.

— Задавала странные вопросы: не шантажировал ли кто-нибудь врачей нашей клиники, что происходит, когда поступает пострадавший после аварии. Ваша соседка — темноволосая женщина с красивыми руками?

— Это она. Она сказала, зачем приходила?

— Нет, — я услышала в трубке его вздох, и мне вдруг до глупости захотелось оказаться рядом с ним, где бы он ни был.

Я представила себе уютную холостяцкую квартиру с плотным ужином и бутылочкой хорошего красного вина. Я понятия не имела, женат он или нет. Он мог не носить обручального кольца. Мог просто жить с подругой. Или даже с другом. Я напомнила себе, что ничего о нем не знаю.

— Я забеспокоился. Она казалась… немного не в себе.

Нора ездила сегодня в Гилфорд, значит, она скоро должна вернуться домой! Что тогда? Дальше так продолжаться не может. Я не сумею притвориться, будто не знаю правды, если с ней заговорю. Но как она отреагирует, как поступит со мной, раз ей нечего больше скрывать? Вряд ли она откажется от своего зловещего плана, в чем бы он ни заключался. И я сказала доктору Холту:

— Я хочу посмотреть, где она выросла. Постараться что-нибудь выяснить. Но проблема в том, что у меня нет машины. Я застряла здесь. И мне страшно.

Я прекрасно осознавала, что выставляю себя беспомощной жертвой, чтобы надавить на его слабое место — стремление защищать и оберегать женщин.

Мне самой было противно от этого. Но уловка сработала.

Он снова вздохнул:

— Вы в самом деле уверены, что она представляет для вас угрозу?

— Она въехала в соседний дом! Думаете, это случайно так совпало?

— Нет-нет, я так не думаю. Просто все это очень странно.

— Понимаю. Просто... мне нужны хоть какие-то доказательства.

Я надеялась, что он поймет причины, толкавшие меня на поиски. Хотя у него не было на это никаких оснований — мы ведь едва знакомы. Я не имела права просить его о помощи. И у него не было никаких причин помогать мне — нас связывало лишь то, что ты ненадолго позаимствовал его бейдж на конференции. Но он все равно откликнулся.

— Вам повезло — завтра у меня редкий выходной. Я заеду за вами. Диктуйте адрес.

***

Конечно, было бы рискованно, если бы он ждал меня у дома, где за мной могли следить и Нора, и Ник. Я попросила доктора Холта, как однажды тебя, подобрать меня чуть дальше по дороге, у места для обгона, где можно спокойно припарковаться. Если ему это и показалось странным, свое мнение он оставил при себе, и спустя несколько часов мы уже ехали в его джипе в сторону Сассекса, откуда была родом Нора.

Я сидела в пассажирском сиденье, а он все поглядывал на меня.

— С вами точно все хорошо?

— Да.

Я с трудом нашла на полу машины свободное место, чтобы поставить ноги. Джип доктора Холта напоминал мусорный бак на колесах. На полу валялись остатки еды, явно неодобряемой диетологами, а на заднем сиденье кучей лежали кроссовки, джемперы, флисовые куртки, коробки с бумажными салфетками и велосипедный шлем. Казалось, доктор жил прямо здесь, в машине. После стерильной чистоты собственного дома мне это показалось даже милым.

— Думаю, это место будет трудно найти. На гугловских картах ничего нет.

По старым газетным статьям мне удалось примерно определить, где находился дом, и мы ехали туда. Я понятия не имела, что мы можем там найти.

Поездка выдалась довольно приятной. В машине было тепло, слегка пахло гамбургерами. Мы слушали «Радио-2» и умяли на двоих пакетик жевательного мармелада, который Холт прихватил с собой. Он раза четыре переспрашивал, все ли хорошо. Не жарко ли мне, не холодно ли. Не хочу я ли попить. Не нужно ли остановиться, чтобы я могла сходить в туалет. Странно, но это совсем не походило на заботу обо мне в исполнении Ника.

Наконец, доктор спросил:

— Так что вы надеетесь узнать?

— Не знаю. Что случилось с ее семьей? Опасна ли она?

Может ли она причинить вред мне или моему ребенку? И есть ли у меня иной выбор, кроме как сбежать, пустив прахом всю свою жизнь. При мысли об этом у меня похолодело в животе. Я аккуратно сложила на нем руки, и доктор Холт тут же это заметил.

— Сьюзи, вам вовсе не обязательно возвращаться домой. Если вы ощущаете угрозу… от кого угодно.

Он имел в виду Нору и Ника. Вместе или по отдельности. Он был прав — дома мне было небезопасно. Но так далеко я не загадывала.

— Я знаю. Спасибо. — Остаток пути мы проделали в спокойном молчании.

Я прокручивала в голове возможные варианты, и ни один из них мне не нравился.

***

«Стиплтопс» — вернее, то, что от него осталось, — оказался довольно большим современным домом неподалеку от Чичестера. Не родовое гнездо — новодел с безвкусными воротными столбами, некогда увенчанными каменными орлами. Наверное, когда-то в нем было не меньше десятка спален, но теперь дом лежал в руинах. Внешняя ограда сада местами осыпалась, и закрывавший бреши забор покосился без ухода. Табличка, запрещавшая вторжение без ведома владельца, присутствовала, но настолько истерлась от времени, что едва ли кому-нибудь было до этого дело. Да и кто владелец этих руин? Вряд ли Нора. Она не раз говорила, что с деньгами у нее туго, поэтому наверняка продала бы землю, если бы ей принадлежал хоть клочок. Мы остановились на обочине.

— Ворота закрыты, — констатировал доктор Холт, оглядывая массивные чугунные створки, обветшавшие настолько, что от висячего замка на них едва ли был хоть какой-то толк. — Нам не войти.

Я выразительно посмотрела на него, открыла дверцу джипа, вышла и перешагнула через осевший забор. Он неохотно последовал за мной.

— К вашему сведению: нарушение границ частной собственности противозаконно.

— Да здесь же никого нет! — воскликнула я, и это была чистая правда. — Расслабьтесь для разнообразия!

— Должен сказать, я на однообразие жизни не жалуюсь, — проворчал он, неловко перелезая следом.

Я не смогла сдержать улыбку, но постаралась поскорее придать лицу серьезный вид. В самом деле, что тут смешного?

Теперь можно было рассмотреть остатки особняка получше. Красный кирпич, почти полностью разломанные деревянные рамы в арочных окнах (мне все еще было грустно, что в нашем доме Ник заменил их более высокотехнологичными версиями).

— Что здесь произошло?

Дул пронизывающий ветер, и я поплотнее завернулась в куртку.

— Не знаю, — доктору Холту тоже было не по себе. — Раз уж мы все равно нарушаем закон, наверное, стоит оглядеться.

Ответ стал очевиден, когда мы подошли поближе. Внутренности дома были черны, как низ печки у меня на кухне.

— Пожар.

— Да, похоже на то, — он достал телефон и поднял его, будто друид, призывающий дождь. — Связь не ловит.

В этот момент к нам подскочил маленький шумный терьер и принялся с лаем кружиться у моих ног. Я вспомнила невесть куда запропастившегося беднягу Поппета.

— Альфи! Глупышка… Ко мне!

К нам, тяжело дыша, подбежала женщина. На лице ее застыло то же выражение неловкости за свою собаку, которое я замечала и за собой.

— Простите…

Собачница. Она была в жилете и удобных ботинках, вероятно купленных по объявлению в «Радио Таймс». Она поочередно смотрела то на меня, то на доктора.

— Вы ведь не возражаете? В наших местах собаку больше негде выгулять.

Мы с доктором Холтом переглянулись. Должно быть, она решила, что мы здесь по какому-то официальному делу, раз так внимательно изучаем дом. Я быстро сориентировалась:

— Ничего страшного. Вы не поможете нам кое-что выяснить? Мы думаем над застройкой этого участка, но информация о нем очень обрывочная. Что тут произошло? Пожар?

На ее лице тут же появилось выражение заядлой сплетницы.

— Ой, такой ужас! Я тогда совсем молодая была, только замуж вышла. Бедный малыш! — Она заметила выражения наших лиц. — Вы не знали? В общем, в доме был пожар. Родители и маленький мальчик — ему всего восемь было — погибли. Участок после этого продали какой-то компании, которая собиралась построить новый дом, да так и не собралась. Наверное, из-за мрачной истории.

Я кивнула, словно все это мне было хорошо известно:

— Разумеется. Там же еще и дочь была?

Ее лицо помрачнело.

— Говорили, что это из-за нее и могло случиться. То есть это просто странно, что она тогда не спала и гуляла с собаками. В два часа ночи! Потом, о ее матери ходили разговоры. Она была очень строга к девочке. Все угрожала отправить ее в закрытую школу, не разрешала заводить друзей, хобби — ничего. Но я уверена, это был просто несчастный случай.

— Элинор — так ее звали? — уточнил доктор Холт.

— Кажется, да. Всего шестнадцать — просто невероятно, чтобы в ее возрасте девочка могла сотворить такое, верно? Думаю, это все вранье. Она пыталась вернуться в дом, помочь им. Даже сама в больницу попала на несколько недель. Говорили, что у нее было что-то вроде срыва и она угодила в дурку… Или как их там теперь принято называть? Я всегда считала, что она тут ни при чем. Только не после всего этого. Надеюсь, вас не отпугнет такая мрачная история? Жаль, что это место столько лет пустует.

— Нет, конечно, — сказала я, вживаясь в роль практичной деловой женщины, вроде тех, что мелькают в бизнес-телешоу. — Прекрасное место для нового жилья. Большое вам спасибо.

Собачница пошла своей дорогой, похоже, наполовину сожалея о том, что разговорилась, наполовину раздуваясь от осознания собственной важности. Я представила себе, как она вернется домой и расскажет мужу, что кто-то наконец собрался застроить старый участок Тредвеев. Получается, семья Норы, включая младшего брата, погибла при пожаре. В живых остались только она и собаки. Я вспомнила, как она говорила о собаках при нашей первой встрече: *«Они такие бесхитростные. Не то что люди»*.

Доктор Холт, похоже, встревожился не меньше меня.

— Что дальше? — спросила я.

— Я…

— Э-гей! — собачница вернулась прежде, чем он успел ответить. — Не хотела перебивать. Просто вспомнила — вообще-то мать не умерла. Думали — не жилец, но выкарабкалась. В богадельне она. В «Тополях», это на другом конце города, — она снова посмотрела на нас с таким доверием, какого мне самой, наверное, никогда больше не испытать. — Но вы, должно быть, и так это знаете, если купили этот участок?

Элинор

— Ну, я пришла. Расскажешь, что тебе известно?

Квартира Джеймса Конвея была такой запущенной и убогой, что мне не хотелось ни к чему прикасаться. Я стояла перед допотопным газовым камином, стараясь не задеть курткой покрытую слоем вековой грязи полку. На ней красовались старомодные дорожные часы и несколько черно-белых фотографий суровой пожилой супружеской пары с лопоухим мальчишкой. Я знала, что Конвей жил в старой квартире матери. Ремонта жилище не видело, похоже, с середины семидесятых.

Конвей сидел на вытертом бархатном диване, одетый в тренировочные штаны и старую футболку с желтыми пятнами под мышками. Я не могла поверить, что этому неряхе дозволялось помогать в операционной.

— Сначала деньги. Принесла?

— Я только одного не понимаю. Зачем Пат… зачем моему мужу было брать деньги *у тебя*?

Оглядевшись, я поморщилась. Были ли у него деньги, чтобы одалживать?

— Мне кое-что досталось по завещанию от матери. Тогда они мне были не нужны, в отличие от него, — он пожал плечами. — Я же хороший друг.

Но, более вероятно, Патрик что-то о нем знал. Снова в голове всплыло это слово — *шантаж*! Конвей походил на человека, за которым водились разнообразные грешки. Возможно, он просто блефовал, надеясь вернуть себе то, что ему пришлось заплатить за молчание.

— Но… зачем они ему понадобились?

Я никак не могла взять в толк. Теперь я знала много неприятных вещей: что мои счета опустошены, что дом был заложен, хотя, как помнилось, мы сразу за него расплатились, что мой муж работал не врачом, а всего лишь скромным администратором. Но, несмотря на все эти откровения, я все еще не понимала, зачем Патрику понадобилось брать крупную сумму у такого скользкого типа.

Конвей рассмеялся. Смеялся он страшно — глумливо и хрипло, словно выкурил миллион сигарет.

— У этого парня деньги текут словно вода сквозь пальцы. У него ведь никогда не было накоплений. Вся эта чушь насчет того, что он из среднего класса… Вздор! Думаешь, с чего он женился на тебе? Ты же не думаешь, что он не знал, будто у тебя водятся деньжата? Ты об этом и понятия не имела, верно, дорогуша?

Я рассвирепела. Мысль о том, что Патрик женился на мне только ради денег, что вся наша любовь была сплошным обманом, ранила страшнее мясницкого ножа. Он ведь даже не знал, кто я такая, пока мы не познакомились. Он не знал, что я богата, — просто увидел в метро мою фотографию и решил разыскать. Разве не так?..

В этот момент я была готова убить Конвея. Я не могла позволить ему отнять у меня еще и воспоминания.

— Но зачем ему в этот-то раз понадобились деньги? Он… — я замялась, прикидывая, на что можно спустить именно живые деньги.

Снова тот же пугающий смех.

— Он ведь собирался смыться, верно? Но сильно задолжал разным людям. В этой больнице соображают медленно, но и они когда-то должны были заметить, что деньги утекли.

— Какие деньги?

Конвей посмотрел на меня как на дурочку.

— Он же отвечал за финансы, дорогуша. Неужто ты думаешь, что он время от времени не запускал руку в кассу?

У меня кровь прилила к голове. То есть Конвей хотел сказать, что Патрик... крал у системы здравоохранения? Собирался бросить меня и сбежать с Сьюзи? Он все же предпочел ее? Старая злость на девчонку разгорелась с новой силой.

— Это из-за Сьюзи? Они собирались уехать вдвоем?

— Только не это, — Конвей улыбнулся, будто игрок в покер, выкладывающий на стол выигрышную комбинацию. — Он хотел слинять от вас обеих. И от тебя, и от этой назойливой потаскухи, которая подзуживала его бросить тебя. Он хотел начать новую жизнь. А когда она сказала, что залетела... В общем, дело стало совсем срочным. Понимаешь? — Увидев мой осуждающий взгляд, он снова рассмеялся. — О, Элли-красотка. Ты и в самом деле ничего не знаешь, дорогуша. Ты в самом деле решила, что он мертв?

Мир внезапно остановился.

— *Что?!*

— Я же тебе сказал. Как думаешь, почему он въехал в дерево? Только что с ним все было хорошо, он разговаривал и все такое, и вдруг отбросил коньки. И от страховки отказался незадолго до этого — страховые всегда начинают разнюхивать, если застрахованный внезапно умирает. Так ведь? Так зачем давать им такую возможность? Они куда въедливее полиции. — Конвей дружелюбно улыбнулся мне, и это было ужасно. — Элинор, любовь моя, Пэдди не умер. Это просто очередной его фокус.

Жизнь, которую я и так считала разбитой вдребезги, продолжала крошиться на миллионы осколков. Это ложь. Этого не может быть. Он умер, я стояла у его могилы. Было вскрытие. В гробу лежало тело, хотя, надо признаться, я его не видела. Не хотела видеть. Это не могло быть правдой. Это какой-то жуткий триллер. Кто-то же лежал в гробу, а я знала достаточно о больничных порядках в случае смертей, не связанных с естественными причинами, чтобы знать, что врачи не могли ошибиться. Чтобы констатировать смерть моего мужа, им нужно было тело человека, похожего на него. А как он мог ниоткуда раздобыть такое тело? Нет, это какая-то бессмыслица. Я еле выдавила из себя:

— Воды… Пожалуйста, можно попить?

Когда Конвей вышел из комнаты, я забыла о намерении ни к чему не притрагиваться и плюхнулась на этот ужасный диван. Ноги подкосились, силы оставили меня. *Нет-нет-нет!* Этого не может быть! Это какой-то бред!

С другой стороны, разве в глубине души я не подозревала, что здесь что-то не так? Что кто-то вроде него, такого сильного и умного, не мог погибнуть на пустынной сельской дороге? Мысль, казавшаяся совершенно безумной, стучала в моей голове, словно шаги по твердому камню. Неужели в вихре лжи, окружавшем моего мужа, наконец отыскалась правда?

Спустя мгновение Конвей принес немного воды в мутном стакане.

— Ты только в обморок не падай!

— Нет…

Я жадно втянула в себя зловонный воздух. Сделала глоток. И, медленно обретая почву под ногами, велела Конвею:

— Выкладывай всё, что тебе известно. Сейчас же!

Сьюзи

Я никогда не бывала в интернате для престарелых. Родители отца умерли так давно, что я их не помнила, а родители мамы вели активную жизнь в Шотландии, по выходным выбираясь в Эдинбург и оплачивая поездки бонусными баллами за покупки в сетевых магазинах. Я собиралась свозить к ним ребенка, когда он родится, — полузабытые планы из нормальной жизни, которая теперь казалась мне бесконечно далекой. Невозможно было даже представить себе, что когда-нибудь кошмар, в который я сама превратила собственную жизнь, каким-то образом закончится.

Я боялась, что придется долго уговаривать администратора, чтобы нас впустили, но доктор Холт перебросился с ним парой слов, и мы прошли без проблем. Пожалуй, у профессии врача, как и у беременности, есть свои особые преимущества.

Комната была милая, светлая и с видом на море. В плетеных креслах сидели старики. Кто-то дремал, укутавшись в одеяло, кто-то смотрел вдаль, кто-то разгадывал кроссворды, негромко играла классическая музыка. Пожалуй, не худшее место для того, чтобы провести в нем остатки своих дней. Мать Норы, Диана Тредвей, урожденная Холском, сидела у окна и глядела на беспокойные серые волны. У меня застучало сердце. Что ей сказать? *«Здравствуйте, я знаю вашу дочь и спала с ее мужем? А еще она сказала мне, что вы умерли?»*

— Миссис Тредвей? — неуверенно спросила я, и доктор Холт, чуть отступив, ободряюще кивнул мне.

Она обернулась, и в свете, падавшем от окна, я увидела, что половина ее лица сгорела почти полностью.

***

Медсестра сказала нам, что миссис Тредвей не всегда в своем уме. «Бывают хорошие дни, бывают плохие», — так часто говорят. Она попала в этот интернат двадцать с лишним лет назад, когда ей было чуть за сорок. После пожара. В общем, не старухой, но, похоже, жизнь ее практически закончилась в тот день, когда она потеряла почти всю семью.

— Как это произошло? — спросила я ее, присев рядом на низкий табурет. — Простите. Должно быть, вам больно вспоминать.

Я сбивчиво объяснила ей, кто я такая и почему хочу узнать о ее прошлом. Сказала, что «пишу кое-что», не уточняя, что именно. Но миссис Тредвей это, казалось, и не интересовало. И слушала она мои объяснения через слово, а то и через два. Она словно потерялась во времени.

— Был пожар. Они погибли — Чарльз и малыш Себби.

— Сочувствую. Это был несчастный случай?

Она посмотрела на меня, и я вздрогнула, увидев на ее изувеченном лице серые глаза Норы.

— Сказали, что это я виновата. Уснула с сигаретой. Здесь мне курить не разрешают, — она пошевелила узкой кистью руки.

Я узнала характерный жест заядлого курильщика, беспокойное постукивание пальцами.

— Я слышала, что… это могло быть не так.

— Элинор. Она не пострадала при пожаре. Сказала, что не могла уснуть и пошла гулять с собаками. Она любила этих псин. Я собиралась избавиться от них, когда она уедет.

— Куда она собиралась? — Говорливая собачница упоминала, что Норе было где-то лет шестнадцать, когда случился пожар.

— В школу. Интернат. Я ничего не могла с ней поделать. Она хотела только играть на фортепиано и гулять с парнями, — некогда красивые губы скривились. — Она была шлюхой. И неуправляемой.

Голос миссис Тредвей звучал так бесстрастно, что грубое слово ошарашило меня, словно пощечина. То же самое слово, что было оставлено на снегу перед моим домом. Может, поэтому Нора его и выбрала?

— Себби мог стать чудесным человеком. Знаете, а ведь он даже не должен был оказаться дома в ту ночь. Собирался ночевать у друга, но в конце концов не сложилось. Такой ужас, — и снова никаких эмоций в голосе, словно женщина была под завязку накачана лекарствами.

— Думаете, она…

Я не знала, как это сказать. Я все еще пыталась осознать тот факт, что Нора, моя тихая соседка, устроила пожар, погубивший всю ее семью, включая младшего брата.

— Уверена, это она устроила. Не знаю как. Но это ее вина, не моя, — слабо попыталась оправдаться миссис Тредвей.

Что-то мелькнуло в ее глазах, и мне показалось, что рассудок ее куда яснее, чем она старалась показать.

— Кто вы такие? Зачем вам все это знать?

— Я… я знакома с Норой.

— *Элинор!* — огрызнулась она.

— Простите… Да, Элинор.

— Значит, она жива, — миссис Тредвей смахнула былинку со штанины, и я снова обратила внимание на ее тонкие и красивые запястья, совсем как у Норы. — Какая жалость! — произнесла ее мать, вновь словно сбивая пальцем пепел с воображаемой сигареты. — И она получила все, что хотела. Чертово фортепиано! Знаете, я однажды прищемила ей пальцы крышкой. Надо было шарахнуть эту тварь посильнее! — произносимая с аристократическим выговором, брань звенела колокольным звоном. — Она получила все. Успех, деньги. Я слышала, она даже замуж вышла! Это она должна была сдохнуть, а не Себби!

Я ничего не ответила, потихоньку пятясь от той тьмы, что окружала эту женщину. Должно быть, Нора не виделась с матерью с самого пожара, с 1992 года. Ее мать была уверена, что это она устроила поджог, спалила дом дотла и убила собственных отца и брата. Если это так — и впрямь, не странно ли, что Нора оказалась на улице в такой час, и ее любимые собаки спаслись, а остальные — нет? — это означало, что она не остановится ни перед чем. Даже перед тем, чтобы причинить вред ребенку. Руки сами снова потянулись к животу, к той хрупкой жизни, что я носила в себе. Что я наделала? Какой опасности я подвергла невинное дитя?

Я впервые представила себе, что говорю с ним или с ней, пытаюсь объяснить, какую ужасную глупость я совершила. *«Прости! Я не хотела!»* Не возненавидит ли мой ребенок меня так же, как Нора с ее матерью ненавидели друг друга?

В дверях появился доктор Холт с картонной папкой в руках.

— Они дали мне взглянуть на ее историю болезни, — тихо сказал он. — Она напичкана лекарствами по уши. Видимо, после пожара у нее случился полноценный срыв, а она и до того принимала довольно серьезные лекарства.

— Она… У нее психическое заболевание? — прошептала я, забыв, как это принято называть в наше время.

Он удивленно посмотрел на меня:

— Как вы догадались?

Мэдди

Все думают, что жить за границей — это так здорово! Оставшиеся на родине друзья, несколько лет как окончившие университеты и с трудом привыкавшие к стажировкам по специальности и сменам в «Старбаксе», регулярно выражали свою зависть целыми цепочками эмодзи в «Вотсапе». *«Ты живешь на Коста-дель-Соль! Везет тебе! А я тут торчу у матери в Уолсолле!!!»*

Но Мэдди тоже делила стол и кров с матерью и отцом. Правда, происходило это в квартире при английском пабе, который они купили пять лет назад в Ла-Торнаде, небольшом испанском городке, где обосновалось довольно много англичан. В их заведении, пристроившемся между двумя испанскими закусочными, подавали рыбу с картошкой фри, цыпленка карри и разливали английское пиво.

Мэдди постоянно удивляло, что кому-то эта еда нравится больше, чем крокеты, паэлья и чуррос, но в сезон она каждый день видела туристов, жаловавшихся, что в испанских ресторанах не подают бургеры, и с радостью изучавших ламинированные меню паба.

Сейчас стоял мертвый сезон, и родители, уехавшие отдыхать во Флориду, оставили паб на Мэдди, чтобы она «усвоила азы». Но усваивать азы ей не хотелось. Управлять английским пабом в Испании — вовсе не предел мечтаний. Правда, она пока не знала, чего хочет от жизни, но уж точно не этого. В декабре вообще не имело смысла открывать заведение. Народу почти нет, если не считать нескольких алкоголиков из числа местных, которых перестали пускать в другие бары, да редких иностранцев, истосковавшихся по колбаскам с картошкой. Такие, прожив по нескольку лет в Испании, и двух слов не могли связать по-испански и не согласились бы отведать щупальце осьминога, даже если бы им за это заплатили. Мэдди слышала, как одна пара жаловалась, что в местной еде «слишком много глаз».

Но сегодня, когда Мэдди, нацепив неизбежный фартук с карманами, облокотившись на стойку, смотрела по телевизору никогда не выключавшийся спортивный канал (отец говорил, что это привлекает посетителей не меньше, чем знакомая еда), в паб заглянул необычный посетитель.

— У вас открыто?

Вошедший смотрел на нее темно-синими глазами, каких никогда не встретишь в Испании. Девушка выпрямилась, и дешевая мишура, которой мать украсила края стойки, слегка колыхнулась. В неизменные двадцать градусов тепла трудно поверить, что Рождество уже на носу.

— Э… Да. Просто клиентов нет.

— Меня это устраивает, — он присел за барную стойку, явно желая завязать разговор. — Увидел на вывеске картошку фри и не устоял. Очень по ней соскучился.

— Вы здесь на отдыхе? Или… — осторожно спросила Мэдди.

Он задумчиво провел пальцем по коврику на барной стойке.

— Думаю переехать насовсем. Пока присматриваюсь.

— Здесь хорошо, — сказала она, встав за краны. Она рекламировала ненавистный город, в котором оставалась лишь потому, что найти квартиру и работу в Англии казалось абсолютно нереальной задачей. — Здесь прекрасный пляж, когда тепло, приятные люди, хорошая еда.

— Рыба с картошкой? — спросил он, чуть приподняв бровь.

Он явно старше нее. Наверное, чуть за сорок. В темных волосах серебрилась седина. Одет в дорогую рубашку поло и отлично сидящие джинсы. Мэдди нравились мужчины постарше. Мальчишки ее возраста — именно *мальчишки* — поголовно сидели без денег и выглядели нелепо в своих висящих на бедрах бесформенных штанах.

Она склонилась над барной стойкой, демонстрируя декольте:

— Только никому не говорите, но мне здешняя еда нравится. Морепродукты просто чудесны.

— Знаю. Просто немного ностальгии по дому, не судите строго, — он улыбнулся Мэдди.

— Не буду. Как насчет пинты английского пива к обеду?

Он взял ньюкаслский темный эль и с видимым удовольствием пил его мелкими глотками.

— Просто замечательно. Совсем как дома. В стакане — английский эль, напротив за баром — красивая английская девушка.

Мэдди залилась краской — пусть слова и были невинными, прозвучали они почти неприлично. Парень ее возраста никогда бы не решился назвать ее красивой. Да ее ровесникам и в голову бы не пришло польстить ей, чтобы она не приняла это за подкат. Она решила, что так ей нравится больше. Внезапно зимняя тоска, порожденная необходимостью день за днем протирать липкую стойку в полумертвом приморском городишке, куда-то улетучилась.

— С вас одиннадцать с половиной евро.

Он вынул дорогой на вид кожаный бумажник.

— Черт! Забыл наличку. У меня только десятка.

— Мы принимаем карты, — Мэдди не хотела, чтобы он уходил, ведь он мог и не вернуться.

Он чуть задумался:

— А… ну, ладно.

Она приняла у него карту и вместо имени владельца обнаружила на ней ничего не говорящие инициалы.

— А что они означают? — спросила Мэдди после того, как он ввел ПИН-код и она передала заказ Геральдо, повару из местных, который пришел в ярость от необходимости прервать перекур и немного поработать, хотя весь его рабочий день представлял собой один большой перекур с редкими перерывами на унылую чистку картошки.

Синеглазый незнакомец отпил еще глоток пива. Его взгляд встретился со взглядом Мэдди, и она ощутила веселое возбуждение, словно на ярмарочной карусели. Внутри нее вдруг ожило все, что прежде казалось унылым и безжизненным, кровь весело побежала по артериям и венам. И даже лицо Джима Боуэна на фотографии над баром вдруг стало милым и приятным.

— А… — сказал незнакомец. — Зови меня Шон.

Элинор

Мне требовались доказательства. Все прочее было просто домыслами, сомнениями, путаницей в моей голове. Слова пьяницы и лжеца. Безумная история об инсценированной смерти. Говорят, если знаешь человека, то знаешь, как его найти. А я знала своего мужа. Теперь даже лучше, чем пока он был со мной.

Выйдя от Конвея, я навестила своего юриста, Эдди, в его тесной конторе над офисом строительного общества. Во мне зрело решение — когда все это закончится, я найду какую-нибудь работу и сама стану распоряжаться своими деньгами. Может быть, начну давать уроки игры на фортепиано. С этим я справлюсь. В кабинете было душно, на шкафу для документов висела мишура — дань приближающимся праздникам. Мне казалось странным, что Рождество уже так близко. Да и как я его проведу? Буду сидеть одна в сыром доме, глядя, как через дорогу любовница моего мужа, беременная от него, изображает счастливую семейную жизнь? Или стану слоняться по улицам, будто сумасшедшая, как сейчас? Если Конвей сказал правду, Патрик контролировал меня так же, как Ник контролирует Сьюзи. Пичкал лекарствами, подпитывая страх перед сумасшествием. Врал мне. Заставлял сомневаться в том, что я видела собственными глазами. Между мной и Сьюзи не было такой уж большой разницы — мой муж врал нам обеим. Я чувствовала, что планы опять нужно корректировать с учетом вновь открывшейся информации.

Эдди был на месте, в своей пропахшей кофе комнатушке. Он сидел один, без пустоголовой девчонки-секретарши, отвечавшей обычно на телефонные звонки и красившей ногти прямо в кабинете.

— Элли! Чудесно! Кэтрин ушла к зубному. У тебя?..

— Извини, нет, у меня не назначено. Мне нужно всего пять минут, если не возражаешь.

Эдди никогда не возражал. Он был рядом, когда я потеряла семью, потом Патрика. Наверное, именно из-за него, из-за его конторы я и решила поселиться в Гилфорде. Теперь ближе него у меня нет никого. Мать я давно сбросила со счетов — для меня она была мертва уже пару десятилетий, хотя физически и продолжала существование. Я всегда оплачивала ее интернат из денег, полученных по наследству от отца — ей не досталось ни гроша, что, наверное, стало для нее настоящим ударом. Придется подумать, что делать с этим дальше. Раз я разорена. Раз всё в одночасье изменилось.

— Разумеется.

— Я бы хотела получить выписку по счетам. Полную, со всеми операциями за последний год.

— Ну, что ж… Знаешь, ты ведь и сама могла бы получать ее, если бы подключила…

Я прервала его:

— Я так и сделаю. Но пока, пожалуйста, выполни мою просьбу.

Эдди понадобилось несколько минут, чтобы открыть нужные окна, включить допотопный принтер, выключить его, когда он отказался работать, и включить снова. Мне хотелось кричать. Разве он не понимает, как это важно?! Наконец, передо мной легла стопка распечаток. Все, что было потрачено с наших банковских счетов с тех пор, как я потеряла мужа. Потому что теперь я знала его настоящего. И понимала — сколько бы денег он ни увел за эти годы, ему на это не прожить. Всегда возникнет соблазн потратить чуть больше, например, на какую-нибудь женщину. А поскольку ему известно, что я никогда не проверяю счета, что я всегда была не в ладах с техникой и официальными бланками, а Эдди не отличается бдительностью, он мог рискнуть. Посчитать, что риск оправдан.

Мои глаза жадно пожирали крошечные цифры на бумажных листах. Я знала, что среди десятков мелких трат, которые совершила сама, найдется и то, что мне нужно. Еда, бензин, переезд… И вот, наконец, в самом низу десятой страницы — оно!

— Элли? — обеспокоенно спросил Эдди. — Тебе плохо?

Я поняла, что вцепилась в край стола, так, что побелели костяшки пальцев. Последние сомнения рушились и развеивались в прах, унося с собой Элли, Элинор Салливан, Элли-красотку. Жену, которую он годами пичкал лекарствами. Которую бросил рыдать на краю могилы, в которой его самого даже и не было.

— Все хорошо, — выдохнула я, осознавая, что достигла дна.

Все, что я знала, все, на чем была построена моя жизнь, оказалось ложью. Я не имела представления о том, что за человек мой муж. Ни малейшего.

Но когда проваливаешься на дно, обретаешь и определенные преимущества. Ты наконец-то начинаешь снова чувствовать твердую опору под ногами. Я снова посмотрела на плывшие перед глазами цифры в распечатке. Платеж в евро. Бар где-то в Испании. «Красный лев». Английский паб? В самом деле? И сумма-то небольшая. В фунтах выходило девять сорок восемь. Я едва не рассмеялась: ради какого же пустяка он загубил свой хитроумный план!

Сьюзи

На улице снова шел снег. Он тихо и незаметно укрывал мои несчастные засохшие растения, навевая тревожные взрослые мысли о еде, замерзших трубах и возможных заносах на дороге вместо радостных детских воспоминаний о катании на санках и игре в снежки. Дворники на ветровом стекле джипа доктора Холта трудились изо всех сил. Он высадил меня у «Ивы».

— Вы уверены, что так будет лучше?

— Да. Тут недалеко, — сказать по правде, идти по заснеженной дороге было далековато для беременной, но я не могла рисковать, чтобы нас увидел Ник.

Доктор Холт, кажется, не хотел меня отпускать.

— Сьюзи, подумайте как следует. Мы знаем, что она опасна, что она способна навредить ребенку. Так ли разумно возвращаться домой?

— Все будет хорошо, — в моем голосе уверенности было больше, чем во мне самой.

Да и из чего тут выбирать? Я понимала, что если стану убегать, стану копить в себе тайны, то в конце концов превращусь в Нору. А мне этого не хотелось. Я хотела начать жизнь заново, на этот раз без вранья.

Он неловко пробормотал:

— Если вам… если вам некуда будет идти… Сьюзи, вам не обязательно оставаться одной. Хорошо?

Пару мгновений мы оба смотрели на кружащий вокруг машины снег. Мой разум отказывался принимать то, что сказал мне доктор, если, конечно, он не оговорился. Об этом я пока думать не могла. И все же мне было безумно трудно заставить себя выйти из теплой машины, чтобы в одиночку уйти в ледяную темноту.

— Я скоро к вам зайду, хорошо?

Но так ли это? Я понятия не имела, чем может закончиться этот вечер.

— Сообщите мне, все ли в порядке? Глупо, но теперь я чувствую свою ответственность. Как ребенок? — он с нежностью посмотрел на мой живот.

— Брыкается как сумасшедший.

— Это хороший знак. Берегите себя, Сьюзи, — и он уехал.

***

Снег вызывал у меня тревогу. Во всем остальном я проблем не ожидала — план продуман и требует реализации. К возвращению Ника я подготовилась. Приняла душ, смыв с себя запах интерната, расчесала волосы, но краситься не стала. Я хотела, чтобы Ник наконец увидел меня такой, какая я есть. Я приготовила простой ужин, который можно было бы съесть и холодным, если разговор затянется на всю ночь, что казалось мне вполне возможным. Вареная картошка, салат, ветчина. Я не стала включать бра или зажигать свечи. Просто сидела и ждала его в ярко освещенной гостиной. Пришло время нам обоим встретиться с реальностью лицом к лицу.

Я услышала шум подъезжающей машины, и сердце сжалось. Шаги по гравию. В глубине души я надеялась на небольшую отсрочку, на то, что он снова заработается допоздна, но нет, Ник вернулся. Время пришло.

Я услышала, как он зашел в прихожую, снял ботинки. Прокашлялся. Я ждала затаив дыхание.

Он засунул голову в гостиную:

— Что ты делаешь? Почему не…

— Ужин готов, — упредила я его. — Все готово. Но придется подождать.

Я собрала в кулак всю свою смелость, как я понимала, далеко не великую, и приготовилась разбить разделявшее нас тонкое стекло притворства, будто все у нас хорошо, — с ним мы могли бы прожить еще полсотни лет, если не расколотить его сейчас. И я произнесла те роковые слова, что способны уничтожить брак, как крошечный камень способен вызвать лавину:

— Ник, нам надо поговорить.

***

Конечно, я рассказала ему не всю правду. Да и кто рассказывает? Мы ведь и сами признаемся себе во всем постепенно. Сбивчиво я рассказала, что «встречалась кое с кем».

— По-приятельски! — подчеркнула я, увидев, как он изменился в лице. — Ничего не было. Просто мне было одиноко. Переезд сюда дался мне нелегко. Я привыкла каждый день видеться с людьми на работе, в зале или за чашкой кофе.

Ник молчал. Он сидел напротив в кресле. На кофейном столике между нами были аккуратно разложены книги.

— Дело в том, что недавно я узнала, что этот друг погиб. Разбился в машине. А его жена… ну… она, похоже, решила, что я была с ним, когда это случилось. Не знаю, наверное, сошла с ума, бедняжка. И теперь она… охотится на меня.

В гостиной было холодно. Не знаю, почему не включилось отопление.

— Охотится? — переспросил он так же холодно.

— Да. Ник, это Нора. Это долгая история, но… в общем, Нора — жена моего друга. Она приехала сюда за мной. Мне страшно. То мертвое животное, пропажа Поппета… Кажется, она планирует… что-то сделать.

Я не знала, что именно. Мне приходило в голову, что она ждет, пока не родится ребенок, и нанесет удар, когда я буду наиболее уязвима.

Ник долго не отвечал. Он уперся взглядом в дорогой деревянный пол с подогревом. Он столько всего бросил к моим ногам, и чем я ему отплатила!

— Я дал тебе шанс начать все сначала, — сдавленным голосом сказал он. — После этого мудилы, Дэмьена.

Сердце замерло. Значит, как я и подозревала, он знал о нашей интрижке.

— Я знаю, что ты натворила, — подтвердил он. — Когда ты пришла домой, от тебя просто разило им. Сраная *шлюха*!

При этом слове я вздрогнула. Неужели он видел ту надпись на снегу?

— А тот ублюдок получил свое.

Я не поняла, что он имел в виду. Но потом до меня дошло.

— Его машина!.. — выдохнула я. — Так это ты разбил ее?

Нет, Шон… или Патрик, не ты покусился на автомобиль Дэмьена. Еще одна ложь. Ты не настолько принимал все близко к сердцу, чтобы решиться на подобный риск и попытаться отомстить за меня.

Ник нетерпеливо махнул рукой:

— Он это заслужил. Но тебе я дал шанс. Думал, мы уедем из города, подальше от всех этих соблазнов, и, может быть, ты образумишься. А ты снова взялась за старое! Господи, Сьюзи! Как ты вообще умудрилась? Машины у тебя нет, вокруг ни души! Но у тебя все равно получилось, мелкая грязная сучка!

Я не сразу поверила собственным ушам — Ник никогда не позволял себе подобных ругательств и ненавидел, когда их произносила я.

— Между нами ничего не было! — я попыталась вести себя как бывалая блудница, но наткнулась на его жесткий взгляд.

— Не ври мне. Ты не в силах себя контролировать. Да ты!.. Господи, да ты просто какая-то проклятая нимфоманка!

Я едва не рассмеялась, услышав это старомодное «нимфоманка», но все же как-то сдержалась. Разговор шел совсем не так, как я надеялась. Впрочем, а чего я ожидала? Понимания, слез и объятий? Ну и дура…

— Мне просто было одиноко. А он был со мной приветлив. Я знаю, что это было неправильно, но, поверь…

— Поверить тебе было бы верхом глупости, — Ник встал и принялся расхаживать по комнате. —

Я знал, что что-то не так. Просто надеялся, что ошибаюсь. Думаешь, почему я отслеживаю твой телефон? Устанавливаю эту хитроумную сигнализацию? Ты знаешь, что она сообщает мне всякий раз, когда ты входишь в дом и выходишь из него? Ты знаешь, что в доме установлены камеры, с помощью которых я могу наблюдать за тобой? Я видел, как ты целыми днями плакала. Это из-за него? Ты всегда начинала готовить мне ужин в последнюю минуту. Думала, я не знаю? Совсем за дурака меня держишь?

Я удивленно уставилась на него:

— Ты отслеживаешь мой телефон? Ты *шпионишь* за мной?

Я вдруг поняла все. Мне всегда казалось, что он каким-то шестым чувством улавливает, что я веду себя не так, как ему нравится, как обещала… Что была не там, где собиралась. Что выходила из дома не на короткую прогулку, а на несколько часов, или наоборот. Что отдавалась домашнему хозяйству не с тем пылом, как ему хотелось. Так вот в чем было дело!

Он рассмеялся:

— Господи, ну ты и тупая! Я ведь тебя не обманывал! Как думаешь, для чего нужно приложение «Найти друзей»? Если бы ты имела об этом хоть малейшее понятие, ты бы его выключила. Я рассказывал тебе о системе сигнализации, о том, что она работает удаленно и мы можем в любой момент проверить, что происходит в доме, с помощью камер. Что ты даже можешь связаться с их помощью со мной, если заметишь, что кто-то ломится в дом. Но ты ведь даже не слушала. Ты меня никогда не слушала.

— А… музыка? Температура?

Ими ведь тоже можно управлять удаленно. Неужели за всем этим на самом деле стоял *Ник*? И то мертвое животное, и слово на снегу… Неужели это он пытался сделать так, чтобы я решила, что схожу с ума?

Он пожал плечами.

— Иногда я очень злился, когда видел, как ты тут рыдаешь и хандришь. По другому мужчине, как теперь оказалось.

Мне стало дурно. Все это время я облегченно вздыхала, когда по утрам за ним захлопывалась дверь, а на самом деле Ник, сидя в своем кабинете, наблюдал за мной, повышал и понижал температуру, включал музыку, запирал двери, менял коды. Чтобы я думала, что свихнулась. Словно кукла, бродящая на негнущихся ногах по комнатам его идеального дома.

— Ник, это безумие. Я ведь могу и в полицию пойти.

— В этом нет ничего незаконного. Поверь, ты добровольно на это подписалась. К тому же не думаю, что ты так уж хочешь общаться с полицией. Верно?

— Что ты имеешь в виду? — дрожащим голосом спросила я.

— Они хотели поговорить с тобой. Почему? Тот человек, который врезался в дерево… Это был он?

Я печально кивнула. Отрицать не имело смысла.

— Я рад, что он сдох, — тихо сказал Ник.

Я старалась казаться напуганной, что было нетрудно — унять дрожь в руках никак не удавалось.

— Мы должны подумать о ребенке. Нора… Боюсь, она может навредить нам, — я погладила живот. — Наш ребенок в опасности, Ник.

— *Наш* ребенок? — фыркнул он.

Пауза в разговоре затянулась.

— Разумеется, наш…

— Я знаю, что ты очень постаралась, чтобы он не был моим. Называла не те даты. Думаешь, я считать не умею? Думаешь, что у меня не было собственных приложений для расчета твоих циклов? Что я не знаю, как войти в твои? Господи, так они же подключены к сети!

Разумеется, так он и делал. Какой же дурой я была! Нельзя было полагаться на эти приложения, если они знают только то, что ты им говоришь.

— Все эти годы без ребенка… потом ты изображаешь печаль, но тут же с радостной улыбкой открываешь бутылку — попробуем в следующем месяце, а пока выпей. Как будто ты прекращала пить. И вдруг, после всего этого, ты беременна? Я не идиот, Сьюзи, — он остановился передо мной, и я пожалела, что не поднялась на ноги, потому что ощутила свою уязвимость, а тяжесть живота придавила меня к дивану. — Это его ребенок?

На этот раз я сказала правду. Что толку было врать, притворяясь, будто никогда не спала ни с кем, кроме Ника? Пытаться что-нибудь спасти было уже поздно. Теперь я это понимала.

— Я… я не знаю. Может быть.

— Боже! — он протер глаза сжатыми кулаками.

— Ник, пожалуйста, прости! Я не хотела, чтобы все к этому пришло. Но так вышло. Что будем делать дальше?

Он пожал плечами:

— Мне нужен этот ребенок. Другого шанса у меня может не быть, а он хотя бы будет носить мое имя, даже если он и не от меня. Но ты, Сьюзи… С тобой все кончено, Сьюзи. Ты потаскуха.

Наверное, мне следовало огорчиться сильнее, слыша эти слова и понимая, что брак разваливается, но я не могла. В глубине души я давно это понимала и теперь даже испытала некоторое облегчение от того, что это он решил пустить все под откос. Хоть в этом не я виновата. Не я приняла решение. Спокойным голосом я уточнила:

— Так, и что дальше? Ты съедешь и дашь мне родить?

Ник мерзко рассмеялся:

— Я никуда не поеду. Это мой дом — он куплен на деньги моего отца. Думала, я оставлю его тебе?

Сердце в груди чуть дрогнуло:

— Значит, мы оба остаемся здесь?

Мне доводилось слышать о парах, оказавшихся в подобной ситуации, не сумевших разойтись из-за денег, и это было ужасно. Может, попытаться съехать, найти квартиру в городе? Даже думать об этом было непосильной задачей.

— Остаемся. Но не так, как ты думаешь.

— Что? — я вдруг поняла, что надо срочно вскочить — диван станет для меня ловушкой…

Поздно. Его кулак устремился к моему лицу, и прежде, чем я успела полностью осознать, что происходит, что Ник способен ударить меня, я оказалась на полу.

ЧАСТЬ ЧЕТВЕРТАЯ

Элисон

Февраль, два месяца спустя

Никогда еще Элисон не возвращалась в участок с такой радостью. Она решила, что, оказавшись вечером дома, в первую очередь отыщет какой-нибудь горящий тур в жаркие страны. Воображение рисовало приятные картины — коктейли с зонтиками, теплый песок под ногами, запах крема для загара…

— Пирожок будешь? — спросил осыпанный крошками Том, подходя к ее столу с бумажным пакетом; он все же заставил ее остановиться у «Греггс» в Севеноуксе.

— Фу… — Элисон покосилась жирное пятно, проступившее сквозь пакет. — С чем он?

— С сыром. Я знаю, как ты жалеешь несчастное зверье.

— Тогда буду.

Еда, попавшая в желудок, помогла согреть промерзшие внутренности. Элисон с набитым ртом пробормотала:

— Странные они, эти деревенские…

— Ты о Злой Ведьме? — Том удивленно вскинул черные брови, в которых тоже застряли крошки от пирожка.

— Нет, — Элисон посмотрела на него. — О тех, из шикарного дома, которые, похоже, исчезли. Две смерти за несколько месяцев в месте, где почти никто не бывает. То есть, ну, это же у черта на куличках, так ведь?

Том проглотил кусок сосиски в тесте.

— Думаешь, там что-то нечисто?

— А тебе так не кажется?

— Не знаю. Каковы шансы?

Работая в полиции, они смертельно устали от того, что люди, насмотревшиеся детективов по телевизору, постоянно названивали, рассказывая о том, что обнаружили мировой заговор, целью которого было украсть все мусорные баки с их улицы, или утверждая, что их сосед — не безобидный учитель, например, музыки, а член международной банды педофилов. И все же у Элисон появился знакомый зуд между лопаток. Крошечное местечко вдали от проезжих дорог просто не могло стать местом стольких смертей за такое короткое время. Что-то здесь было не так.

Том вздохнул:

— Ладно. Значит, сходим к начальству, — он ткнул пальцем в сторону кабинета детектива-инспектора Клер Фишер — местного средоточия власти. — Но, если все это только игра твоего воображения, тебе и отвечать.

— Хорошо, — Элисон вытерла руки и подумала, не сказать ли ему о крошке на бровях, но решила этого не делать.

Элинор

Декабрь

«Полиция расследует обстоятельства смерти».

Я услышала это по радио, направляясь по A21 в сторону Лондона. Несмотря на ранний час, машин на шоссе было предостаточно. Ночь я провела в придорожной гостинице, обдумывая следующий шаг. Зубную щетку и смену белья купила по пути в большом супермаркете, где никто меня не запомнил. На самом деле новость не стала для меня неожиданностью, но все равно пальцы так сжались на руле, что мне пришлось хорошенько сосредоточиться на вождении.

Джеймс Конвей мертв. В коротком репортаже сообщили, что соседи вызвали полицию, почувствовав запах газа, а когда дверь взломали, то обнаружили, что «мистер» Конвей — это бы его взбесило! — скончался от отравления угарным газом. Подозревали, что причиной смерти стала неисправность старого газового камина в его квартире.

Честно говоря, мне было на него плевать. Прежде чем покинуть квартиру, я убедила его раскрыть мне замысел Патрика целиком. И Конвей с радостью это сделал, похваляясь своими умениями.

— Но сначала — деньги.

Не снимая перчаток, я положила конверт с чеком на подлокотник замызганного дивана. Денег на моем счету было недостаточно, чтобы его покрыть, но это не имело значения.

— А теперь рассказывай. Мне нужно знать всё.

Он рассмеялся:

— Да… Пожалуй, в полицию ты не пойдешь. Видишь ли, инсценировать собственную смерть очень непросто. Если только не сделать так, чтобы тела не осталось, потому что ты пропал в море или вроде того. Так поступил Каноист — помнишь того парня, который прикинулся мертвым ради страховки? Но в наших местах моря нет, так ведь? Да и полиция теперь копает тщательнее. Поэтому пришлось придумать план получше, поизобретательнее. Нужно было только дождаться, пока в больнице не умрет кто-нибудь примерно того же возраста, что и Патрик.

— Но почему ты-то ввязался в это? — удивленно спросила я, все еще не в силах понять и искренне надеясь, что это неправда. — Ведь он тебе был должен, как ты утверждаешь. Зачем так рисковать?

Конвей вздохнул, обдав меня запахом перегара. И сразу всплыли воспоминания. Совсем нежелательные воспоминания. Мать, нетвердой походкой идущая через комнату. *«Элинор, шлюха тупая, прочь с глаз моих!»*

— Есть у твоего Пэдди одно умение. У него отличный нюх на чужие секреты, — было странно слышать, как Конвей говорит о Патрике в настоящем времени. — Он знал разное о персонале больницы. Кто где ошибся во время операции. У кого бабы на стороне. Видишь ли, он занимался расходами, выставлял счета страховым. Он знал всё.

Шантаж. Конвей не произнес этого слова, но это был именно шантаж. Вот так Патрик и смог заставить других поработать на него, помочь ему скрыться. Он был по уши в долгах, к нему приставала женщина, утверждавшая, что ждет от него ребенка. Да еще и я стала настаивать на ЭКО, чтобы родить.

В глубине души это все равно казалось мне безумием. И все же... Поиски в интернете до глубокой ночи, до боли в глазах, показали, что и в самом деле существуют способы инсценировать свою смерть. Каноист, например, получил подложный паспорт, воспользовавшись свидетельством о рождении рано умершего парня, который был его ровесником. Видимо, существуют и другие варианты. Я вспомнила о суммах, исчезавших с наших счетов. Они всегда были чуть меньше того порога, который мог вызвать подозрение. Должно быть, Патрик запланировал смыться уже давно.

Это был тщательно проработанный замысел. Вроде тех, что описывались в низкопробных триллерах, которые я поглощала долгими вечерами, пока его не было дома. Сбежать именно в этот момент ему удалось благодаря везению. В неврологическое отделение больницы, в которой он работал, доставили пациента. Примерно одного возраста с Патриком, в хорошей физической форме, если не считать головы, разбитой об асфальт при падении с велосипеда. Никто этим человеком не интересовался, а по маркам велосипедного снаряжения полиция пришла к выводу, что он был туристом. Возможно, американцем. В стране у него не было ни семьи, ни близких. Никто его не искал. Никто не знал, где он. Он был в тяжелом состоянии, без сознания, но надежда на выздоровление оставалась.

— Нам нужен был труп, понимаешь? — продолжал Конвей, прихлебывая виски. — В случае подозрительной смерти делают вскрытие, и если только в сговоре не участвует весь морг… В общем, дел у них невпроворот, так ведь? Финансирование паршивое. Они не станут делать тест ДНК каждому покойнику, если его личность и так известна.

Поэтому они просто поменяли пациентов местами. Конвей, отвечавший за поддержание больных в искусственной коме, немного похимичил с мониторами, поменял местами таблички.

— В моем положении это легко, — хвастался он. — Щелкнул переключателем, и — бац! — готов покойник. Грань между жизнью и смертью куда тоньше, чем мы думаем.

Вскрытие не выявило ничего странного. У покойного не было ни пломб, ни предыдущих операций. Тут им снова повезло — по пломбам довольно легко выяснить, из какой страны приехал человек, — а здоровье у него было хорошее, если забыть о пробитом черепе. Наверное, даже лучше, чем у Патрика с его тайными возлияниями после работы. Травма головы не противоречила истории об автомобильной аварии. Поэтому после небольшой правки документов — Конвей намекнул, что в этом участвовали еще несколько человек из клиники, этот человек стал Патриком. А сам он — таинственным незнакомцем, который чудесным образом исцелился и выписался.

— И никто этого не заметил? — мне было трудно в это поверить. — Ни медсестры, ни врачи в реанимации?

Конвей пожал плечами:

— Сейчас у нас полно персонала по направлениям из кадровых агентств. Откуда только не едут! Некоторые и по-английски-то с трудом говорят, да еще и меняются каждый день. Никто вопросов не задавал.

Я подумала об этом бедолаге, умершем в одиночестве в чужой стране и похороненном в чужой могиле. Должно быть, кто-то его разыскивает. А Патрик выскользнул из страны по фальшивому паспорту. И ему не потребовались какие-то тайные лазейки. Он мог попасться, но для этого нужно было, чтобы кто-то добросовестно выполнил свою работу, чтобы кто-то обратил внимание. Но таких героев не нашлось. Даже я сама потворствовала подлогу — была так раздавлена скорбью, что и не подумала, что в могиле окажется кто-то другой. С чего бы?

Когда Конвей закончил болтать, я встала и незаметно вытерла рукавом стакан, из которого пила. В тот день я накинула на голову косынку — якобы для защиты от холодного воздуха. Но еще она не давала волосам упасть на этот противный ковер. Впрочем, его годами никто не пылесосил, и, если там найдут мой волос, будет нетрудно придумать объяснение, откуда он взялся. Когда Конвей выходил из комнаты за водой, я, не снимая перчаток, чуть повернула сбоку на газовом камине рукоятку, будто он уже давно понемногу выпускал ядовитый газ. В гостиной мерзавца было душно — ее явно давным-давно не проветривали, — а старомодные оконные рамы, как я заметила, были закрашены наглухо. Если Конвей просидит здесь всю ночь, он надышится газом насмерть. А если зажжет огонь или хотя бы закурит, вся комната вспыхнет.

— Прощай, Джеймс, — сказала я перед уходом, теперь уже полностью веря его словам.

Проходя мимо дивана, я незаметно вытащила из конверта чек, резонно полагая, что сегодня Конвей внутрь заглядывать не станет, раз уж он успел до половины прикончить бутылку виски. Я прощалась с ним навсегда. Он знал, кто я такая, и кто такая Сьюзи, и где мы обе живем. Он был неприемлемым риском для нас, для ребенка. К тому же мне казалось, что без него миру станет только лучше.

Теперь Конвей умер, а с ним умерла и тайна преступления Патрика. Никому и в голову не придет разыскивать моего мужа, никто не знает, что он жив. Кроме меня. Я очень жалела лишь о том, что, где бы он ни был — а в Испании он, конечно, не задержится надолго, поскольку может уехать оттуда на пароме в Северную Африку и раствориться без следа, — я не могу дать ему знать, что приду за ним, словно воплощение Возмездия. Ему это с рук не сойдет.

«Слышишь меня, Патрик, Шон или как там тебя? Тебе это с рук не сойдет!»

Среди всей лжи, его смерти, его измены, его воскрешения, это было единственное, в чем я была уверена. Он заплатит за все, что натворил.

Ведь я уже напала на его след.

Сьюзи

Когда в детстве я начинала нервничать — из-за экзаменов, или поругавшись с мамой из-за плохих отметок в школе, или в тот единственный раз, когда меня в восемь лет поймали в магазине на краже фруктовой жвачки, — я иногда представляла себе дающую мне советы бойкую подружку вроде тех, что встречаются в американских ситкомах. Вот и сейчас она отчитывала меня, уперев руки в бока: *«Эй, подруга, да что с тобой? Твой муж запер тебя в музыкальной комнате! И я даже не спрашиваю, зачем вам вообще понадобилась музыкальная комната».*

Это было тяжело осознавать. Очнувшись внизу, я еще долго лежала неподвижно, отказываясь верить в случившееся. Болели неловко вывернутая рука, ссадина на лбу. Это какая-то ошибка? Ник знает, где я? Мозг отказывался принимать правду. Конечно, знал. Ник не просто запихнул меня сюда. Он это спланировал. Всё — свет, жара, холод, музыка, слово на снегу и даже кролик — были его рук делом. Он сам признался. Нора не имела к этому никакого отношения — я понятия не имела, что она задумала, но точно не пыталась свести меня с ума. Этим занимался мой муж. Теперь я удивлялась, как не замечала этого раньше. Смартфон, постоянно разряжающийся из-за шпионских программ, которые Ник туда напихал. То, что ему всегда было известно, где я была и что делала. Дура…

Среди гитар, усилителей и кабелей стояла аккуратно застеленная раскладушка.

На звукоизолированном полу — маленький коврик. Стопка книг, в основном о беременности. Вокруг вдоль стен — пустые полки, предназначавшиеся для коллекции вина. Пока же на них копилась пыль, и в темных уголках наверняка водились пауки. Ник оставил мне воду и даже сэндвич на тарелке. Он не желал мне зла. Во всяком случае, пока не родится ребенок. Просто хотел контролировать меня. Всегда только этого и хотел! А самое лучшее место для полного контроля — уютная темница, о существовании которой я и не подозревала. Мне давно было трудно спускаться по крутой лестнице. К тому же музыкальная комната была очередным проектом Ника, не вызывавшим у меня ни малейшего интереса. Я сама позволила ему строить эту тюрьму, пока сидела и горевала по другому.

«Совсем за дурака меня держишь?» — спросил он перед тем, как меня вырубить, и был прав. Я вела себя так, будто он слеп и не замечает ни моих покрасневших опухших глаз, ни того, что я постоянно проверяю телефон, ни того, как я вздрагиваю при каждом звонке в дверь или при виде разбитой машины по телевизору. Думала, что раз он молчит, значит, не замечает. Забыла, что Ник всегда отмалчивается. Забыла о предыдущем наказании — о переезде сюда, за город. И теперь, чтобы добиться моего покаяния, потребовалась другая тюрьма, поменьше и построже.

А я и в самом деле раскаивалась. Если бы была возможность вернуться на год назад, я бы не взглянула в сторону Дэмьена, не поехала бы на ту дурацкую конференцию, прошла бы мимо тебя в баре и отправилась спать в одиночестве в свой номер.

Я приняла бы свою участь, любящего мужа, работу, которая у меня так хорошо получалась, и не стала бы искать ничего больше. Я не ушла бы из студии, не переехала бы за город, не встретила бы тебя. Наверное, не забеременела бы. Только я не знаю, готова ли была бы на самом деле отказаться от счастья материнства вместе со всем остальным.

Я знала только, что надо отсюда выбираться, потому что не выдержу в темноте и одиночестве больше пары дней. Было понятно, что между мной и Ником все кончено раз и навсегда. Засунув меня сюда, он наверняка нарушил какой-нибудь закон, совершил ужасное преступление, и я могла заявить на него в полицию, выбравшись отсюда. Но все равно, глядя на ситуацию с его точки зрения, я находила в его поступке определенный, пусть и пугающий, смысл.

Элинор

Оказалось, во мне скрывался еще один талант. Искать информацию. Наблюдать. Находить людей, выслеживать их. Прежде я и не подозревала, что умею это делать, и поэтому мне даже в голову не приходило опробовать этот талант на своем муже. Да и зачем? Он любил меня, мы были счастливы. Во всяком случае, я так думала. Пока не узнала, что он лгал мне, контролировал меня и держал в плену собственных страхов. Но теперь я задумалась о его прошлом. Что он делал до встречи со мной? Люди вроде моего мужа — лжецы до мозга костей, для которых вранье естественнее дыхания, — не меняются никогда. Наверняка удастся что-то найти. И это что-то, возможно, приведет меня к нему, где бы он сейчас ни находился.

Когда мы познакомились после концерта в Альберт-холле, Патрик Салливан рассказывал мне о своей жизни. Он был врачом, акушером (неправда, он был клерком в финансовом отделе), и ему приходилось снимать жилье еще с тремя приятелями, о чем я узнала намного позднее, поскольку к себе он меня не приглашал, как джентльмен, а когда я задалась этим вопросам, то решила, что ему, наверное, приходилось выплачивать кредит за обучение. По его словам, он был единственным поздним ребенком и родители его умерли (я не знала, правда это или нет). В университете у него был серьезный роман, но они расстались после того, как подруга, испугавшись, сделала аборт. Он сказал мне тогда с болью в голосе: «Знаю, это был ее выбор, но я не смог его принять. Это ведь был и мой ребенок». Как же у меня тогда расцвело сердце от мысли, что скоро у нас появится собственный малыш, который утешит его после такой утраты!

Подружка оказалась настоящей, насколько я могла судить. Ее звали Кэти Гилсенан. Они с Патриком учились в университете Эссекса, но, в отличие от него, вылетевшего после первого курса, девушка получила образование. Он действительно занимался на медицинском факультете, о чем свидетельствовали любительские снимки. Грустная история. Если бы мы были знакомы тогда, возможно, я сумела бы помочь ему сдать экзамены и стать настоящим врачом. Тогда, наверное, обошлось бы без лжи и воровства. Какая жалость.

Мне удалось выяснить, что Кэти, по-прежнему Гилсенан, обосновалась на Собачьем острове в Лондоне. И вот моя машина, пожирая милю за милей, несла меня на встречу с ней. Едва ли эта женщина знала, где еще, кроме Испании, может скрываться Патрик, но больше мне не удалось отыскать ни одного близкого ему человека. И это само по себе было печально.

***

Жила Кэти на узкой улочке типовой застройки в нескольких метрах от Темзы под самой линией наземного метро. Припарковаться оказалось непросто, а стоянка обошлась в такую сумму, что стоило бы поехать поездом. Но я быстро управилась и вскоре позвонила в ее дверь. Что бывшей подружки Патрика может не оказаться дома, в голову мне не приходило — слишком уж нужно было повидаться с ней и поговорить. И я не ошиблась в своих ожиданиях.

— Да? — Кэти, высокая чернокожая красивая женщина с косичками, собранными в пучок, выглядела замечательно, хотя, вероятно, мы были ровесницами.

На мгновение моя решимость дала сбой.

— Здравствуйте. Прошу прощения, что вторгаюсь к вам без звонка, но позвольте спросить: вы знаете… знали некоего Патрика Салливана?

Она задумалась, и я вдруг испугалась, что ошиблась. Потом она ответила:

— Вы имеете в виду Шона?

***

— Вы замужем за ним?

— Была. Он… он умер несколько месяцев назад, — я не собиралась выкладывать ей правду, чтобы она не решила, будто я спятила.

— Мне жаль, — лицо ее оставалось бесстрастным — не думаю, что ей действительно было жаль. — Вы по поводу Джека?

Джек? О ком это она?

— Нет, я… я здесь, потому что думаю… — *«Ой, да просто скажи это!»* — Кэти, я думаю, он мне врал. О многих вещах. Возможно, обо всем. И я подумала — может, вы беседовали относительно недавно.

Прежде чем спрашивать: *«Он жив? Вы знаете, где он?»*, нужно было подготовить почву.

Она сидела, чуть наклонившись вперед, держа в руках кружку с логотипом «Вест Хэма». Я от чая отказалась. Мне хотелось быть уверенной, что я могу в любой момент встать и уйти, если что-то пойдет не так, ничем не нарушив безупречный порядок в квартирке Кэти.

— Элинор, верно? Шон — я его знала под этим именем — только и делал, что врал. Все время. Где он был, сколько ему лет, с кем он встречался… Он жил своими фантазиями. Пожалуй, можно сказать и так. Но желания встретиться с ним у меня поэтому никогда не возникало.

Я на мгновение прикрыла глаза. Значит, в этом я не одинока.

— Понятно. А его родители? Они умерли?

Кэти фыркнула:

— В добром здравии. Живут в Саутенде.

Ну конечно. Это в Эссексе, там он поступил в университет. А мне твердил, что родом из Сомерсета, из семьи среднего класса, сирота. И это при живых родителях! Какая гнусная ложь! Впрочем, я и сама говорила ему, что вся моя семья погибла, а это тоже, строго говоря, не являлось правдой.

— Насколько мне известно, они много лет ничего не слышали о Шоне. И Дениз тоже…

Заметив непонимание на моем лице, она уточнила:

— Это его сестра. У нее четверо детей, и Шон никого из них ни разу не видел. После университета он придумал себе новую жизнь, верно? Думаю, простая рабочая семья в его планы не вписывалась.

Племянники. Племянницы. Выходит, Патрик все же не был одинок в этом мире. Или был?..

— Еще… Кэти, вы в самом деле расстались из-за вашей беременности? Простите, что спрашиваю.

Она поставила кружку на стол. Она принимала его ложь с таким спокойствием, которому я могла только завидовать.

— Нет, тут он не соврал.

— Он хотел… этого ребенка?

Она уставилась на меня:

— Что?! Нет, это я настояла. Он хотел отправить меня на аборт. Говорил, что это глупо и у него нет денег. Мои родители очень религиозны, да и я сама хотела стать матерью. Поэтому мы с ним расстались. Он повел себя мерзко. Даже пытался утверждать, что ребенок не от него.

Я никак не могла понять:

— Но вы… простите, вы потеряли ребенка?

Еще один долгий странный взгляд. Она встала и, взяв с каминной полки фотографию в рамке — странно, что я не заметила ее раньше, — принесла и сунула мне в руки. На ней была радостная Кэти в платье в цветочек, обнимавшая высокого мальчика-мулата в мантии выпускника. Парнишка был симпатичный. Глаза на худом улыбчивом лице блестели поразительной синевой.

— Салливаны очень добры к Джеку. Он навещает их примерно раз в год.

Я аккуратно поставила фотографию, боясь случайно разбить ее — так сильно тряслись руки.

— Значит, у вас родился сын.

— Да. Джек — отличный парень, — в голосе Кэти слышалось стремление защитить своего мальчика. — Ему уже третий десяток пошел. Работает медбратом.

Тоже в медицине. Его сын. У Патрика есть сын, высокий и красивый.

— А он… он знал?

Разум по-прежнему отвергал эту мысль. Как же так: все эти годы у моего мужа рос сын, о котором он знал, но которого никогда не видел? Только сущий изверг мог поступить так с собственным ребенком.

Кэти ответила с отвращением:

— Знал, конечно. И ни пенни на него не дал. Я могла бы подать на алименты, но что толку? Он не был нам нужен.

— Верно. Я… я понимаю…

О боже! Я мечтала о ребенке от Патрика — сначала о своем, потом о том, которого, вероятно, вынашивает Сьюзи, — а у него уже был сын. И этому сыну теперь за двадцать.

Кэти поставила фотографию на место, стерев с нее пыль рукавом.

— А у него других детей нет? Если есть, это было бы здорово для Джека. Я больше не рожала.

— Нет. Нет, у нас… у нас не было…

Значит, проблема все же во мне, раз он смог зачать ребенка. Как я всегда и боялась, со мной что-то было не так, и неудивительно, если учесть мое происхождение.

«Элинор, мелкая дрянь!»

Слова матери донеслись до меня сквозь годы, будто я никогда от нее и не сбегала. Будто огня, крови и смерти было недостаточно.

— Ох… Ясно. Значит, он все же решился? Я думала, он тогда просто ляпнул, не собираясь этого делать.

— Не собираясь делать что? — я с трудом понимала ее — мозг работал с огромным трудом, устав от откровений.

Кэти посмотрела на меня с печалью:

— Вазэктомию. После моей беременности Шон так разозлился, что сказал, что пойдет на операцию, лишь бы больше не было залетов. Похоже, он так и поступил.

Сьюзи

Оказавшись в подвале, я поняла, что именно так и представляла себе смерть. Здесь меня никто не услышит, как бы громко я ни рыдала и ни кричала. Дорогая звукоизоляция, которой Ник оборудовал свою «музыкальную комнату», делала свое дело. Да и до кого я могла здесь докричаться?

Интересно, куда подевалась Нора? Почему она не появляется, не пытается узнать, куда я пропала? Может, догадалась, что я ее раскусила? И ей даже на руку то, что я оказалась здесь и не мешаю ее планам? Когда на меня накатывали панические атаки, я даже начинала думать, не сговорилась ли Нора с Ником, чтобы отплатить тебе и мне. Не причастны ли они каким-то образом и к твоей смерти. В любой другой ситуации я бы ни за что в это не поверила, но я бы не поверила и в то, что Ник, такой нежный муж, прямо у меня под носом построил звукоизолированную тюрьму, чтобы меня же в ней и запереть. Да, камера получилась довольно уютная. Ковер на полу, кровать с чистыми простынями и вволю воды и еды. Он спускался проведать меня по нескольку раз на дню. И туалет здесь был — при перестройке дома Ник предложил оборудовать его на случай приезда гостей, и я равнодушно согласилась с этим, как соглашалась со всем. Я даже пыталась мыться в раковине, но без нормального душа от меня начало вонять.

Когда Ник спустился в первый раз, я набросилась на него. Попыталась ударить, выцарапать глаза. Он просто схватил меня за запястья и держал так, пока я не успокоилась. Он оказался сильнее, чем я думала. Это всё занятия в зале — еще одна вещь, которой я не замечала.

— Прекрати. Это вредит ребенку.

— Ты не можешь так поступать!

— Это для твоего же блага. То, как ты себя вела… Носилась по всем окрестностям по снегу, разыскивая какого-то ублюдка, которому нет до тебя никакого дела… Сьюзи, это безумие. Подумай немного, и ты поймешь, как хорошо я тебя здесь устроил. Я *люблю* тебя. Я позабочусь о тебе. Тебе больше никогда не придется работать.

В следующий раз я просто громко плакала, размазывая сопли.

— Пожалуйста, выпусти меня. Пожалуйста, я никому не скажу. Я признаю, что поступила плохо. Я даже готова пройти лечение, если захочешь.

Он выглядел опечаленным.

— Это мы уже проехали. Теперь другого пути нет.

Он был заботлив. Спрашивал, что я хочу на обед, принести мне белый хлеб или черный, советовался по поводу приготовления какого-нибудь блюда.

— Просто выпусти меня, — поначалу требовала я, но постепенно сдалась.

Если уж я застряла в этом подвале, то хотя бы буду есть то, что мне нравится. Вот так и привыкаешь к любой жути. Человеческий разум до ужаса легко приспосабливается. Если бы не отсутствие окон и душа, я могла бы представить себе, что отдыхаю в уютной гостинице с книгами и мягкой мебелью. Только я никак не могла связаться с внешним миром.

— Без телефона тебе же будет лучше, — сказал он мне, будто ребенку.

Я протестовала по поводу душа:

— Хоть помыться дай. Так и заболеть недолго.

Он поджимал губы. Если бы он позволил мне подняться наверх в ванную, я могла бы схватить что-нибудь — кухонный нож или какое-нибудь тяжелое украшение — и ударить его, а потом выскочить из дома и бежать по пустынной дороге, пока не встречу того, кто мне поможет. План, наверное, не самый удачный, но другого у меня не было.

Элинор

Наконец, с расследованиями было покончено, и пришло время вернуться домой. Конвей отправился в мир иной. Вся моя жизнь оказалась не такой, какой я себе представляла. Мой муж… У него был сын. Все эти годы он морочил меня, заявляя, что у нас тоже может родиться ребенок, хотя сделал себе вазэктомию. И к малышу Сьюзи он не имел никакого отношения. Он даже не умер. Весь мой план — найти и покарать распутницу, уничтожив ее жизнь — рассыпался в прах. Сьюзи, хотя она этого, верно, и не осознавала, была жертвой — и гнусного лжеца Патрика, и мстительного собственника Ника. Мне самой стало тошно от того пути, который я выбрала: ревнивая жена, охотящаяся за любовницей мужа. Я устала от того, как мужчины сталкивают нас друг с другом лбами. Врут. Запирают в кукольных домиках. Пора было это прекратить. Я решилась — пойду к Сьюзи и расскажу ей правду. И помогу уйти от нынешней жизни. Спалить ее дотла, если потребуется. У меня был опыт. Потом, быть может, вместе мы выследим моего мужа и заставим его заплатить за все.

Мне понадобилось почти полчаса, чтобы добраться до дома по съезду с шоссе. Обычно на это уходило минут десять. Пока меня не было, все занесло снегом, и шины с жалобным скрипом скользили по обледенелой дороге. Дорожная техника, посыпавшая трассы песком, сюда не заезжала. Возможно, следующие несколько дней отсюда и выехать-то не получится. Я остановила машину у почти скрытых под снегом развалин «Остролиста». Прикрывая лицо от летящих в лицо хлопьев, распахнула полусгнившую дверь. В крыше зияли дыры, и внутри было не лучше, чем снаружи.

— Тихо, тихо… Прости, малыш.

Поппет дрожал от холода в импровизированной конуре, которую я для него соорудила. Его миска была пуста. Я почувствовала укол вины. Чем я думала, когда решила так запросто его забрать? Когда он сбежал во время прогулки к старому дому, вечером, кипя от гнева, что Сьюзи так и не научилась обращаться с псом, я отыскала его и привела сюда. Тогда мне пришла в голову идея, как проучить бестолковую соседку, вывести ее из равновесия. Но обижать и мучить животное я не собиралась — просто не смогла бы это сделать, — и теперь бедолага мерз здесь, потому что я оставила его на привязи.

— Идем, идем, — я взяла пса на руки и понесла под курткой в относительное тепло собственного дома; устрою ему лежанку у камина и дам двойную порцию «Педигри». В этом тоже придется повиниться перед Сьюзи. В «Иве» горела одинокая лампа.

Поппет был тяжелый и часто-часто дышал. Он него несло мокрой шерстью, но меня этот запах успокаивал. Было три часа дня, начинало смеркаться. Я решила, не откладывая на завтра, перейти через дорогу и рассказать Сьюзи всё, что мне известно. Самое время.

Обиходив Поппета и оставив его перед газовым камином, я направилась к «Иве». Это был непростой путь, слякотный и скользкий. Черный асфальт казался гладким как стекло. Я с трудом преодолела дорожку к их дому, удивляясь, почему Ник не почистил и не посыпал ее песком, и постучала в дверь. Я приготовилась к решительному разговору с Сьюзи, к тому, что придется обвинять ее и признавать собственную вину. Но после этого мы явно узнаем друг друга получше. Кто знает, можем даже стать союзниками. Случались и более странные вещи.

Дверь открылась, и я увидела… Ника.

***

— Нора! — удивился он. — Здравствуйте.

— А… Добрый день. Я решила заглянуть, повидать Сьюзи. — Почему он сегодня дома? — Вы не на работе?

— Да что-то неважно себя чувствую, — ответил он, хотя на вид все с ним было в порядке.

На нем были темные джинсы и белая рубашка. Я узнала дорогую марку, которую любил мой муж, и очень удивилась, потому что Ник не производил на меня впечатления денди.

— Боюсь, Сьюзи нет дома. Она поехала к матери.

— Уехала, оставив вас дома больного?..

Женщина на седьмом месяце беременности, решившая отправиться за тридевять земель в такой снегопад? Бессмыслица какая-то. К тому же я вспомнила — Сьюзи говорила, что ее мать решила на Рождество уехать в круиз. *«Слава богу, значит, не придется приглашать ее сюда».* Иногда я испытывала к соседке странную привязанность — матери у нас обеих были не подарок.

Зачем Ник соврал? Выходит, Сьюзи дома, но он не хочет, чтобы мы увиделись?

— А… Мне стало хуже уже после ее отъезда. Честно говоря, и хорошо, что уехала. Не хватало только, чтобы она в таком состоянии еще и заболела, — он уже собрался захлопнуть дверь, и я запаниковала.

— Подождите! Ник, мне нужно ей кое-что сказать. С ней можно связаться? По мобильному?

— Там нет связи, — сочувственно ответил он. — Какая-то глухая деревенская дыра, вроде нашей.

— А по стационарному?

Он замялся. Я понимала, что веду себя невежливо, но мне было плевать. Волосы на затылке встали дыбом. Что-то тут не так. Было видно, что он хочет избавиться от меня.

— Знаете, я просто не вспомню номер. Я же никогда не звоню ее матери, — он самоуничижительно пожал плечами. — Могу поискать, но на это понадобится время.

Он загнал меня в угол. Я не могла войти в дом, не встревожив его. Я глянула за его спину в полумрак прихожей. Вдали в стене, в окружении дорогих обоев, виднелась дверь, и пульт для набора кода рядом с ней светился красным. Красный — значит, закрыто? Я вспомнила еще кое-что. Сьюзи показывала мне дом. *«А там, внизу, музыкальная комната Ника. Бог знает, кому нужно красть его дурацкие гитары, но он настоял на этом замке»*. Видела ли я раньше эту дверь закрытой?

— Хорошо. Если она позвонит, скажите, пожалуйста, что я ее разыскивала.

— Разумеется. До свидания.

Дверь закрылась со щелчком, герметично запечатав дом. Я посмотрела на светящийся красным пульт сигнализации, казавшийся таким чужеродным на стене старинного здания. Ник превратил этот дом в крепость с дистанционно закрываемыми дверями и окнами, которые управляются кодами, с автоматическими жалюзи и ставнями, со змеившимся вокруг фундамента кабелем сигнализации. Конечно, из крепости может получиться и неплохая тюрьма.

Я с трудом потащилась вокруг дома, прикидывая, что где находится по воспоминаниям о прошлых визитах. Тут вроде бы основная кухня — из-под жалюзи пробивался свет, однако тени внутри не двигались. И больше нигде, ни в туалете на первом этаже, ни в кладовой, ни в еще каких-то помещениях этажом выше, ни огонька. И кабинет Сьюзи тоже погружен в темноту, хотя заметно слабое голубоватое сияние. Наверное, компьютер остался включенным, когда его хозяйка… Куда-то ушла?

Что же получается: если Сьюзи не уехала к матери и ее нет ни в одной из комнат, то где она? Чтобы устроить музыкальную комнату, они расширили подвал. Похоже, если ты принадлежишь к среднему классу, то можешь устроить в своем доме настоящее подземелье, и никто этого даже не заметит.

Мысль попахивала безумием, но многое из случившегося за последнее время не укладывалось в рамки здравого смысла. Значит, Сьюзи там?..

Сьюзи

— Ты не сможешь держать меня в плену вечно, — холодно сказала я, когда Ник спустился в подвал в следующий раз.

Я чувствовала себя зверем в зоопарке. У меня была еда, вода — в больших бутылях, купленных им якобы на случай снежных заносов, — книги и удобная постель. Но все равно хотелось пробить дыру в стене, чтобы выбраться, чтобы увидеть пространство, свет. Здесь, внизу, я с трудом могла понять, который час.

Ник поставил передо мной обед — миску еле теплого морковного супа. Наверное, побоялся принести горячий, чтобы я не плеснула в него.

— В плену? Сьюзи, это твой собственный дом. Ты в тепле, в сухости, накормлена. Я забочусь о тебе! Ты сама не понимаешь, до чего ты дошла. Бегать черт знает где в такой холод! Тебе просто надо немного успокоиться.

— Меня хватятся. У меня назначены приемы у акушерки, УЗИ! Мама заметит, что я не позвонила.

Мать уже уехала в многомесячный круиз со своим Найджелом-переплетчиком, а я не могла вспомнить, говорила ли Нику, когда именно она отправляется. Станет ли она звонить мне во время круиза или будет только писать сообщения? Если бы отношения между нами были ближе, она уже могла заподозрить неладное. Или хотя бы выслушать меня, когда я пыталась ей обо всем рассказать.

— Если она позвонит, я могу ответить, что ты в душе. Ты и сама просила меня так делать, когда не хотела с ней разговаривать.

Так и было. Ник был просто до безумия спокоен. Почти логичен. Приходилось даже напоминать себе, что это не нормально, это преступление. *Он запер меня в подвале!* Я вспомнила ту девушку, которую считали пропавшей в течение двадцати лет, и похолодела. Но ведь кто-то же начнет меня разыскивать? Врачи, или мама, или даже Клодия? Какой хороший способ оценить собственную жизнь — прикинуть, кто станет волноваться о тебе в случае исчезновения. Или Ник объявит им, что я просто куда-то уехала? Сбежала с другим мужчиной? Но ребенок... Он же не заставит меня рожать прямо здесь, в подвале?

Приступ страха заставил меня сменить тон:

— Пожалуйста, милый. Мне страшно. Вдруг схватки начнутся здесь, а тебя не будет дома? Вдруг ты окажешься на работе? Я же могу умереть!

— Я взял больничный, — ответил он, оторвавшись от протирания маленького карточного столика, который оставил мне вместо обеденного; даже в заточении, почти без вещей, я умудрилась навести беспорядок. — Я все время здесь. И, кстати, попросил маму не приезжать на Рождество. Сказал, что тебе будет трудно из-за беременности.

Как же плохи были мои дела, если даже от известия о том, что свекровь не приедет, мне захотелось разрыдаться! Приближались рождественские каникулы, и, скорее всего, меня еще несколько недель не станут искать. Все подумают, что мы с Ником просто скрылись ото всех в своем уютном и счастливом сельском гнездышке.

— Но тебе там, наверху, меня не слышно. А вдруг мне понадобится что-нибудь? — может, получится убедить его отдать мне телефон?

— Здесь есть камера. Я наблюдаю за тобой.

От мысли о том, что я под постоянным наблюдением, перехватило дыхание. Я сцепила руки и попыталась говорить с ним так же рассудительно:

— Послушай, мне в самом деле надо принять душ. Я читала, что иначе может развиться инфекция, которая повредит ребенку, — я заплакала, и даже не совсем притворно. — Бедняга. Он-то ни в чем не виноват.

— Он? — нахмурился Ник. — Ты узнала пол, а мне не сказала?

— Нет-нет, — быстро ответила я. — Просто предчувствие.

По правде сказать, никакого предчувствия не было, и я едва представляла себе ребенка как личность, но предполагала, что Ник больше хотел бы мальчика. Я боялась представить его с маленькой девочкой. Как бы он обходился с ее парнями? Он бы просто уморил ее за розовым занавесом.

Ник задумался.

— Если пообещаешь хорошо себя вести, сможешь помыться. Я серьезно, Сьюзи. Ничто не помешает мне продержать тебя здесь до самых родов. Если кто-нибудь спросит, я всегда могу сказать, что ты уехала к матери. Ты в самом деле думаешь, что врачи, у которых денег всегда в обрез, потащатся в такую даль? К тому же сейчас все дороги практически занесло, — последние слова он произнес с видимым облегчением. — Чтобы сюда добраться, понадобится джип.

Значит, никто не приедет.

— А где Нора? — в какую же западню я угодила, что единственным человеком, способным меня спасти, оказалась женщина, которая меня ненавидела?

Он пожал плечами:

— Я не видел света в ее окнах. Думаю, уехала.

Он соврал. Я видела, как забегали его глаза. Но зачем ему врать об этом? Потому что он опасается, что Нора мне поможет? Значит, она где-то недалеко? В груди снова вспыхнула надежда. Но с чего бы это Норе что-то для меня делать?

— Ну, раз вокруг никого нет, тебе незачем беспокоиться, что я устрою истерику, — спокойно сказала я. — Никто же не услышит.

Ему только нужно будет спрятать телефоны, и весь дом станет пристройкой к моей тюрьме.

Ник кивнул:

— Хорошо. А то ты уже начинаешь вонять. Запашок тут — будто в зоомагазине.

Глупо, но эти слова меня обидели. Но я смолчала. Это был мой единственный шанс.

Элинор

Я не знала, что делать дальше, и расхаживала по гостиной, потирая замерзшие ладони одну о другую, пока они не покраснели и не начали шелушиться. Что скажет полиция, если я им позвоню? *«Кажется, мою соседку держат в неволе. — Кто? — Ее муж. Начальник компьютерного отдела совета графства. — Где? — В собственной музыкальной комнате».* Нелепица какая! Сьюзи могла и в самом деле уехать, если не к матери, то к подруге. Не сообщать Нику о круизе или соврать о дате его начала. Она могла сбежать, как я ей и предлагала, просто сделать это по-другому. Но мне почему-то казалось, что это не так. Ник что-то скрывал. Он очень не хотел впускать меня в дом.

Я хорошенько присмотрелась к этому газлайтеру после того, как украла его смартфон и встретилась с Лизой Рагоцци. Ник вовсе не был простофилей, напротив, он прекрасно знал, что Сьюзи, импульсивная и на самом деле искренняя дурочка, замышляет. Он наблюдал за ней через камеры, знал, когда она входит в дом и выходит из него, следил за ней в городе. Просто удивительно, у скольких людей включен «Поиск друзей» — по сути, шпионская программа, — а они об этом не подозревают или их это не беспокоит. Ник мог даже клонировать телефон жены и читать ее сообщения — я выяснила, что это довольно легко сделать, просто отправив специальную ссылку. Возможно, он планировал устроить ей грандиозный скандал по поводу ее нового романа, пока не выяснилось, что она беременна. Патрик не мог быть отцом, так что это ребенок Ника, и не важно, знает он об этом наверняка или нет, но ему нужен именно ребенок, судя по тому, что он пытался убедить Лизу — еще не закончившую колледж! — родить.

Теперь я видела его план с такой отчетливостью, будто составила его сама. Сьюзи почти на восьмом месяце беременности. Нику нужно всего лишь продержать ее где-нибудь до начала родов. Где-нибудь в безопасном теплом месте — к чему рисковать здоровьем малыша, запихивая Сьюзи в грязную дыру. А потом, когда она родит, от нее можно будет тихонько избавиться. Не обязательно даже убивать. Ник очень аккуратно подготовил почву, сводил ее к врачам, сообщил о ее тревожности и галлюцинациях. Обратил внимание эскулапов на ее немотивированные поездки, на долгие прогулки на холоде, долгие часы плача. Наверное, согласно его расчетам, ей предстоит окончить свои дни в какой-нибудь уютной больничке вроде той, куда я пристроила свою мать. Естественно, в какой-то момент он с ней разведется — замена Сьюзи уже подобрана — и получит опеку над ребенком. Как иначе, если его мать — сумасшедшая? Конечно, Сьюзи должна являться на УЗИ и посещать гинеколога, но Ник всегда может сообщить им, что его неврастеничка-жена решила сменить клинику. Или запугать ее так, что она не скажет ни слова, даже если он позволит ей выйти из заточения. Некоторые женщины жили так годами. Даже я жила в клетке, пусть и считая ее идеальной.

О, Ник хорошо все продумал, тут ничего не скажешь. В других условиях я бы им восхищалась. Я так и сама поступала. Тоже наблюдала из тени за чужим мужем и его женой, ощущая себя жертвой интрижки. Выстраивала сложные схемы, действовала исподтишка и манипулировала. Только это была пылкая жажда крови мстительной скорбящей вдовы. Не эта хладнокровная расчетливость. Интересно, давно он всё это задумал? Увезти Сьюзи из Лондона наверняка было частью плана. Возможно, он даже считал, что это сработает. Заставит Сьюзи оценить его размах, заставит снова полюбить его. Или уже тогда в его голове зрел этот план на случай, если она не подчинится?

Я раздвинула шторы и посмотрела через дорогу на «Иву». Хорошо ли мы знаем своих соседей, можем ли представить, что происходит за этими освещенными окнами и запертыми дверями? Для меня и собственный муж, с которым я прожила с десяток лет, оказался настоящей загадкой. Я думала, что проникла во внутренний мир Сьюзи, но на самом деле огромная часть ее жизни была от меня скрыта. Мне удалось разнюхать секреты Ника, но познакомиться с ним поближе, хотя он был в нескольких футах от меня, так и не сумела.

Снег продолжал валить густым занавесом, облепляя стекло. Скоро дорогу совсем завалит, а это значит, что Ник может не поехать на работу. То есть я не смогу забраться в дом и помочь Сьюзи. Она была там, это точно. Запертая в темной норе под землей, где никто не услышит ее криков. Излишняя предосторожность с его стороны. Кто, кроме меня, здесь ее услышит? Кто вообще хватится ее, если она несколько месяцев просидит в этом погребе? Он сделал все, чтобы никто не начал ее разыскивать.

Да, нужно было отдать Нику должное — он очень хорошо все продумал.

Сьюзи

В глаза ударил яркий свет. Я почувствовала себя кротом, вытащенным на поверхность. В ванной было идеально чисто — нигде ни капельки воды, ни волосинки. Наверное, Ник решил показать мне, как нужно поддерживать чистоту в доме.

— Пять минут, — сказал он, стараясь, чтобы это прозвучало как можно жестче. — По-быстрому.

— На мои волосы нужно больше времени, — заметила я. — Гляди, как они засалились.

Густая красная шевелюра стала спутанной и грязной. Ощущение было отвратительное. Ник сопроводил меня до двери в ванную, и у меня не было времени что-нибудь схватить. Да и хватать-то было нечего. Столик в коридоре опустел — вазы и горшки, обычно стоявшие там, исчезли. Возможно, он догадался, что я задумала. Меня охватило отчаяние — как переиграть человека, который несколько месяцев следит за каждым моим шагом?

— Ладно. Десять минут. — Мне на секунду показалось, что Ник собирается стоять и смотреть, как я раздеваюсь, но я пристально взглянула ему в глаза, и он вышел, оставив дверь открытой нараспашку. — Поторопись.

Я включила душ и быстро намылила тело и волосы, наслаждаясь горячей водой несмотря ни на что. Это напомнило мне, как в двадцать лет я провела четыре дня без душа на фестивале в Рединге. Только на этот раз я была у себя дома. Я прокручивала в голове возможные действия. Не найдется ли здесь чего-нибудь, чем я могла бы его ударить? У унитаза снималась крышка. Или я в какой-то книге читала, как кого-то убили стержнем из сливного механизма бачка. А еще на двери висел его халат — не получится ли сделать удавку из пояса?

Не выключая воду, я вышла из душа… и тут же поскользнулась, приземлившись копчиком на край ванны.

— Ай! — от испуга вскрикнула я, и Ник тут же оказался рядом.

— Я поскользнулась…

Я рыдала не только от боли, но и от осознания, что упустила единственный шанс. Пока я падала, в голове промелькнула только одна испуганная мысль — *ребенок*!

— Ох… Тебе надо быть осторожнее, — он даже с нежностью помог мне встать — голая, мокрая и беременная, я чувствовала себя такой беззащитной. — С тобой все хорошо? А с ребенком?

— Не знаю… — пробормотала я. — Прости меня, Ник! Мне очень стыдно. Я не хотела этого, ничего этого. Шон — он… Тот мужчина… Или Дэмьен. Я этого совсем не хотела. Наверное, со мной что-то не так. Я обращусь за помощью, я изменюсь. Все, что пожелаешь. Врач, больница… я согласна на все.

Нежным движением он убрал мокрые волосы с моего лица:

— Как бы я хотел в это поверить, Сьюз.

Он колебался. Я это чувствовала. Будто можно было просто забыть о том, что он запер меня в подвале, что я собиралась ударить его по голове крышкой от унитаза. Но в тот момент я была так напугана, так раздавлена, что была готова принять что угодно. Пожалуй, мне даже удалось бы уговорить его, но в этот момент раздался давно забытый мной звук. Звонок в дверь.

Мэдди

Тот человек, Шон, не появился ни на следующий день, ни через день. Она поняла, что ждет его. Всякий раз, когда открывалась дверь, надежда, словно волна, покачивающая яхты в гавани, накатывала на нее, чтобы тут же схлынуть при виде очередного загорелого туриста.

И вот на третий день он все же зашел. На нем была темно-синяя рубашка поло, плотно облегавшая худощавое тело. Очки в темной оправе придавали ему вид щеголеватого красавца. Мэдди отвернулась и принялась протирать только что вытертую барную стойку. Она знала, что он подойдет сам. Уловила запах его лосьона — смесь лимона и чего-то хвойного, но заставила себя не оборачиваться.

— Здравствуй.

— Ой! Привет! — она улыбнулась отрепетированной легкой улыбкой — доброжелательной, но не слишком радостной.

Ей пришлось учиться играть в эти игры на собственном горьком опыте с парнями-ровесниками, а теперь перед ней был мужчина. Она понятия не имела, в какие игры предпочитает играть он.

— Соскучились по цыпленку карри?

Он громко и чуть хрипловато рассмеялся.

— Не хотелось бы обидеть вашего повара, но кухня здесь — не главное достоинство.

Он не сказал, что именно было здесь главным достоинством, но она поняла — он имел в виду ее. *Я пришел повидать тебя*. И она покраснела.

— Послушай, — сказал он, подойдя поближе. — Не возражаешь, если я включу британские новости? Сама знаешь — сначала хочешь отдохнуть от вестей с родины, а потом жить без этого не можешь…

Посетителей в пабе не было, если не считать пожилой пары: тугоухие старики скрипучими голосами препиралась по поводу погоды. «Я сказала, на улице ХОРОШО!» — «Нет, на улице ХОРОШО!» Мэдди передала посетителю пульт от телевизора, едва не коснувшись его руки. От смешанного аромата хорошего стирального порошка и лосьона, исходившего от него, у девушки закружилась голова. Он включил «Скай Ньюс» и уставился на экран, даже не притронувшись к налитому для него пиву.

Минут через пять она рискнула вновь привлечь к себе внимание. Ей было невыносимо видеть, как он не отрываясь смотрит подробный репортаж о смерти какого-то старого алкаша, задохнувшегося из-за еще более старого газового камина. А ведь он должен был смотреть на *нее*.

— Что-то не так? — спросила Мэдди, подразумевая пиво.

— О… Нет, все хорошо, — он сделал глоток.

— Так что же на самом деле привело вас сюда? — она кокетливо перегнулась через барную стойку. — В такие места редко приезжают в одиночку. Здесь нет ни хостелов, ни тому подобных заведений.

— Итак, зачем же я здесь, детектив Бармен?

— Ну, у меня есть некоторые догадки.

— Давай…

— Первая: вы — полицейский. Разыскиваете преступника, скрывающегося где-то здесь, на Плутовском берегу.

Он снова рассмеялся, и ее сердце затрепетало.

— Вторая: вы решили залечь на дно.

— Куда?

— На дно, — она снова покраснела. — Ну, так говорят о преступниках. Сбежали, чтобы вас не поймали. Кажется, эти места еще называют Берегом преступников? Потому что у нас нет договора об экстрадиции или как-то так.

Он посмотрел на нее поверх бокала.

— А ты сообразительная девушка. Только закон изменили в восемьдесят пятом.

— А…

— Так как тебя зовут?

Она ответила.

— Красота, — по тому, как он улыбнулся ей, она поняла, что он имел в виду не только имя. — Итак, Мэдди, если я действительно решил залечь на дно, ты сохранишь это в тайне? Или предашь меня?

Она еще сильнее перегнулась через стойку, стараясь оказаться поближе к нему. Мэдди знала, что при этом дешевая футболка с местного рынка красиво натянется на ее груди. Об этом ей сказала мать, причем без малейшего неодобрения.

— Я тебя никогда не предам, — твердо заявила она.

Элинор

Весь день я наблюдала за домом Сьюзи и Ника сквозь снежную завесу. Поппет дремал у огня, успокаивая меня запахами дыхания и теплой шерсти. Включать свет в собственном доме я не стала — мне хотелось, чтобы Ник считал, будто я уехала. Машину я спрятала у дороги на месте для обгона. Но что делать дальше? Пробраться в «Иву» я не могла — сигнализация, датчики, крепкие двери и окна. Вызвать полицию — тоже, потому что честные служаки не поверят моему фантастическому рассказу и наверняка начнут копаться в моем прошлом. Тут-то и выяснится, что Норы Холском никогда не существовало. Да и малыша рыжеволосой дурочки я тогда точно никогда не увижу. Идея связаться с матерью Сьюзи рушилась из-за того, что я понятия не имела, где она и в каком круизе. О матери Ника я была наслышана и ни секунды не сомневалась, что она готова на все, лишь бы выгородить сынка. Кто еще оставался? На ум приходил только один человек, но он не вызывал у меня особого доверия. Что-то в его поведении меня настораживало — наверное, слишком явная заинтересованность. Но, с другой стороны, выбора у меня не было. Оставалось только уповать на божью помощь и рискнуть.

Сначала я провела еще немного времени со своим новым другом, «Гуглом», немного покопавшись в нем и найдя успокоившее меня объяснение. Потом открыла дверь и осторожно вышла, внимательно следя за малейшим движением по ту сторону дороги. Ничего. Получив в лицо ледяной заряд, я закрыла за собой дверь и осталась один на один со снегом в кромешной тьме.

Сьюзи

Едва раздался звонок, вся нежность Ника тут же улетучилась.

— Сиди здесь, — прошипел он. — И чтобы ни единого, б…дь, звука!

Раньше он никогда не матерился. Потом он схватил с сушилки маленькое полотенце для рук и грубо запихнул его мне в рот. Не знаю, от чего я задыхалась — не то от плотного хлопка, не то от невозможности в это поверить. Ник! Это творил Ник!

— Черт… черт…

Он принялся оглядываться в поисках чего-то — не знаю чего — и вдруг увидел висевший на двери халат. Он выдернул из халата пояс, и я поняла. Он собирался меня привязать. И он привязал меня к сушилке для полотенец, вывернув руки под неестественным углом. Так я и осталась стоять — голая, мокрая и смертельно напуганная.

— *М-м-м-м… М-м-м-м!*

— Заткнись, Сьюзи! Я серьезно, — прикрикнул он, забывшись.

Несмотря на потрясение, в моей голове крутилось множество вопросов. Кто там, за дверью? Нора? Если это она, может, рискнуть и позвать на помощь? Только захочет ли она мне помогать? Я содрогнулась от мысли, что они могут быть в сговоре. Это было нечестно. Это ты должен был прийти мне на помощь в тушении пожара, который мы с тобой так неосторожно разожгли, кружась в беззаботном танце и не обращая внимания на окружающее нас пламя. Но ты погиб, и я могла рассчитывать только на себя.

Услышав несколько гудков, означавших, что Ник отключает сигнализацию на двери, я принялась выталкивать полотенце изо рта языком. Я услышала голос Ника, подчеркнуто доброжелательный:

— Здравствуйте. Чем могу вам помочь?

Ему ответил незнакомый женский голос:

— Да, здравствуйте. Мы ищем некую Сюзанну Мэтьюз. Я — детектив-констебль Кэтрин де Суза из полиции Суррея.

Я учащенно задышала, и это оказалось ошибкой, потому что во рту была тряпка, и теперь воздух вообще перестал через нее проходить. Я могла только мычать. Поверят ли они мне, даже если и услышат? Или Ник терпеливо и разумно объяснит им, что я — просто выжившая из ума голая и мокрая беременная женщина? Я вспомнила о тех записях, которые делала врач во время навязанного Ником посещения. Подумала, что ситуация может стать еще хуже — ребенка могут отобрать, а меня запрут в какую-нибудь психиатрическую больницу или, хуже того, оставят навсегда жить с Ником, только этот Ник будет злиться на меня еще больше. Заглянув в щель, я увидела очертания двух человек. Не в форме — не как те полицейские, что приходили раньше. Зачем они пришли? Я не могла выплюнуть кляп. Он только плотнее входил в рот, и я едва не задыхалась. Я старалась потихоньку дышать носом, но это было непросто из-за слез. Что бы я там ни думала, я никогда не была храброй. Просто безрассудной. Мне не хватило смелости покончить с неудачным браком, пока не стало слишком поздно. Зато хватило безрассудства завести роман на стороне и запустить эту цепочку событий, вырвавшуюся из-под контроля.

— А что случилось? Боюсь, она уехала к матери. Навестить перед Рождеством, сами понимаете…

Объяснение Ника звучало вполне правдоподобно. А я-то считала себя самой умелой лгуньей в нашей паре.

Ему ответил мужской голос:

— Мы нашли информацию о вашей жене на месте возможного преступления. Ее имя и адрес.

Последовала короткая пауза. Боже! Боже! Что теперь будет делать Ник? И о чем они вообще говорят?

— Странно. Что еще за преступление?

— Вчера в Гилфорде было найдено тело человека, погибшего от удушья из-за газового камина. В данный момент у нас нет оснований подозревать насильственную смерть, но исключать этого мы не можем.

— Как его звали? — спросил Ник.

Я понятия не имела, о ком они говорили. Кто еще погиб?

— Некий доктор Конвей. Джеймс Конвей. Он работал в Суррейской больнице.

Казалось, я услышала, как в голове Ника закрутились шестеренки. Он знал, что я ездила туда, якобы чтобы посмотреть, как оснащена больница. Но зачем Конвею понадобились мои имя и адрес?

— Странно. Уверен, она такого человека не знает. Мы рассматривали эту больницу как вариант для родов — видите ли, мы беременны.

Мы! Он-то какое к этому имеет отношение?! На секунду страх уступил место гневу.

— И все же странно, что у него дома оказались сведения о ней.

Полицейские были очень обходительны. Я вдруг подумала — что, если они решили, будто Ник как-то причастен к его смерти?

— Да, странно. Я бы предположил, что он увидел ее в больнице и она ему понравилась. Моя жена… ну, она очень красивая.

Он произнес это почти с гордостью. А актер из него неплохой. Зря я его недооценивала.

Полицейские не задержались. На улице стоял мороз — я это чувствовала по холодному ветру от открытых дверей. А Ник не пригласил их в дом и не предложил чаю.

— Благодарим за помощь, сэр. Вы бы не могли попросить жену перезвонить нам, когда будете говорить с ней?

— Обязательно. Сегодня снег так и валит. Будьте осторожнее на дороге — у нас их не посыпают.

— Это мы уже поняли, — ответил мужской голос. — Едва не въехали в дерево на повороте. Обещают, что к вечеру будет еще хуже. Ваша жена может и не успеть вернуться.

— Когда она доберется до дома, — с нежностью произнес Ник, — я попрошу ее с вами связаться.

— Пожалуйста, попросите.

И они уехали. Мягкий щелчок электронного замка на двери прозвучал для меня лязгом тюремных ворот. Почему я не попыталась освободиться, сопротивляться, кричать? Какой же жалкой дурой я была. И кто убил Конвея? Ты и твой ближайший друг умерли с интервалом всего в несколько месяцев — мягко говоря, маловероятное совпадение.

Я услышала тихие шаги Ника, возвращавшегося в ванную. Когда он вынул кляп, я жадно вдохнула воздух. Из-за хлопковых нитей во рту пересохло.

— Я вела себя хорошо, — сказала я, едва не срываясь на крик от страха. — Я ничего не говорила!

Он смотрел на меня, все еще голую, все еще привязанную к сушилке.

— Кто такой этот Конвей?

Я узнала этот взгляд — тихую угрозу. Нужно было как-то отболтаться. И поскорее.

— Я тебе все расскажу, — сказала я дрожащим голосом. — Это не то, что ты думаешь. Я честно все расскажу, клянусь. Только дай одеться. Пожалуйста!

Элинор

Вытащить машину не было никакой возможности. Даже если бы она не была погребена под полутораметровым сугробом, я не хотела, чтобы Ник увидел свет фар. Не хотела, чтобы он знал, что я рядом, хотя бы пока я не решу, как поступить. Поэтому, надев самые прочные ботинки, я двинулась пешком по обледенелой темной дороге. С каждым шагом становилось все страшнее. У выехавшего из-за поворота водителя не будет ни малейшей возможности заметить меня вовремя, и, если я свалюсь с дороги в канаву, то умру там под снегом, чего никто даже и не заметит. Потому что никто не станет искать. У меня никого не осталось.

Не прошла я и нескольких метров, как увидела машину. Она ехала, чуть виляя из стороны в сторону, и я инстинктивно отпрыгнула к краю дороги. В машине были мужчина и женщина, оба в костюмах. Я сразу поняла, что это полицейские. Зачем они приехали? Ко мне по поводу Конвея? Возможно, это был шанс попросить помощи для освобождения Сьюзи, но разве у меня есть убедительные доказательства? И угодить под арест я никак сейчас не могла. Я пригнулась, воспользовавшись тем, что в темной куртке почти не выделялась на фоне кустов, и, когда они проехали мимо, побрела дальше сквозь метель.

В конце концов, с онемевшим от холодных снежных хлопьев лицом, я добралась до съезда с шоссе и увидела табличку с номером дороги — М25. А вот и оно — то дерево, из-за которого ты якобы погиб. Не будь так темно, я бы могла разглядеть на нем след от твоей машины, поврежденную кору. Какой это был риск с твоей стороны, какой глупый и отчаянный поступок.

Увидев другую машину, ехавшую очень медленно и осторожно, я подняла палец. Автостоп — что бы сказала мать? Неподобающе, не говоря уже об опасности. Но мать я не видела уже больше двадцати лет, и, честно говоря, мне было плевать на ее мнение.

Мне повезло. Водителем оказался пожилой мужчина, сам ошеломленный таким снегопадом и, пожалуй, обрадованный появлением попутчика, который поможет ему скоротать поездку.

— Поганый вечерок для прогулок, милочка, — сказал он с местным акцентом.

— Знаю. Просто мне нужно срочно попасть в Гилфорд, а машина застряла. Вы не в ту сторону едете?

Он с любопытством посмотрел на меня.

— Я просто в магазин поехал, милочка. Что ж тебя в такую погоду на улицу-то потащило?

— Мне нужно в больницу. Моя мать… она упала на прошлой неделе. Сами понимаете — лед.

— Да, коварная штука. Я тебя отвезу туда, не беспокойся.

— О, вы так добры. Спасибо.

Он сказал мне, что его зовут Билл, и мы по дороге болтали о снегопаде, о том, что худшей погоды он не видел с пятидесятых, и о его жене Хетти, которая любила снег, но умерла пять лет назад. Я поняла, что он настолько же одинок, как и я. Видимость была ужасная, но дорогу предусмотрительно посыпали песком, а попутные и встречные автомобили попадались нечасто. Примерно через час впереди показались огни Гилфорда.

— Высажу тебя прямо на месте. Не стоит тебе ходить по такой погоде.

Мне даже взгрустнулось, когда он высадил меня на стоянке и уехал. Больница сияла во тьме, словно маяк чистоты и человеколюбия. Если я не найду помощи здесь, я не найду ее нигде.

Сьюзи

Часом позже я сидела у кухонного стола. Я обсохла, была тепло и практично одета — джинсы и джемпер. Ник поставил передо мной тарелку с тушеными овощами.

— Как тебе?

— Отлично, — на мой вкус, стоило положить чуть больше соли, но «это же вредно для ребенка».

— Я забыл, что заказал доставку овощей, поэтому столько всего осталось. Надо будет отменить на следующую неделю.

Это было невероятно. Мы говорили о доставке овощей, а ведь всего несколько часов назад я была заперта в погребе. Я рассказала Нику всё — почти всё. О нашей с тобой встрече, о нашем романе, о твоей смерти, о том, как ездила в больницу и встретила там Конвея. Я предположила, что Конвей собирался шантажировать меня и потому держал при себе мои адрес и имя. Я вспомнила его неряшливую одежду и исходивший от него запах алкоголя. Предположить, что такому опустившемуся типу нужны деньги, не составляло труда.

Было нелегко рассказывать обо всем Нику, но он кивал, словно большую часть знал и без меня. Я не упоминала о встречах с доктором Холтом или о том, что снова виделась с Дэмьеном. Я еще могла спасти положение. Снова добиться расположения Ника, а потом, когда снег растает, попытаться сбежать куда-нибудь подальше. Может быть, к матери или к Клодии. Я решила, что подруга не откажет мне в укрытии, хоть мы и отдалились за последнее время. Я была готова даже поселиться в гостинице, если придется. Я не вполне понимала, что закон на моей стороне, что я получила бы доступ к деньгам и могла бы спокойно растить своего ребенка… Сейчас мне нужно просто снова не попасть в погреб, а дальше все можно как-нибудь уладить.

— Что будем делать? — покорно спросила я. — Все так запутанно, Никки.

Я давно его так не называла, с тех пор, когда мы еще любили друг друга. Я знала, что такое когда-то было, но уже с трудом могла вспомнить.

Он вздохнул и облокотился о стол:

— Не знаю. Наверное, можем уехать. За границу, куда-нибудь в теплые края. Дождаться, когда родится ребенок.

— А потом?

— Не знаю. Сьюзи, ты… — я знала, о чем он собирается спросить, и была готова соврать.

— Конечно, я люблю тебя. Просто… я запуталась. Мне тут было так одиноко и казалось, что ты меня ненавидишь.

Он кивнул, словно соглашаясь со мной.

— Прости. Я совсем никудышная жена — не знаю, почему я все это творю. Но теперь ведь речь не только о нас двоих, верно? — я положила руки на живот.

Его лицо вдруг стало открытым и беззащитным:

— Сьюзи, просто скажи… Ребенок… Он мой?

На этот раз я ответила еще быстрее:

— Конечно. С ним я всегда… я никогда… Он должен быть твоим.

Это была ложь, но Ник, кажется, ее проглотил. На самом деле я всегда считала, что это твой ребенок, потому что доверяла своим приложениям и старалась избегать Ника в благоприятные периоды, но он, кажется, перехитрил меня. Возможно, ребенок все же был его.

Он встал и убрал грязные тарелки. Я, как хорошая девочка, доела все до конца. И все могло бы кончиться хорошо, я могла бы спасти положение, и мы сумели бы относительно мирно дотянуть до развода, если бы именно в этот момент мобильная связь, которая в наших местах ловила из рук вон плохо, не решила показать, что она все же работает. Мой телефон, который заряжался на кухне, вдруг завибрировал, загремел по мрамору рабочей поверхности. Текстовое сообщение. Ник нахмурился.

— Это еще что?

Прекрати, не надо, пожалуйста! У меня было предчувствие, что это сообщение все испортит. Но едва ли я имела право просить Ника не читать его. Взяв в руки телефон и одним махом проглядев сообщение, он переменился в лице. От нежности, печали не осталось и следа. Только сияющая ледяная ярость.

— Так, значит, ты рассказала мне всю правду? Да?

О боже! От кого это? Доктор Холт был слишком умен, чтобы писать мне. Значит, это…

— Сраный Дэмьен!

Ник швырнул телефон на стол, и он брякнул передо мной с глухим стуком. Я мгновенно прочитала сообщение. Это был ответ на злое письмо, которое я ему отправила и тут же об этом пожалела. *«Э...*

Не знаю, о чем ты. Это же не я захотел тебя повидать, верно?»

Черт возьми! Я не меняла номер с тех пор, как мы работали вместе. Сообщения по-прежнему показывались и при заблокированном экране — иначе Ник счел бы это подозрительным. Почему мне не пришло в голову, что Дэмьен может ответить мне сообщением по телефону, а не по электронной почте? О боже…

— Ты виделась с ним? И потратила на это мои деньги?

— Я… творилось столько всего странного. Я подумала, что это мог устроить он. Мне больше никто в голову не приходил — я же не знала, что это был ты.

Если я рассчитывала вызвать в нем чувство вины, то расчет оказался неудачным.

— Ты солгала. Я просил тебя рассказать мне все как было, а ты соврала. Ты вечно врешь, Сьюзи. Я не могу верить ни единому твоему слову!

Я встала, потихоньку отодвигаясь от него. Только не снова в погреб, вдыхать запах пыли и пластмассы! Мне это не выдержать. На столе я увидела нож, которым Ник резал овощи. К лезвию прилипли кусочки моркови. Неловкими руками я схватила его, почувствовав, что меня трясет.

— Прекрати, Ник! Ты пугаешь меня! Ребенок…

Он фыркнул:

— Ребенок, ребенок… Чертово отродье мамаши-шлюхи! Иногда кажется, лучше бы он и не родился!

Вот черт! Убийство-самоубийство. Любимый способ озлобленных мстительных отцов. Он на это не пойдет. Это же *Ник*. И все равно от паники дрожали руки. Чтобы покрепче держать нож, я помогла себе второй рукой.

— Послушай, образумься, — попыталась я. — Это ничего не меняет.

— Это меняет все!

Он бросился на меня, и я выронила нож. В жизни не слышала звука хуже, чем этот металлический лязг о плитки пола. Лицо Ника оказалось совсем близко.

— Сука… Шлюха… Мразь… — это было сказано тихо, почти шепотом, и оттого звучало только страшнее.

Что делать? *«Подруга, тебе лучше как-то себя спасать»*.

За долю секунды я окинула взглядом кухню. На сушилке стояла чугунная крышка от тяжеленной оранжевой кастрюли, которую нам подарили на свадьбу. Я пользовалась ею в тот день, когда мы пригласили на ужин Нору, когда я еще думала, что найдется какой-то выход. Я подняла ее — от тяжести загудело запястье — и что было силы ударила Ника по лицу. Это оказалось так просто, что я сама была ошеломлена, ощутив отдачу всей рукой.

Я выронила крышку. Ник побледнел и осел на пол.

— Сраная… сука… вот тварь…

Мой мобильник лежал на столе, рядом стоял стационарный телефон. Я могла вызвать скорую. Но он уже начал подниматься на ноги, поэтому я не стала терять время и как была, в тонком джемпере и босиком, выскочила на заснеженную улицу.

Элинор

— А… это вы…

Когда Билл, пожилой водитель, высадил меня у больницы, я пошла уже знакомой дорогой в то крыло, где располагалось отделение акушерства и гинекологии. Я даже не задумывалась, что делать, если сегодня доктор Холт не работает. Или как объясниться с ним, если он официально не знал, что я живу по соседству со Сьюзи. Впрочем, волноваться не стоило. Вот он, собственной персоной, стоит с закатанными рукавами и покупает кока-колу в облепленном мишурой автомате. Я подошла к нему:

— Доктор Холт? Я…

— Элинор. Жена Патрика.

— Да.

Он настороженно смотрел на меня, позабыв о банке, выданной автоматом. Я решила сразу выложить всю правду. В конце концов, я не знала, сколько у нас осталось времени.

— Доктор Холт, мне нужна ваша помощь. Это касается Сьюзи. Сюзанны Мэтьюз. Кажется, она в беде.

Разумеется, сначала он мне не поверил.

— Элинор, я знаю о вас. Вы переехали в соседний с ней дом. Вы знаете, что она… знала вашего мужа.

Для выяснений не было времени.

— Да, у них был роман. Но сейчас это не главное…

Он шагнул ко мне и взял за руку:

— Миссис Салливан, пожалуйста. Я могу вам помочь. У нас здесь есть люди…

— Вы не понимаете. Сьюзи в опасности. Ее муж, Ник… Думаю, он запер ее в доме! Он сказал, что она у матери, но это не так, а музыкальная комната закрыта на замок, хотя раньше всегда была открыта.

Это звучало нелепо. Как заставить его поверить?

Он нахмурился:

— Что?

— Вы ведь общались с ней? Я видела ее письма на вашем компьютере. Сначала я не знала, зачем вы с ней связались. Даже подумала, что вы во всем замешаны…

— В чем замешан?

— В шантаже, — отмахнулась я — сейчас это тоже не имело значения. — Но ведь это не так, верно? Вы просто заботитесь о ней. Я долго не могла понять почему, но потом поискала информацию о вас.

Он остолбенел.

— Эдвард Холт, Джейн Холт — ведь так звали ваших родителей?

— Миссис Салливан…

— Пожалуйста! Не прогоняйте меня и не вызывайте охрану. Мы нужна Сьюзи. Да, я собиралась уничтожить ее, я ненавидела ее, но теперь все изменилось. Понимаете? Изменилось! Я изменилась. — Господи, что за чушь я несу? — Ваша мать… Я знаю, что она сделала. Я понимаю почему. В моем доме все было точно так же.

Джейн Холт, тихая домохозяйка, обожавшая копаться в саду, однажды прямо посреди воскресного обеда ударом ножа убила своего мужа Эдварда. Ее адвокаты утверждали, что она десятилетиями подвергалась принудительному контролю, но ее все равно отправили в тюрьму, где она и умерла спустя несколько лет.

Доктор Холт побледнел, его начало колотить мелкой дрожью.

— Как вы… Вы не можете…

— Вы ведь понимаете, верно? Как это бывает, как один человек может заставить другого утратить свое «я», потерять веру в собственный разум, в собственные силы. Мы должны остановить его, доктор Холт. Пожалуйста, вы должны поехать со мной.

Мне показалось, что мои увещевания не произвели на него никакого впечатления, что он предложит позвонить в полицию или просто пожмет плечами. Но через секунду он кивнул.

***

— Мы точно доедем?

Доктор Холт протер рукавом запотевшее лобовое стекло.

— У меня полный привод. Купил эту машину несколько лет назад, после пары суровых зим, когда было трудно добираться до работы.

Мы ползли по обледенелому M25. Других смельчаков на шоссе практически не было. Я почти ничего не видела — лишь время от времени порывы ветра разгоняли холодный туман. Я рассказала всё: про свой первоначальный план, про изменения, которые пришлось в него внести, когда я узнала о ребенке, про растущие сомнения по поводу Ника.

А потом изложила, почему считаю, что Сьюзи заточена в собственном доме.

Оказалось, доктор Холт виделся с Сьюзи несколько раз. В его голосе я почувствовала нежность к этой бестолковой дурочке. Она была из тех женщин, о которых мужчинам хочется заботиться.

Он признался:

— Я беспокоился за Сьюзи. То, что она рассказывала о Нике, о его собственничестве… Все это было очень похоже на манипуляцию.

— Вы и половины всего не знаете.

Я рассказала ему, что мне известно, как Ник наблюдал за Сьюзи с помощью системы сигнализации, как он сбрасывал настройки отопления и коды на входной двери, чтобы сбить ее с толку, как он удаленно проигрывал музыку, чтобы она решила, будто сходит с ума. Доктор Холт крепко сжал в руках руль.

— Раз он ее не бьет, никто и не думает о насилии, — пробормотал он, и я догадалась, что это относится не только к Сьюзи.

— Думаю, теперь он мог перейти к более решительным действиям, — добавила я, вспомнив о погребе.

— Как раз во время беременности домашнее насилие обычно и усугубляется, — подтвердил он, обеспокоенно поглядев на меня. — Элинор… Несколько дней назад умер еще один врач. Джеймс Конвей. Кажется, он знал вашего мужа. Ему было известно о Патрике и Сьюзи.

— Он собирался ее шантажировать, — сказала я, не объясняя, откуда мне это известно.

— Не думаете, что Ник мог…

Я не стала отвечать. Не самый удачный момент для объяснений. После недолгого молчания он попросил:

— Не хочу пропустить съезд. Скажите, когда будем подъезжать.

В темноте и снежной круговерти мы едва не проскочили нужное место, и пришлось поворачивать слишком резко. Я до боли в пальцах вцепилась в ручку дверцы. И вот мы уже несемся по узкой дороге, казавшейся особенно темной после ярко освещенного шоссе. Джип подпрыгивал на ухабах, оставшихся после прежних заморозков. Впереди показался мой одинокий засыпанный снегом дом, «Плющ». На крыльце виднелась фигура женщины, отчаянно колотившей в дверь. Сьюзи! Я увидела, что она в легкой одежде и без обуви. В свете фар было заметно, что ее босые ноги покраснели.

— Стойте! — крикнула я, инстинктивно схватившись за руль. — Это она!

Возникло секундное замешательство. Доктор Холт рванул руль в одну сторону, а я — в другую. Но этого мгновения хватило, чтобы прямо перед нами возникла темная фигура. Доктор Холт, отчаянно ругаясь, ударил по тормозам, но дорога слишком обледенела. В свете фар джипа я увидела ошарашенное бледное лицо и поняла, что сейчас произойдет, но с этим уже ничего нельзя было поделать.

Сьюзи

Я не понимала, что происходит. Я бросилась через дорогу — неимоверный холод колол мои пятки словно иголками — и побежала прямо к дому Норы, хоть он и казался пустым и темным. Вероятно, мне и ее следовало опасаться. Просто больше бежать было некуда, и мне оставалось только надеяться, что она прячется в гостиной с выключенным светом. Я кричала, но мой голос заглушал ветер.

— Нора! Пожалуйста! Помоги!

Мне ведь не мерещилось: она на самом деле постоянно мне помогала, советовала бросить Ника, рассказывала о моих правах! Пожалуй, она все же не желала мне зла.

Ничего. Ее не было дома, а ко мне неумолимо приближался Ник, ковылявший по дороге с бранью и воплями. Никогда прежде я не слышала от него таких ужасных слов.

Я понимала, что добром это не кончится. Он утащит меня обратно, запрет в погребе и продержит там, пока я не рожу. Может быть, сообщит в больницу, что мы переехали, и заставит меня рожать прямо там, одну. Интересно, сколько времени пройдет, прежде чем меня начнут искать? Месяцы? Годы, если он будет достаточно умен? А он достаточно умен — как долго ему удавалось меня дурачить. Все это промелькнуло в моей голове за считаные секунды, и тут я увидела свет фар.

Машина ехала слишком быстро, рыская от обочины к обочине на узкой дороге. Ник всегда меня предупреждал: «Посмотри в обе стороны, до того как переходить!» — но сейчас не последовал своему же совету. Автомобиль, большой тяжелый джип, несся прямо на него. Не знаю, крикнула ли я, предупреждая Ника об опасности, или только хотела это сделать, но тут машина налетела на него и отбросила в придорожную канаву, словно куклу.

Джип остановился едва ли не поперек дороги, и из него кто-то вышел. Нора. Но это была не ее машина. Хотя я явно где-то уже видела этот джип. Потом я увидела, как водитель выскочил и побежал к Нику, сбрасывая на ходу толстую зимнюю куртку, чтобы было удобнее двигаться. Я узнала этого коренастого ловкого человек. Это был доктор Холт. Он склонился над Ником и попытался провести непрямой массаж сердца, пока мы с Норой, безмолвные и замерзшие, наблюдали за его действиями.

— Он мертв.

Доктор Холт выпрямился и трясущейся рукой вытер рот. Снежные хлопья кружили над нами, облепляя щеки, ресницы и белое неподвижное лицо Ника, на виске которого расплывалось кровавое пятно.

— Господи… Я убил его. Меня лишат прав. Лишат практики.

Не знаю, как дальше развивались бы события, если бы там оказались только доктор Холт и я. Я была в полубреду от потрясения и холода, а он порывался вызвать полицию и сознаться во всем. Пожалуй, при поверхностном расследовании мы могли бы выкрутиться, если учесть, что Ник возник из ниоткуда посреди неосвещенной дороги. Но у него на лбу красовалась ссадина, на крышке от кастрюли оставались следы его крови, а машина явно вильнула в его сторону. От полиции эти детали не ускользнули бы. И доктору Холту предъявили бы обвинение в опасном вождении. Могли уволить. Он потерял бы все. А я… я не знаю, что случилось бы со мной.

Как бы то ни было, все вышло совсем иначе. Вышло так, что Нора — *Элинор* — подошла и взяла доктора Холта за руку.

— Давайте пройдем в тепло, — сказала она, кивнув в сторону дома, из которого я только что сбежала. — Пойдем в дом и обсудим, что делать дальше.

Элисон

Февраль, два месяца спустя

— Элисон, звонила жена. Сьюзи Мэтьюз, — в тот же день ближе к вечеру сообщил Том, прислонившись к перегородке кабинетика, от чего та угрожающе прогнулась. — С ней все в порядке.

Элисон смутно тревожилась за глубоко беременную женщину, которая, казалось, бесследно исчезла.

— Сказал ей, что она теперь вдова?

— Не... Попросил зайти. Нам нужно официально его опознать.

Когда они пошли к начальнику, детективу-инспектору Клер Фишер, и попытались объяснить догадки Элисон по поводу этого дела, та сказала, что тело почти определенно принадлежит Нику Томасу. Труп под снегом практически не разложился, а в кармане джинсов оказался бумажник. Попал под машину, тело все это время пролежало в канаве. Дело ясное.

И все равно что-то во всем этом Элисон не нравилось.

— Где она была все это время?

— Говорит, сначала у мамы, потом у подруги. Они капитально поругались, и Томас ушел из дома. Написал ей, что бросает ее. То же самое написал своей матери. Она может показать нам сообщения. Говорит, не видела его с декабря.

Очень уж все аккуратно сходилось. Почти никакой возможности через столько времени найти машину, которая сбила Ника Томаса, и прекрасное объяснение, почему никто так долго его не видел.

Элисон на секунду задумалась:

— А связь с другими двумя случаями?

Том пожал плечами:

— А она вообще есть? Первая авария — Патрик Салливан. Скорее всего, несчастный случай. Джеймс Конвей — тоже, похоже, несчастный случай, из-за неисправного камина.

Элисон скептически посмотрела на напарника. Таких совпадений не бывает.

— В той аварии было много странного, — сказала она. — И почему в квартире Конвея нашли имя Мэтьюз? Как ты это объяснишь?

— Ну, как тебе такое? Он, Конвей, шантажист. Доводит первого парня, Салливана, до ручки, и тот решает наложить на себя руки, врезавшись в дерево. Больница на контакт не идет, но, похоже, Салливан тырил у них деньги. У них сейчас какое-то внутреннее расследование идет. Потом Конвей переходит к Томасу — добывает контакты жены, чтобы можно было пойти к ней и рассказать что-то скандальное.

Пока они не нашли никаких доказательств, что Конвей и Томас были знакомы, и ничего неподобающего о Нике Томасе — по-видимому, безупречном члене общества, но Элисон по опыту знала, что повод для шантажа есть практически всегда. Его только нужно отыскать. У каждого есть хоть одна тайна, ради сохранения которой люди готовы на многое, а некоторые, с определенным складом характера, не остановятся и перед убийством. К счастью, большинство на такое не способны.

Она вздохнула:

— Говоришь, Томас прикончил Конвея, чтобы прекратить шантаж. А кто тогда убил его самого?

Том снова пожал плечами:

— Понятия не имею. Действительно обычное ДТП? Или сообщник? Разве теперь это выяснишь?

В том-то и была проблема. После серии сокращений у них просто не было ресурсов, чтобы как следует копнуть это дело. Фишер очень хотела побыстрее его закрыть.

Три предположительно несчастных случая, по меньше мере в двух из которых жертвы были знакомы? Может, и в самом деле то самое редкое совпадение? Элисон снова вздохнула, глядя, как сообщения сыплются в ее почтовый ящик, словно крупинки в песочных часах.

— Пожалуй, ты прав. Отправим всё наверх, пусть там решают.

Том потянулся:

— Кто проводит опознание? Ты или я?

Элисон с ужасом и отвращением представила, как она ведет Сьюзи Мэтьюз опознавать промерзший труп мужа, и жалобно попросила:

— Ну пожалуйста, напарник. Я не могу. Сегодня был такой холодный паршивый день…

— Без проблем. Я все устрою. Да и не думаю, что вдова сильно расстроится. Он же ее бросил.

— С меня простава, — с благодарностью сказала она.

— Пиво?

— Как скажешь.

— После работы, в «Перьях»?

Он задумчиво играл канцелярской кнопкой, воткнутой в стену, почему-то не решаясь взглянуть ей в глаза. Они уже не раз и не два выпивали вместе. И этот вечер ничем не отличался от предыдущих.

Но все же Элисон вдруг поняла, что и ей трудно посмотреть ему в глаза.

— Значит, сегодня никаких свиданий из «Тиндера»?

Том откашлялся:

— Не… Думаю, пора с этим завязывать. Так что? Идем?

— Договорились, — небрежно бросила она и, только дождавшись, пока он выйдет, позволила себе улыбнуться.

Элинор

Февраль

Я с облегчением закрыла дверь за полицейскими и пошла за Исобель. Малышка рыдала в колыбельке так, что ее личико раскраснелось. Я каждый день пыталась рассмотреть, на кого же она все-таки похожа, но пока видела сходство только со Сьюзи — ее густые волосы, ее ясные голубые глаза.

— Тш-ш... Тш-ш... — я принялась укачивать девочку, и вскоре она успокоилась, прижавшись ко мне. — Проголодалась? Ничего, ангелочек. Мамочка скоро тебя покормит.

В тот зимний вечер, два месяца назад, когда мне пришлось загонять в дом доктора Холта и Сьюзи, мать этого дивного создания была просто невменяемой. Открытая дверь в погреб зияла черным провалом, и я поняла, что не ошиблась насчет того, где Ник держал свою жену. Я до сих пор не могла забыть ту маленькую кроватку, тот карточный столик — ту теплую тюрьму, которую он ей приготовил. Оба они были на грани истерики, и доктор Холт все твердил, что надо вызвать полицию. Но я его отговорила. Нам нужно было всего лишь перенести тело — перетащить его в глубокую канаву у дороги и оставить. Пока не сойдет снег, а это могло произойти и через неделю, и через несколько месяцев, как вышло в реальности, оно в целости и сохранности полежит там.

Потом я принялась отправлять Сьюзи сообщения со смартфона Ника — благо этот девайс остался дома и не сломался, — чтобы создать впечатление, будто муж бросил ее, узнав об измене. К счастью, на новом смартфоне оказались те же приложения, что и в том, который я стащила, поэтому забраться в него и сбросить пароль, как я это проделала с телефоном Патрика, оказалось нетрудно. Полиция, конечно, могла связать между собой три подозрительные смерти — Конвея, Ника и Патрика. Но у нас под рукой было достаточно материала, чтобы соорудить собственную историю. Возможно, Конвей шантажировал Патрика и Ника, и Ник убил его, чтобы тот не разболтал насчет Сьюзи. Или Патрика и Конвея убил некий третий человек, у которого они вымогали деньги.

Сьюзи не верила, что это сработает. Мать Ника могла начать волноваться из-за того, что сын ей не звонит. А коллеги по работе — пытаться выяснить, почему он не является в офис после Рождества. Но я была уверена, что все получится. В современном мире людям не обязательно слышать твой голос, чтобы поверить, что они разговаривают именно с тобой. Немного уловок тут и там, и вот Ник Томас уже уволился с работы по электронной почте и уведомил мать текстовым сообщением (потому что потерял голос из-за болезни, о которой очень кстати рассказал ей накануне), что уходит от Сьюзи и уезжает на некоторое время, чтобы привести мысли в порядок.

А потом мы стали ждать. Сьюзи, не желая возвращаться в собственный дом, в эту прекрасную тюрьму, из которой она отчаялась было сбежать, переехала ко мне, а потом, когда в январе, чуть раньше срока (неудивительно после всего произошедшего) появилась Исобель, — в больницу. В этом не было ничего подозрительного, если считать, что Ник бросил Сьюзи. Во всяком случае, мы на это надеялись. Теперь предстояло настоящее испытание. Полиция нашла тело.

Я раздумывала, не отправить ли Сьюзи сообщение, чтобы предупредить ее, но тут услышала звук подъезжающей машины. Я молча наблюдала, как она, по обыкновению долго, выбирается из автомобиля настоящим клубком из наушников, шарфов, кофт и сумок с покупками. Бестолковая девчонка бесконечно покупала обновки для Исобель, словно пытаясь восполнить недостаток положительных эмоций до ее рождения.

Когда она вошла, я сказала:

— Время пришло. Полицейские нашли его.

Лицо Сьюзи, раскрасневшееся в теплой машине, побледнело:

— Ой…

— Это хорошо. Пора со всем покончить.

— Что будем делать?

— Ты должна позвонить им, сказать, что была у матери или у подруги. Придерживайся нашей версии. Ник тебя бросил. Он писал тебе сообщения, ты его давным-давно не видела.

Сьюзи приняла у меня Исобель, успокаивая ее плавным жестом, от которого защемило сердце. Исси — ее дочь, не моя. И дочерью Патрика она, как оказалось, тоже не могла быть — он приложил все усилия, чтобы не оставить потомков. Но я надеялась, что девочка станет считать меня, скажем, доброй тетушкой. И обделенной себя тоже не чувствовала — мне достался Поппет, поскольку Сьюзи не испытывала ни малейшего желания с ним возиться, а я могла попробовать превратить его в воспитанного пса. Впрочем, конечно, мою душу грел не только этот кобелек. Да только нам со Сьюзи ни за что не удалось бы объяснить природу соединившей нас привязанности. Мне хотелось верить, что наши более чем дружеские отношения сохранятся на долгие годы, что бы ни случилось дальше. Сьюзи спросила:

— Но ведь они могут установить? Ну… сколько времени он там пролежал, в снегу?

— Не знаю. А даже если и могут, тебе-то откуда знать, давно ли он погиб? Разве можно догадаться по коротким сообщениям, что с телефона Ника тебе писал кто-то другой?

Я ни о чем понятия не имела — просто соседка. А связать произошедшее с доктором Холтом полицейским просто в голову не придет. К нему из нашей глухомани не вело никаких следов, и причин выяснять, почему он продал свой джип перед самым Рождеством, а также осматривать машину на предмет повреждений, просто не существовало. За минувшие два месяца я не раз подвергала нашу версию самой серьезной умозрительной проверке, по очереди детально анализируя каждый ее элемент. И не испытывала ни малейших сомнений в ее надежности. В конце концов, у меня был опыт.

Сьюзи задала вопрос о моем прошлом, когда мы, оглушенные, сидели в тот страшный вечер в ее доме. В самом ли деле я совершила то, о чем болтали сплетники? О пожаре, который уничтожил мой дом, убил отца и любимого младшего брата, утопил мать в пучине безумия и зашвырнул меня в Аплендс, психиатрическую клинику для девочек-подростков, откуда мне удалось выбраться, лишь убедив всех, что я — безобидная жертва ужасных обстоятельств. Я ответила, что несчастный случай — иногда просто несчастный случай. Больше ей не нужно было знать ни о чем. Уж точно не о той ночи, когда в доме должны были находиться только я и родители, а Себби собирался остаться у друга. А у того друга вдруг оказалась ветрянка, и брат вернулся. Я, запертая в собственной комнате за очередной проступок, за жалобы из-за запрета заниматься игрой на фортепиано, из-за попыток отправить меня в интернат, об этом не знала. И Сьюзи не нужно было знать о том, как я выскользнула из своей комнаты и, проходя мимо спальни матери, увидела ее на кровати, провалившейся в пьяный сон, с тлеющей сигаретой в тонких пальцах. Как я сдвинула ее руку слегка, совсем чуть-чуть, ближе к шторам. Как я вышла на улицу, забрав с собой собак, чтобы они были в безопасности. Вспомнив о вечно отсутствовавшем, несмотря на физическое присутствие, отце, в котором всегда было не меньше пары стаканов виски, и тут же отбросив всякие мысли о нем. Как я слишком поздно узнала, что Себби тоже остался там. Как увидела в окне его бледное лицо и под лай собак бросилась через лужайку к дому по холодной мокрой траве. *«Элли! Элли!»* Как пыталась войти в дом, обжигая руки, но не смогла из-за густого дыма.

Нет, мне и в страшном сне не могло привидеться, что он окажется там. Ребенок, невинное дитя. Я не желала ему зла. Как бы то ни было, теперь я снова стала другой. Не Элинор Тредвей, не Еленой

Ветриано, не Элли-красоткой, не Норой Холском. Я пока и сама не понимала, кем именно. Но всё впереди.

— Элинор, — сказала Сьюзи с сомнением в голосе. — Мне страшно!

— Не бойся, — я коснулась руки девочки, и та тут же схватила крохотной ладошкой мой палец. — Все будет хорошо. Следствие быстро закончится, а потом я уеду.

Она побледнела еще сильнее:

— Ты уверена?

— Уверена.

— Расскажешь ему обо мне? Об Исси? Правду?

— Не думаю, что он это заслужил.

Она кивнула. Скоро она продаст роскошную тюрьму, построенную для нее Ником, и переедет в городскую квартиру. Когда я попросила рассказать Сьюзи о той, которую она смотрела сегодня, я уже знала, что она станет много и увлеченно говорить о сводчатых окнах или карнизах, но ни словом не обмолвится о лестницах, о транспортной доступности или о состоянии водонагревателей. Боже, до чего же она непрактична, эта Сьюзи! Не идеальное качество для матери-одиночки. Но я подумала, что она, как обычно, недолго будет одна. Все квартиры, которые она смотрела, располагались недалеко от крошечной холостяцкой норки доктора Холта. А после того, как Ник будет официально признан мертвым, ей достанется его страховка, его пенсия, все их накопления. Все закончилось не так уж плохо для Сьюзи, заслуживает она того или нет. А я не получила ничего. Да и не могла, в общем-то. Месть — игра с нулевым призом, теперь я это понимала. Во всяком случае, я обрела возможность участвовать в будущем малышки Исси и, надеюсь, подругу на долгие годы.

Но мне предстояло еще одно дело, которое следовало завершить до того, как я вернусь к обычной жизни и постараюсь двигаться дальше. Мне всего сорок два — еще есть время, а теперь я знала, что причина бездетности не во мне. Все еще возможно. Со мной оставалась надежда — этой крохотной искорки было достаточно, чтобы рассеять мрак. Но сначала нужно было купить билеты до небольшого городка в Испании, где работал английский паб, в котором наливают ньюкаслский темный эль.

Мэдди

Апрель

С наступлением весны в Ла-Торнаду вернулась жизнь. Туристы, явно довольные тем, что заказанная рыба подается без головы, снова заполнили паб — пили эль и толпились перед большим экраном, где круглосуточно транслировались футбольные матчи. Мэдди усердно работала: мыла заляпанные кетчупом тарелки, разливала пиво, улыбалась. И думала о Шоне. Они встречались всю зиму. Она ускользала из паба при первой возможности и шла в его квартирку недалеко от гавани. Они смотрели кино, играли в настольные игры, гуляли по пляжу и, конечно, еще кое-чем занимались. При мысли о кое-чем Мэдди краснела. Но теперь он пропал. От него вдруг перестали приходить сообщения, никто не открывал дверь на ее стук, когда она, стесняясь собственной тоски по нему, прибегала днем и вечерами.

Она искренне надеялась, что Шон вернется, и каждый день наряжалась ради него, готовясь встретить его надменно, но великодушно, когда он снова придет в паб. Но его пропал и след. Этот человек был слишком стар, чтобы знать термин «гостинг», но именно так он и поступил. Хорошо еще, что она никому не рассказывала об этих отношениях.

Однажды, вскоре после того, как они виделись в последний раз, в паб зашла женщина. Намного старше Мэдди. Пожалуй, даже вдвое старше.

Но было в ней нечто, привлекавшее внимание. Худая как щепка — везет же некоторым! Волосы длинные и темные. Возможно, крашеные, но блестящие и густые. Зеленое платье до колен, шляпа с широкими полями и темные очки. Выговор с претензией, словно у актрисы или кого-то в этом роде. Она искала Патрика.

Мэдди сразу встревожилась. Шестое чувство сразу подсказало ей — *жена*, хотя она и понятия не имела, с чего так решила. Это была его жена. Но имя — другое.

— Какого Патрика?

Женщина, сняв очки, положила их на стойку, и Мэдди увидела ее серые глаза.

— Патрика Салливана.

— Да? — По шее Мэдди побежали мурашки. — Я не знаю никакого Патрика.

— Он мог назваться другим именем. Мне нужно связаться с ним по поводу наследства. Он может разбогатеть, если мне удастся его отыскать.

Мэдди вспомнила, как Шон говорил ей, что с деньгами у него скверно, иначе бы он увез ее отсюда в Париж, Нью-Йорк или даже в Лондон. Просто куда-нибудь, где лучше. Но его звали Шон, а не Патрик. Он же не стал бы врать, верно?

— Извините, — она пожала плечами.

Взгляд женщины пронзил ее, словно лазерный луч:

— Вы уверены?

— Да.

С тех самых пор она проклинала себя. А вдруг это действительно было наследство? Неужели она упустила шанс помочь Шону, а он как-то об этом узнал и поэтому решил ее бросить? Это глупо. Нет, скорее всего, женщина нашла его через кого-нибудь другого. В конце концов, Ла-Торнада — не такой уж большой город. А потом он поступил именно так, как собирался, и свалил в какое-нибудь место получше, но без нее.

Зашуршала шторка, и, отдуваясь, вошел отец в пенсионерских шортах и растянутой на круглом животе футболке английской сборной. Вот к чему приводят годы работы в пабе с дегустацией всего ассортимента! Мэдди в очередной раз пообещала себе, что вернется в Англию и найдет себе нормальную работу. Начнет жить собственной жизнью.

— Видела, какой переполох, дочка?

— Какой еще переполох? — уточнила Мэдди, изнывавшая от скуки.

Опять, наверное, устроили распродажу спиртного или осел застрял в переулке. Господи, как же она ненавидела этот паршивый городишко!

— В одной из квартир в гавани нашли труп. Какие-то неполадки с газовой плитой. Угорел, в общем. Несколько недель пролежал!

Отца эта новость просто взбудоражила. А у Мэдди тревожно забилось сердце. Не может быть! Нет! Но это объясняет…

— Кто это был? — спросила она, стараясь не выдать своего волнения.

Родители не знали, что она встречалась с Шоном. Они бы не одобрили такую разницу в возрасте. Он говорил, что ему тридцать шесть, но Мэдди думала, что он, наверное, еще старше. Проскакивали в его рассказах некоторые нестыковки.

— Какой-то британец, — рассеянно ответил отец, увлеченно изучая таблицу результатов последних футбольных матчей на экране телевизора. — Кажется, его звали Патрик.

Оглавление

АРКАДИЯ

Литературно-художественное издание

Для лиц старше 16 лет

Клер Макгоуэн
МЕНЯ ЗОВУТ ШОН

Генеральный директор *Мария Смирнова*
Главный редактор *Антонина Галль*
Ведущий редактор *Пётр Щёголев*
Художественный редактор *Александр Андрейчук*

Издательство «Аркадия»
Телефон редакции: (812) 401-62-29
Адрес для писем: 197022, Санкт-Петербург, а/я 21

Подписано в печать 30.03.2021.
Формат издания 84×108 1/32. Печ. л. 13,0. Печать офсетная.
Тираж 4000 экз. Дата изготовления 30.04.2021. Заказ № 2103710.

arvato BERTELSMANN Supply Chain Solutions

Отпечатано в полном соответствии с качеством предоставленного электронного оригинал-макета в ООО «Ярославский полиграфический комбинат»
150049, Россия, Ярославль, ул. Свободы, 97

Произведено в Российской Федерации
Срок годности не ограничен

16+
ЗНАК ИНФОРМАЦИОННОЙ ПРОДУКЦИИ